정진동, 공동체를 꿈꾸다

추천사

정진동 목사, 고난과 헌신의 한평생

정진동 목사는 노동자들에게서 예수를 보았다.

살아 있는 내내 억울한 사람들, 쫓겨난 사람들, 두들겨 맞고 빼앗기고 모욕당하는 사람들 곁에 있었다. 그들에게서 고통받는 예수의 모습을 보았다. 그래서 그 예수를 떠날 수 없다고 했다. 약자들이 자본과 권력과 기득권을 놓치 않으려는 세력들의 폭력에 두려워 떨 때 그들을 대신해 싸웠다. 그들의 싸움이 정당하다는 걸 알게 해 주었다. 하나님이 당신들 편에 서 계신다고 알려주었고, 그들이 투쟁의 주체가 되도록 만들었다.

우리 지역에 민주적인 노동조합이 만들어지기 십여 년 전부터 청주 시청 청소노동자, 연초제조창 산재 노동자, 신흥제분 노동자들을 위해 싸웠다. 노동자와 가난한 민중을 위해 일하는 진정한 하나님의 목자였다. 정진동 목사는 청소노동자들을 예수님 섬기듯 하였다. 그들이 이 땅의 주인이라고 믿었다.

교회가 소외당한 이웃을 돌보지 않는 죽은 교회가 되었다고 꾸짖었으며 거대하게 규모를 키우고 자본에 휘둘리는 오늘날 한국교회가 예수의 가르침으로 돌아가야 한다고 외쳤다. 그러다가 기독교연합회로부터 제명을 당하기도 하고, 넝마주이가 되기도 하는 정진동 목사를 보면서 조순형 전도사는 살아 있는 예수를 보았다고 했다.

우리 앞에 정진동 목사가 계셨다.
민주주의가 독재에 맞서 싸우며 꿈틀거리던 칠십년대에, 민주노조가 조직화 하려고 투쟁하던 팔십년대에, 지역의 사회단체와 민주단체가 연대회의체를 꾸려서 활동하던 구십 년대에 정진동 목사가 늘 맨 앞에 계셨다. 가장 먼저 고난받고 가장 오래 고통받으며 우리와 함께 계셨다.

역사를 사는 것이 가장 옳게 사는 것이고 가장 오래 사는 것이라는 말이 있다. 당대의 가장 절실한 문제를 끌어안고 그걸 해결하기 위해 생을 던지는 게 역사를 사는 것이다.
정진동 목사는 한평생을 그렇게 사셨다. 시대의 절박한 과제를 붙잡고 살면서도 민중 한 사람 한 사람이 겪고 있는 가장 고통스러운 문제를 해결해 주려고 몸부림친 분이셨다.

누가 또 이렇게 살 수 있을까. 저 평등의 땅을 위하여, 인간답게 살 수 있는 세상을 위하여 누가 이렇게 한 생을 다 바쳐 헌신할 수 있을까.

2025년 8월
도종환

들어가는 말

노동자·민중과 하나 된 삶, 그 땀방울의 자취

"경찰이 침탈한답니다."

3.1절 구국농성 현장인 충북EYC 사무실에는 아연 긴장감이 돌았다. 하지만 대부분의 농성자들은 불안감보다는 '공권력과 한 번 부딪쳐보자'는 흥분에 사로잡혔다. 이십여 명의 농성자 중 속으로 덜덜 떠는 이는 필자뿐이었다. 그도 그럴 것이 대학교에서 데모한 경험은 있지만 철야농성이란 것을 처음 했기 때문이다. 당시 육거리 시장에 있었던 충북EYC는 청주 시내 각 교회 청년부에 '3.1절 구국기도회'에 참석해달라는 엽서를 보냈다. 전두환 대통령이 1986년 1월 16일 국정연설을 통해 88올림픽을 핑계로 삼아 1989년까지 개헌논의를 유보하겠다는 입장을 밝힌 후였다.

EYC가 뭔지도 모른 채 강서교회 청년회장인 필자는 대통령 직선제 개헌논의를 연기한다는 말에 아무 생각 없이(?) 농성장에 합류했다. 그런데 경찰이 침탈한다니 간이 콩알만 해질 수밖에······.

그래도 농성장에서 꽁무니를 뺄 수는 없었다. 행사 관계자의 농성장을 옮기겠다는 말에 엉거주춤 엉덩이를 뗐다. 밤 12시나 됐을까, 웬 허름한 교회 2층으로 올라갔다.

젊은 농성꾼들을 환한 미소로 반긴 것은 그 교회 목사와 전도사였다. '설마 교회로 경찰이 쳐들어오지는 않겠지'라는 안도감은 잠시, 경악할 일이 벌어졌다. 농성꾼들과 교회 주인(?)이 둥그렇게 둘러앉아 시국담을 나눌 때였다. 목사와 전도사가 담배를 피우는 것이 아닌가!

1985년부터 대학교에서 데모대열에 따라다니던 필자는 문화적 충격을 받았다. 당시 교회 목사와 전도사가 담배를 핀다는 것은 상상도 할 수 없었기 때문이다. 그런데 후일 알고 보니 그 문제의(?) 목사와 전도사는 정진동과 조순형이었다.

그러다가 청주도시산업선교회를 다시 찾은 것은 1991년도였다. 대학교를 때려치우고 노동운동을 한답시고 이리저리 다닐 때였다. 비로소 정진동 목사와 조순형 전도사가 노동운동의 대선배로 제대로 인식되었다. 얼떨결에 야심한 시간에 청주도시산업선교회에 갔다가 담배 피우는 성직자를 보고 놀란 때와는 전혀 달랐다.

1980~90년대 정진동 목사는 민중의 벗이자 거리의 투사였다. 1989년 '민족 민주 인간화 교육'을 표방한 전교조가 출범할 때나 1991년 최병열 노동부장관의 총액임금제 발표 때나 한진중공업 박창수 노조위원장이 타살되었을 때나 늘 한결같았다. 정진동 목사는 성직자라기보다는 노동자·민중의 벗이자 동지였다.

그러다가 목사님을 처음 뵌 지 38년 만에 예상치 못한 중책이 떨어졌다. '정진동 평전'을 써보라는 요청이었다. 몇 번의 고사 끝에 쓰기로 했다. 필자가 능력은 안 되지만 정진동 목사의 삶을 정리하는 일은 누군가는 반드시 해야 할 일이라고 생각한 터였다.

사실 이 글을 써보겠다고 덤벼든 데에는 근거 없는 만용(?)이 작용했다. 1986년부터 간헐적으로 목사님을 뵈었고, 이러저러한 이야기를 들어서 정진동 목사의 삶에 어느 정도 알고 있다는 객기였다.

더군다나 조순형 전도사를 통해 청주산선 자료가 고스란히 남아 있다는 사실도 알고 있었다. 조순형 전도사와 청주산선의 자료를 기반으로 청주지역 노동운동(1980~1992년)을 정리한 경험도 근거 없는 자신감을 부채질했다.

그런데 2024년 10월부터《오마이뉴스》에 정진동 평전을 연재하면서부터 난관에 빠졌다. 자료를 읽으면서, 1970~90년대 정진동 목사와 같이 활동을 한 이들과 인터뷰하면서 내가 목사님을 어느 정도 안다고 한 것이 완전한 착각이었음을 느꼈다.

도시산업선교회 입문 이전에 정진동 목사의 삶은 이미 민중 그 자체였다. 그는 청원군 옥산면 호죽리와 진천군 덕산면에서의 목회 활동과 더불어 교육 활동에 힘썼다. 가난 때문에 배우지 못한 청소년들에게 배움의 기회를 주었다. 목사라고 목에 힘을 주지 않았다. 민중을 섬기는 삶이었다.

그러다가 도시산업선교의 세계에 눈뜨면서 그의 신앙과 삶은 새롭게 변모했다. 개인의 자각과 더불어 조직된 힘으로 세상을 변화시키는 것이 필요하다는 믿음이었다. 하나님의 나라를 이 땅에 만들기 위해서는 민중들의 삶과 환경이 근본적으로 뒤바뀌어야 한다는 신앙고백이었다.

정진동 목사의 삶은 알면 알수록 경탄을 자아내게 한다. 무수히 많은 노동자·민중을 만나면서 그들과 하나된 삶을 살고, 작은 문제라도 해결하기 위해서 심혈을 기울인 땀방울이 그렇다. 이 책은 그런 땀방울의 흔적을 찾기 위한 과정이다.

뙤약볕이 내리쬐는 여름, 청주도시산업선교회는 청주지역 택시노동자들의 농성장이었다. 임금인상 날치기교섭이라는 상황에서 청주 법인택시 노동자들의 '인간 선언'에 정진동이 함께 한 것이다. 1988년 청주택시 총파업이다.

택시총파업은 총자본과 총노동 싸움의 축소판이었다. 싸움 과정에서 정진동 목사 자택이 부서지는 일도 있었고, 제3자 개입금지라는 악법으로 올가미가 씌워지기도 했다. 싸움이 장기화되면서 여러 어려움이 닥쳤지만 88 청주택시 총파업이 운수 노동자들의 노동자의식에 불을 지핀 것임은 두말할 나위가 없는 일이었다.(제1장)

제2장과 3장에서는 아버지 몰래 교회를 다닌 정진동, 돈 없는 학생이 서울에서 학교 다닌 일, 첫날밤에 신부에게 설교한 새신랑 정진동의 이야기는 감동과 웃음을 자아낸다. 1970년대 초반 도시산업선교회 실무자교육과 현장체험이 악조건에서도 치열하게 이루어졌음을 알 수 있게 한다.

노동자·민중이 손길을 내미는데 정진동이 한 번도 외면한 적은 없다. 임금인상해 달라고 청주시청 광장에서 하소연하던 노동자들이 뭉쳤을 때도, 산업재해로 연초제조창 여성노동자가 실명했을 때도, 다리를 잘라야 하는 청년과 난산의 임산부에게도 그는 벗이자 동지이자 구세주였다.

그런 과정에서 기존 교단에서 제명되기도 하고 장남을 의문사로 잃기도 했다. 경찰서에 끌려가는 일은 밥 먹듯 했다. 이러한 고난 과정에도 그는 넝마주이를 하면서 이 땅의 가장 밑바닥 사람들의 삶을 체험했다. 아무리 힘든 상황에서도 공동체의 꿈을 포기한 적이 없다.

공동체를 꿈꾸는 일에 정진동은 만능해결사의 역할을 자임하지 않았다. 노동자와 민중 그리고 주민들이 원하는 것을 모두 주지는 않았다. 그는 물고기를 주기보다는 고기 낚는 법을 가르쳐 주었다. 상가임대차보호법 제정 운동에 혼신의 힘을 쏟은 백상기 씨를 대하는 자세가 그렇다. 개인의 상가 임대료 해결이 아니라 관련 법을 제정하는 것을 백상기 씨에게 이야기했다. 그리고 몸과 마음을 보탰다.

마지막 제7장에서는 정진동 정신이 어떻게 현재에 이어지는지를 살펴

보았다. 우진교통과 민주노총 충북본부가 정진동 정신과 궤를 같이함을 알 수 있다. 지역은 다르지만 이주노동자운동을 벌이고 있는 김달성·장창원 목사가 정진동의 참제자로서의 삶을 살고 있다.

이 책이 나오는 데에는 조순형 전도사의 힘이 절대적이었다. 정진동 목사와 함께 한 30년의 세월은 그냥 30년이 아니었다. 조순형 전도사는 정진동의 단순한 조력자가 아닌 동지였다. 정진동이 하는 일에 늘 같이 있었고, 사진 촬영, 기록 활동, 자료 정리를 꼼꼼하게 했다. 전국의 민주화운동사 자료 정리 및 보관에 모범을 보인 사례이다.

정진동 정신을 계승하기 위해 '정진동 평전' 출판이라는 큰 결단을 내린 정진동 추모사업회 김재수 대표와 운영위원들에게 감사드린다.

정진동과 함께 노동운동·민중운동·주민운동을 한 이들이 인터뷰에 적극 응해 주었다. 88청주택시 총파업의 일원 김종우, (주)한우 투쟁의 김태평, 청주산선 실무자 이유근, 충북EYC 이주형 등이 그들이다. 이들의 증언으로 글이 풍성해졌다.

《오마이뉴스》 연재 당시 원고를 꼼꼼히 살펴 준 김지헌 기자와 이번 책을 보기 좋게, 읽기 좋게 가꾸어 준 고두미 출판사 유정환 대표에게도 감사드린다.

2025년 8월
박만순

정진동,
공동체를
꿈꾸다 **차례**

제1장 난닝구
난닝구 차림으로 교회에 모인 사람들 19
멱살 잡힌 국회의원, 부서진 목사의 집 30

제2장 "원 뚜 뜨리"
아버지 몰래 교회 다녀온 가족들 43
돈 없는 학생이 서울에서 학교 다닌 방법 52
첫날밤에 신부에게 설교한 새신랑 61
정진동 식 영어 인사에 웃음꽃 핀 학교 70

제3장 노동자가 예수다
노동자의 삶을 옭아매는 사기꾼들 83
'노동자가 곧 예수'라는 믿음 91

제4장 넝마주이
박정희 순시 맞춰 시위… 청주가 '발칵' 101
"권력은 쓰기 나름"…해머로 검사 집 철거 110
하루아침에 넝마주이 된 목사 119
이사만 가면 정보과 형사가 건물주 협박 129
'산재로 실명·부당해고'… 박정희에게 편지 138
유령회사 설립·회유·집단 해고·전출… 148

공부하고 싶었던 소녀의 선택 157
청주 기독교계의 '공공의 적'으로 167
기독교 탈을 쓴 악마?…조직적인 공작 176
얼어붙은 겨울 왕국을 녹이는 열기 186
의문사인가, 조직적인 학살인가 195
"9일장 심상찮다"…걱정 앞선 목사 205
위장 결혼식과 '계엄법 위반' 공소장 215
다리 절단 위기의 청년도, 난산의 임산부도 225
"학생들은 빚쟁이"…가슴에 꽂힌 한마디 235

제5장 고기 낚는 법

공권력의 강압과 무자비한 폭력 앞에서 247
전경에 똥물 세례…주민들의 처절한 싸움 257
"우리도 인간"…여성 재소자 모두 단식농성 267
'골프장 몸살'로 더 단단해진 공동체의 꿈 276
농지정리 공사가 돈벌이 수단이라니 285
"작업 속도 좀…" 건의에 무차별 폭행 294
신발로 뺨 때리고, 보안사가 사표 강요 303
일제 부역했어도 그림만 잘 그리면 되나? 313
목사·전도사·주민 둘러앉아 밥 먹는 교회 322
"전쟁은 안 된다"…평화를 외친 목사 331

어떤 '정치 목사'의 선거 출마가 남긴 것 340
어느 건물주의 갑질이 낳은 엄청난 변화 349
31평 분양받았는데 21평이라고? 358
비리에 진심이었던 교육자의 말로 367

제6장 공동체
아이들 뛰놀고 의대생 봉사까지 379
수양원을 굳이 북향으로 지은 뜻은 389
아들의 의문사 후에 달라진 엄마 398
'자발적 고난' 선택… 그 아버지에 그 아들딸 407

제7장 허름한 점퍼
충북 민주화운동의 큰 별, 역사에 잠들다 417
전태일·이소선과 어깨를 나란히 427
'허름한 점퍼' 입은 예수, 그를 따른 제자들 437

■ 정진동 목사 연보

제1장

난닝구

들어가며

난닝구 차림으로 **교회**에 모인 사람들

전국에서 주목했던 88 청주 택시 파업

'삐걱.'

원일교통 노조위원장 김종우(1955년생)가 청주도시산업선교회(아래 청주산선) 철제문을 열었다. 금속 마찰음이 마치 자신의 심경을 대변하는 듯했다. 불과 1년 만에 청주산선 문턱을 다시 넘을 줄은 몰랐다.

아기 분유값이나 벌려고 1984년에 시작한 택시 운전이 이렇게 꼬일 줄은 미처 몰랐다. 전국이 들썩이던 1987년 노동자 대투쟁 때 그는 동료들과 함께 노동조합을 결성했다. 뭣도 모르고 시작한 파업이 제대로 해결되지 않아 청주산선 정진동 목사를 만나 도움을 요청한 것이다. 다행히 회사 측과 원만한 합의를 이뤘다.

그런데 그때 타결된 내용이 1년 만에 뒤집어졌다. 허탈한 마음과 더불어 아이 학원비가 걱정됐다. 비단 자신뿐만 아니라 조합원 전체 생계가 걸린 문제였다. 마치 자신의 잘못인 양 자라목이 됐다.

'88년도 청주법인택시 임금협상 타결'이라는 라디오 방송을 듣고 아내의 눈이 똥그래졌다.

"뭔 소리래유?"

"개XX들이 완전월급제를 파기했구만."

청주산선, 양떼들의 안식처
"목사님."

입을 연 김종우는 밀실 협상의 전말을 이야기했다. 청주시 법인택시의 공동 임금 교섭은 애초에 순조로웠다. 당시 원일교통 노조위원장이던 김종우도 협상 테이블에 참석했다. 그런데 협상이 마무리되던 즈음에 노조 측 대표자가 김종우에게 엉뚱한 주문을 했다. "바로 끝날 거니까 나오지 마라"고 한 것이다.

교섭위원회 간사인 자기를 문화동에 있던 노동위원회 사무실의 협상테이블에 들어오지 말라는 것이 이상했으나 '별일 있으려구' 하는 생각에 노조 측 대표자의 말을 따랐다. 집에 와 무심코 튼 라디오에서 청천벽력 같은 뉴스가 나왔다. 완전월급제를 파기하고 일당제로 전환한다는 것이었다. 1988년 6월 2일이었다.

벽돌로 머리를 맞은 기분이었다. 바지를 추스려 입고 회사로 향했다. 노동조합 사무실에는 조합원들이 입에 거품을 물며 목청을 높이고 있었다. 김종우는 사무실 칠판에 87년도 기존 협상안과 88년도 협상안을 메모하며 조목조목 설명했다.

"완전월급제를 똥통에 팽개쳐 버렸구만!"
"아파서 병원에 가도 월급에서 깐다네."
"근속수당도 없어졌어."

개정이 아니라 개악이었다. "88 임금협상 무효다" "임금협상 재개하라"며 원일교통 전체 조합원이 회사 앞에서 구호를 외쳤다. 하지만 사장과 관리자들은 코빼기도 비추지 않았다. 답답한 이가 우물 판다고 조합원들은 택시 충북도지부 사무실과 노동위원회 사무실을 찾아 목청을 높였다. 하

1988년 임금 재협상에 응하라는 현수막을 들고 가두시위하는 택시 노동자들. 맨 앞줄에 선 부인의 모습이 인상적이다.

지만 문이 굳게 닫혀 사람 얼굴은 구경조차 할 수 없었다.

그러다가 며칠 후 김종우를 포함한 조합원들이 근무지 이탈로 모두 해고 당했다. 회사 문을 잡아당겼지만 굳게 닫힌 철문은 꼼짝도 하지 않았다. 다시 택시 충북도지부, 노동부 청주지방사무소, 택시 근무 교대지 등에 가서 공무원과 다른 회사 택시 기사들에게 하소연했다. 하지만 속시원한 답변은 아예 없었다.

그는 영진택시 조병완 등을 포함해 다른 택시 회사 노조위원장들과 함께 6월 4일부터 7일까지 총파업을 감행했다. 파업에는 택시 노동자 1500명이 참여했고, 하루 100~200명이 경찰에 연행됐다. 그렇게 해도 문제는 해결되지 않았다.

벼랑 끝에 선 김종우가 찾은 곳이 청주산선이었다. 김종우가 울끈거리며, 때로는 비장한 마음으로 이야기를 하는 내내 정진동은 묵묵히 듣기만

1988년 택시 파업 때 운행 저지투쟁을 벌이는 농성자들.

했다. 정진동은 "종우씨가 마음 고생이 많았겠네"라고 위로의 말을 건넸다. 그 말 한 마디에 김종우는 10년 묵은 체증이 가시는 듯했다. 김종우가 다녀간 후에 영진교통, 신안교통 등의 노조위원장과 간부들이 청주산선의 문턱을 밟았다.

그러다가 청주시 법인택시 17개 노조위원장들이 한꺼번에 정진동을 찾았다.

"목사님, 청주산선을 농성장으로 이용하게 해주세요."

"그렇게 하세요."

정진동은 잠시도 고민하지 않았다. 교회는 양떼들의 안식처여야 하기 때문이었다. 100여 명의 택시 노동자가 청주산선을 농성장으로 쓰기로 한 날은 1988년 6월 8일이었다.

1988년 여름에 청주도시산업선교회에서 러닝셔츠 차림으로 농성하는 택시 노동자들.

난닝구 차림의 택시 노동자들

앞에 선 가녀린 여성은 마음이 콩닥였다. 어릴 때부터 남들 앞에서 노래하는 것을 좋아하고 피아노 연주를 했지만, 이렇게 많은 이들 앞에 선 것은 처음이다.

관객들은 그냥 단순한 관객이 아니었다. 새까만 얼굴에 텁수룩한 수염을 기른 아저씨들이었다. 더군다나 보통 연주장이나 무대에서는 볼 수 없는 것은 관객들의 옷차림이었다. 난닝구(러닝셔츠) 차림이었기 때문이다.

그도 그럴 것이 청주산선에 모인 200여 명의 택시 노동자들은 고작 선풍기 몇 대에 의존해 한여름을 보내고 있었다. 돗자리에 앉은 이들은 가만 있어도 땀이 삐질삐질 흘렀다. 그러니 노래를 배우고, 교육을 받고, 실내 집회를 하는 내내 상의는 속옷 차림일 수밖에 없었다.

"가수 정수라 아세요?"

청주산선에서 중앙여고 앞을 지나 시내로 가두시위하는 모습.

시위 도중 머리 부상으로 치료 중 링거 꽂고 농성장에 나온 문화택시 노동자.

서는 전경들이 양쪽의 대치 상황을 지켜보고 있었다.

택시노동자들이 정문에 진입하려 하자 공무원들의 욕설과 폭행이 이뤄졌다. 택시노동자의 한 부인이 공무원에게 뺨을 맞았고 욕설을 당했다. 이에 항의하던 문화택시 한봉룡 씨가 공무원이 내리친 각목에 머리가 터졌다. 청주병원에 입원했던 그는 치료를 받고 며칠 후 링거를 꼽고 농성장인 청주산선으로 갔다. 당시 상황은 현장을 누비며 취재한 민중의 당 이경옥이 워드피아로 제작한 〈투쟁속보〉에 상세히 기록됐다.

내동댕이쳐진 짜장면

"누가 여기서 짜장면을 먹으라고 했어!"

잔뜩 화가 난 공무원은 짜장면 그릇을 내던졌다. 면과 춘장이 사방으로 튀었다. "저 X이 음식을 던지네"라며 아우성치는 여성들의 목소리에 공무원은 몸을 돌렸다.

청주산선에서의 농성이 장기화될 조짐이 보이자 택시노동자 부인들은 6월 21일부터 청주시청 위민실 앞에서 농성에 들어갔다. 스티로폼 바닥에서 갓난아이 기저귀를 갈고 칭얼대는 아이들에게 분유를 먹이는 사이 농성은 18일째 이어졌다.

위민실 앞이기에 번듯한 사무실에서 농성한 것이 아니라 시장실과 위민실 사이의 복도에서 농성을 한 것이다. 그곳에서 18일 동안 돗자리 위에서 농성을 하는 것은 여간 고역이 아니었다.

위민실 앞에서는 짜장면만 내동댕이쳐진 것이 아니었다. 여성의 인권이, 인간의 존엄성이 내동댕이쳐지는 사건이 발생했다. 문화택시 한봉룡의 머리가 깨진 날, 국회의원들이 내려 오지 않는다고 청주시가 임금협상을 일방적으로 파기한 날인 7월 8일 밤이었다.

'팍' 하는 소리와 함께 청주시청 내의 모든 전깃불이 꺼졌다. 동시에 공

택시 노동자 부인들의 청주시청 점거 농성.

무원들이 일사불란하게 위민실 앞으로 모여들었다. 농성자 해산 작전에 돌입한 것이다.

"가까이 오지 마요. 가까이 오면 옷을 벗을 거요!"

위민실 여성 농성자들이 브래지어와 팬티만 남긴 채 겉옷을 모두 벗었다. 하지만 공무원들은 준비한 담요로 여성들의 몸을 감싼 후 시청사 1층으로 옮겼다. 이 와중에 저항하는 여성들에게는 담요 위로 주먹을 휘둘렀고, 심지어 계단에서 굴렸다.

상상할 수 없는 이 진압 과정에서 원일교통 이 아무개의 부인이 유산하게 됐다. 공무원들은 마치 전쟁터의 군인처럼 무지막지했다. 심지어 화장실에서 용변을 보고 있던 여성을 마대로 씌워 끌어내기도 했다. 그 여성은 수치심으로 한동안 잠을 이룰 수 없었다.

총파업 36일째, 위민실 농성 18일째 벌어진 목불인견의 상황이었다. 경찰과 시청 고위직이 모두 지켜보는 와중에 벌어진 청주시 공무원들의 만행이었다.

멱살 잡힌 국회의원, 부서진 **목사**의 집

88 청주 택시 파업, 그 후

"의원님 오셨습니까?"

"네. 수고가 많습니다."

청주시장의 깍듯한 인사에 평화민주당(아래 평민당) 소속 국회의원들은 덕담을 건넸다. 시장실은 북적거렸다. 청주시내 법인 택시 17개 회사 대표단과 청주경찰서장, 청주지방노동사무소 소장, 충북지방노동위원회 위원장, 청주산선 정진동 목사 등이 참석했기 때문이다.

멱살 잡힌 국회의원

청주시장의 일방적 임금협상 파기와 농성 중이던 택시노동자 부인들의 강제진압 사건 이틀 뒤인 1988년 7월 10일 정진동은 서울행 고속버스에 몸을 실었다. 평민당 김대중 총재를 찾아가 요청했다.

"총재님, 조사단을 꾸려주십시오."

정진동의 설명을 들은 김대중 총재는 즉석에서 수락했다. 그렇게 해서 평민당 내에 '청주택시 파업과 강제진압 공동조사단'이 꾸려졌다.

단장은 박영록 부총재가 맡았다. 단원에는 1978년 제10대 총선에서 제

1야당 신민당 이철승 대표가 발탁해 서울 성북에 출마해 전국 최다득표로 당선된 조세형이 포함됐다. 조세형은 1988년 치러진 제13대 국회의원 선거에도 당선됐다. 또한 서울대 사회학과 출신인 이해찬 국회의원은 당시 초선의원으로 87년 민주화 투쟁 이후 처음 도입된 '5공 비리 조사와 광주 청문회'의 스타 국회의원이었다.

청주시 관내 기관장들은 평민당 소속 국회의원들이 내려온 김에 88 청주택시 파업의 물꼬를 트기 위해 총출동했다. 참석자들과 일일이 악수를 나눌 때까지만 하더라도 박영록 부총재와 조세형, 이해찬 의원의 얼굴은 밝기만 했다. 첫 여소야대 국면에서 선명야당의 존재감을 확인시켜줄 수 있는 좋은 기회라고 생각했던 것이다.

그런데 참석자 중 대다수의 얼굴이 기대와 흥분이 어우러진 밝은 모습이었다면, 소파의 한쪽 편에 나란히 앉아 있던 몇 명의 얼굴은 흙빛이었다. 택시 사장들이었다.

"지금부터 청주 택시 파업과 이의 해결을 위한 간담회를 시작하겠습니다. 우선 사회과장의 경과보고가 있겠습니다."

청주시장의 인사말에 이어 청주시청 사회과장이 마이크를 잡았을 때였다.

"네 X이 뭔데 까불어!"

한 택시 사장이 고함을 치며 이해찬 의원에게 달려들었다. 그러자 2~3명의 택시 사장들이 몰려들어 이해찬을 둘러싸고 욕설과 삿대질을 했다. 예기치 않은 상황에 이해찬의 얼굴이 붉어졌다. 처음 고함을 친 이가 "국회의원도 까불면 가만 안 둬"라며 이해찬의 멱살을 잡았다.

그 순간 시장실 앞에서 대기 중이던 택시회사 사장, 관리자, 폭력배 20여 명이 문을 박차고 들어왔다.

"이 개XX들 다 때려죽인다."

택시회사 사장들이 청주도시산업선교회 정진동 목사를 면담하는 동안 밖에서 대기하는 구사대.

"임금협상 다시 하라!"는 선창에 여기저기 흩어져 있던 노동자들이 "다시 하라! 다시 하라! 다시 하라!"고 외쳤다. 사장들은 눈만 부릅뜬 채 교회 철문을 나섰다. 교회 밖 중앙여고 담벼락에는 와이셔츠와 티셔츠를 입은 50여 명의 장정들이 사장들에게 "고생하셨다"며 인사를 건넸다.

50여 명의 장정들은 다름 아닌 법인 택시 관리자들이었다. 일명 '구사대(求社隊)'로 유사시에 청주산선을 습격해 노동자들을 테러하기 위해 준비된 이들이었다. 즉 택시 사장들은 택시 파업 문제를 해결하기 위해 청주산선을 찾아온 것이 아니라 노동자들의 백기 투항을 강요하기 위해 온 것이었다. 구사대를 동원한 것이 그 실질적 증거이다.

썩은 생선 테러

자신들이 영원한 '갑'이라고 생각했던 택시회사 사장들은 '을'의 반란(총파업)에 당황했다. 특히나 택시 기사 대부분이 운행을 멈추고, 청주산선에서 장기농성하며 날이면 날마다 데모질을 해대니 말이다.

살면서 누구에게 아쉬운 소리 한 번 안 한 이들이었기에 국회의원 앞에서도 큰소리를 쳤고, 적지(敵地)인 청주산선에서도 정진동과 노동자들에게 백기(白旗) 투항을 요구했던 것이다.

한편 사장들은 청주산선 정진동 목사와 조순형 전도사(1949년생)를 '제3자 개입금지법' 위반으로 고소했다. 제3자 개입금지 문제는 이 사건을 계기로 전국적으로 공론화됐으며, 이후 헌법소원까지 가게 됐다. 그런데도 분이 풀리지 않았다. '을'들의 희망이자 트러블 메이커인 정진동을 혼쭐내줘야겠다고 생각했다.

칠흑같이 어두운 밤, 30여 명의 불청객들이 봉고차에서 내려 까치발을 하고 움직였다. 큰길에서 골목길로 접어든 이들은 목표물인 기와집으로 이동했다.

"저 집이여."

인솔자의 목소리에 불청객들은 각자 소지한 비닐봉지를 점검했다. 이들은 고무장갑을 끼고 목표물인 청주시 사직동 360-8번지 기와집에 비닐봉지의 내용물을 꺼내 지붕에 던지기도 하고 벽에 바르기도 했다. 악취가 진동했다. 비닐 안의 내용물은 다름 아닌 썩은 생선내장과 계란, 새우젓이었다.

당시 집에서 혼자 있다가 봉변을 당한 이는 정진동의 배우자 조정숙(1935년생)이었다. 비명을 질렀지만 폭력배로 보이는 이들 수십 명이 일사불란하게 움직이는 모습을 본 이웃 주민들은 공포에 떨며 정진동의 집에 얼씬하지 못했다.

1시간여 동안 행패를 부린 이들이 물러가서야 이웃들이 코를 쥐고 한둘 나타났다. 훗날 불청객들을 실어나른 봉고차가 Y 택시회사 관리자의 것으

구사대가 파손한 정진동 자택.

정진동 목사 자택을 파손한 택시회사 사장 등을 구속하라는 항의 시위.

로 드러났다. 그렇기에 불청객의 정체는 택시회사 관리자와 그들이 고용한 폭력배였다. 이날의 행동대장 Y 택시회사 관리자는 교도소 신세를 져야만 했다.

다음 날인 1988년 7월 23일 사건은 재연됐다. 청주산선 교인이자 민가협(민주화실천가족운동협의회) 회원이기도 한 이영자가 "사모님이 걱정된다"며 외손주를 데리고 와 있을 때였다.

전날과 비슷한 시각 또 한 번의 난동이 반복됐다. 이번에는 쇠파이프로 유리창이 파손되고 거실문을 통해 깨진 보도블록과 돌맹이가 날아들었다. 조정숙과 이영자가 비명을 지르며 돌맹이를 피하며 왔다갔다 하는 사이에 전쟁 아닌 전쟁은 멈췄다.

그런데 잠시 후 이영자가 악 하며 기겁을 했다. 자신의 외손녀 윤도화(당시 4세) 머리 근처에 어른 주먹만한 돌맹이가 떨어져 있는 것이 아닌가. 불과 몇 센티미터 차이였다. 하마터면 대형 사고로 이어질 뻔했다.

민주노조 운동의 불씨

"코를 만지면 뭐라구요?"

"태업요. 하하하."

방용석이 묻고 택시 노동자들이 답했다. 강사 방용석이 원풍모방 파업 당시 현장을 다니면서 자신이 코를 만지면 조합원들이 태업을 했다는 말이다.

전 원풍모방 노동조합 위원장 방용석은 강의를 듣는 노동자들의 배꼽을 빠지게도 하고, 눈물을 흘리게도 했다. 그만큼 노동자들의 정서에 맞는 강의를 한 것이다. "단결만이 살길입니다"라는 말로 강연을 마친 그에게 우레와 같은 박수가 쏟아졌다. 파업은 정치학교의 공간이라고 했던가? 후일 노동부장관을 하게 되는 방용석의 강연 전후로 백기완, 문익환, 송영

파업 중에 청주시내에 진출해 시위하는 노동자들(사진 위)과 진압 작전 중인 전투경찰.

길, 김낙중 등의 특강이 이어졌다. 택시 노동자들로써는 처음 들어보는 이야기들뿐이었다.

이어지는 선전전, 집회, 농성에도 불구하고 택시 파업의 근원적 문제인 임단협 문제는 진전이 없었다. 이런 꽉 막힌 상황에 물꼬를 트기 위해 여성들이 나섰다. 택시 노동자 부인 25명이 8월 2일 평민당 중앙당사 농성에 들어갔다.

일주일간의 농성이 별 소득이 없자, 청주산선에서 농성 중인 노동자 100여 명이 8월 23일 상경했다. 국회 국정감사에서 청주 택시 파업 문제를 전면적으로 공론화하겠다는 약속을 받고 15일 만에 농성을 풀고 청주로 내려왔다.

10월에 청주지방법원, 노동부 청주지방사무소, 충북지방노동위원회에서 진행된 국정감사에서 택시 파업과 정진동 집 파손 문제가 뜨거운 감자로 떠올랐다. 그렇게 투쟁은 국회에서, 청주산선에서, 거리에서 그해 12월까지 이어졌다. 힘겨운 싸움에도 불구하고 소기의 성과없이 '88 청주택시 파업'은 약 150명의 해고자와 10명의 구속자를 남기고 종료됐다.

택시 노동자들은 직장을 잃은 채 뿔뿔이 흩어졌지만 그들의 마음속에

정진동이 결혼식을 올린 다락교회 현재 모습.(사진=박만순)

행진!" 소리에 꼬맹이들이 주먹에 움켜쥔 꽃가루를 날렸다.

첫날밤의 설교

정진동과 조정숙이 다락리 주민들의 축하 세례를 받은 때는 전쟁의 참화가 가시기 전인 1954년 10월이었다. 신랑신부의 첫날밤은 세인들의 관심거리였다. 볼거리, 오락거리가 없고, 라디오도 전무 했던 시절 신랑신부의 첫날밤 구경은 최고의 흥밋거리였다.

북 하는 소리와 함께 신혼 방 문종이가 여기저기 뚫렸다. 잔뜩 기대를 했던 마을 여성들은 1시간째 동그란 눈을 뜨고 방안을 살펴봤지만 어떠한 진척(?)도 없었다. 개다리소반에 전과 떡, 과일이 있었지만 신랑신부 누구도 입에 대지 않았다. 둘 다 크리스찬이라 술을 입에도 대지 않는 것은 당연한 것이지만 기름진 음식에도 젓가락질을 하지 않았다.

신랑 정진동도 무엇을 어떻게 해야 할지 종이 잡히지 않았다. 결혼 전 연애 경험도 없었고, 당시 성교육이란 듣도 보도 못한 단어였기 때문이다. 결

첫날밤에 신부에게 설교한 **새신랑**

결혼과 처가 식구 이야기

"신부 입장!" 하는 소리와 동시에 풍금 소리가 울렸다. 하얀 면사포를 쓴 천사 같은 조정숙이 예식장 한가운데로 들어섰다. 만 열아홉 살 신부는 기쁜 마음보다는 쑥스러움이 앞서 얼굴이 홍당무가 됐다. 청원군 강내면 다락교회에 꽉 들어찬 하객들이 전부 자신을 보고 있으니 당연한 일이었다.

다락교회(1912년 10월 10일~)가 만들어진 이래 가장 많은 사람들이 모여들었다. 다락교회 교인들은 물론이고 마을 사람들이 모두 모였다. 다락리 땅부잣집 조춘홍 맏딸이 신식 결혼한다는 소문을 듣고서였다. 당시 대부분은 전통 혼례로 식을 올렸는데, 신식 결혼을 한다니 세인의 관심을 집중시킬 만했다.

특히 꼬맹이들이 신이 나서 예식 한 시간 전부터 교회에 입장했다. 맨 앞줄에 옹기종기 앉아 있던 꼬맹이들은 정작 식이 시작되기 직전 뒷줄로 밀려났다.

"여기는 신랑·신부 가족들이 앉는 곳이여."

꼬맹이들은 깨금발을 하고 천사 같은 신부와 멋진 신랑을 구경하느라 정신이 없었다. 담임목사의 주례사와 축하 노래 등이 이어졌고, "신랑·신부

체계적으로 할 수 있음에 감사해했다.

　1961년 12월 21일 오전 11시 서울 영락교회에서 '장신대 제11회 졸업증서 수여식'이 있었다. 장신대 학장 계일승 박사의 사회로 진행된 예배에서는 안두화 박사의 기도와 김성낙 박사의 설교가 있었다. 정진동은 별과 40명 졸업생 중 1인이었다.

1961년 12월 21일 열린 장신대 졸업증서 수여식 리플릿.

호죽교회 다음의 목회지는 충북 진천군 덕산교회였다. 그런데 그곳에서 예상치 못한 일이 벌어졌다. 교회 청년들이 정진동이 졸업한 신학교를 문제 삼은 것이다. 즉 대한신학교는 예수교장로회 대신(교단)에서 운영한 신학교다. 그런데 덕산교회는 예장 통합 소속 교회였던 것이다. 자신의 교회와는 다른 교단에서 운영하는 신학교를 나온 이를 목사로 인정할 수 없다는 주장이었다.

호죽교회도 똑같은 문제가 있었으나, 그곳은 고향이었기에 특별히 교인들이 문제 제기를 하지 않았었다. 하지만 타지인 진천 덕산에서는 문제가 됐던 것이다. 정진동은 교인들과 갈등을 일으키지 않았다. 그는 흔쾌히 "그러면 '장로교 신학대학(아래 장신대)'을 가겠다"고 했다.

그렇게 해서 그는 1961년도에 1년간의 과정으로 장신대를 다녔다. 결국 그는 청주 고등성경학교(3년), 대한신학교(4년), 장신대(1년) 3곳을 8년간 다녔다. 그렇게 공부를 하며 그는 누구를 원망하기보다는 신학 공부를 깊고

장로교신학대학 전경.(사진=1961년 장신대 졸업앨범)

하고 야간에는 대한신학교에서 신학을 공부한 것이다.

1956년부터 원 없이 공부를 실컷 할 수 있었지만 문제는 돈이었다. 숨막히는 상황에서 그의 고향 교회인 호죽교회에서 복된 소식이 들렸다. 대한신학교 수업료를 전액 지원해 줄 테니 일요예배를 주관하라는 것이었다. 그는 신학교 4학년 때인 1957년도에 호죽교회 전도사 자격으로 주일에 설교를 했다.

주일을 고향인 호죽에서 보내기 위해서 그는 토요일 신학교 야간수업을 마치고 서울역에서 심야 열차를 탔다. 전동역에서 내려 35리(14km)를 걸었다. 가다 보면 호죽리 못 미쳐 동림산을 넘어야 했다. 야트막한 산이지만 야간에 혼자 그곳을 지나는 것은 머리를 쭈뼛하게 하는 일이었다.

그렇다면 정진동은 조치원역에서 충북선으로 환승해 정봉역에서 내리면 호죽리에 쉽게 갈 수 있는 일을 왜 이렇게 갔을까? 즉 경부선 조치원역 한 정거장 전인 전동역에서 내려 14km의 강행군을 했는가 말이다. 답은 차비가 없어서다. 주일 저녁 예배를 보고서는 거꾸로 했다. 호죽에서 전동역까지 걸어서 서울역으로 가는 열차(경부선 상행선)에 몸을 실은 것이다. 그의 서울에서의 신학과 역사학 공부는 뼈를 깎는 고통 그 자체였다.

정진동의 졸업 사진.(사진=1958년 단국대학교 졸업앨범)

세 번째 신학교

1958년은 정진동에게 있어서 뜻깊은 해이다. 대한신학교와 단국대학교를 졸업한 해이기 때문이다. 그는 대한신학교를 졸업하면서 당시 신학박사였던 김치선 교장으로부터 목사 안수를 받았다. 그의 첫 부임지는 호죽교회였다.

정진동이 졸업할 무렵 단국대학교 전경.(사진=1958년 단국대학교 졸업앨범)

단국대학교 역사학과 불국사 답사. 동그라미 안이 정진동.(사진=1958년 단국대학교 졸업앨범)

같아 신앙인으로서 자신을 용서할 수 없었기 때문이었다. 만약 이 불의(?)한 일에 연루되면 마치 자신이 지옥에 갈 것만 같았다. 그는 그만큼 순진하고 양심적이었지만, 이 일로 인해 그는 동료들로부터 눈총을 샀다.

대신 그는 식당에서 나온 음식물 쓰레기를 챙겨 인근에 돼지 기르는 사람들에게 갖다 주었다. 그러면 약간의 돈을 받았다. 사실 이 일도 양심에 찔리긴 마찬가지였다. 하지만 목구멍이 포도청이라고, 수업료 때문에 억지로 했다. 가시방석에 앉는 기분이었다.

그러던 어느 날 큰 사고가 났다. 미군이 끌고 온 작은 트럭에 12명의 노동자들이 승차했을 때였다. 정진동은 운전자 옆 발판에 타고 문고리를 잡았다. 그런데 차가 급출발을 하면서 추락했다. 모두 정진동이 죽었을 것으로 생각했는데 털끝 하나 다치지 않았다. 미군이 정진동에게 3개월간 휴직을 줬다. 그 기간이 모두 유급 처리돼 그해 1년간의 수업료와 생활비에 유용하게 쓸 수 있었다.

전동역 하차

정진동은 남산 아래에 있던 대한신학교에 다니면서 체계적인 신학 공부를 했다. 물론 청주에서 고등성경학교에 다닌 경험이 있지만 청주와는 비교할 수 없었다. 정진동은 신학, 조직신학, 목회학뿐만 아니라 교회사와 종교철학 같은 역사와 철학 공부도 했다. 체계적인 성경 이해를 위해서 필수적으로 필요한 헬라어와 히브리어도 배웠음은 당연한 일이다.

낮의 고된 노동에 이은 저녁의 신학 공부는 지속됐다. 그러다가 1956년에 단국대 역사학과 3학년에 편입학했다. 신앙인으로서 신학 공부는 당연한 일이지만 역사에도 관심이 많았던 그는 무리를 해서 단국대학교를 다닌 것이다. 대한신학교 1~2학년 시절에는 주경야독 했다면 3학년부터는 주독야독(晝讀夜讀)한 것이다. 즉 주간에는 단국대학교에서 역사를 공부

후에 단계적으로 노깡을 묻었다. 그러다 발동기가 정전이 돼 노깡 옹벽에 전류가 흘렀다. 모두가 감전돼 죽을 뻔했던 아슬아슬한 순간을 간신히 넘겼다.

이어진 작업은 30m 높이의 물탱크에 페인트를 칠하는 일. 이런 고된 작업으로 오후 5시 30분부터 하는 야간부 수업을 2시간 뒤늦게 들어갔다. 결국 친구들이 대리출석을 해줬고, 2시간 분량의 학습은 친구들의 노트를 빌려야 했다. 이러기를 3개월 하니 제빙공장 작업도 끝났다. 다시 실업자 신세가 됐다.

죽음과 맞바꿔

다시 일자리를 찾은 곳은 용산 삼각지에 있는 미군 부대였다. 처음에 유리 절단공을 모집해 무조건 응했는데, 사실은 정진동에게 그런 기술이 있을 리 만무였다. 그렇지만 무작정 손을 들었다. 정작 일을 시작하기로 한 날 현장에 가니 "취업 공고를 잘못 냈다"며, 풀 깎는 노동자를 구한다고 했다. 정진동은 십년감수했다. 유리를 한 번도 절단해 보지 못한 그가 마음을 졸이고 있는데, 풀 깎는 것은 시골에서 늘 해 왔던 일이기에 '누워서 떡 먹기'였다.

정진동을 포함해 12명이 한 조가 돼 1954년 6월부터 일을 시작했다. 풀 깎는 기계가 없던 당시는 미군 부대 주변에 자라나는 모든 풀을 낫으로 깎아냈다. 그런데 그는 일을 하면서 동료들과 불편한 관계가 형성되기도 했다.

일을 하다 보면 미군 부대 주변에 버려진 쓰레기 중 재활용이 가능한 물건이 많았다. 기름종이, 유리, 송판, 베니어합판 등이 바로 그것. 미군 부대에 고용된 한국 노동자들은 이것을 주워다가 시내에서 팔아 돈을 챙겼다.

그런데 정진동은 양심상 이 일에 동참할 수 없었다. 마치 도적질하는 것

청소부, 화부라도 좋으니 일자리가 있으면 선처해 주십시오. 배움에 목 말라 이렇게 애쓰는 저를 구원해 주십시오.”

22세의 청년 정진동은 애끓는 심정을 편지에 담아 길거리에 나섰다. 일주일간 다니며 공장과 회사, 상점의 주소를 적기는 했지만 우표값이 없다 보니 자필로 쓴 편지를 공장과 상점 편지함에 꽂았다.

그리고는 매일 교회에 나가 사장의 마음을 움직여 달라고 기도했다. 하나님께서 반드시 기도에 응답해 주실 것을 확신하며 좋은 직장에 취직해 일하는 상상을 하며 혼자 빙그레 웃기도 했다.

하지만 현실의 벽은 높았다. 편지를 우편함에 꽂은 지 10여 일이 지났지만 어느 곳에서도 연락이 오지 않았다. 그렇다고 해서 마냥 연락이 오기만을 기다릴 수도 없었다. 아침부터 막노동판을 다녔다. 장작 패는 일터, 연탄 찍어내는 일, 사이다 박스 만드는 공장, 건축 현장 등 수십 곳을 다녔다. 거의 2개월간을 다녔다.

그러던 어느 날 용산 경찰서 앞을 지나가다 우연히 동양제빙 공장 건설 현장을 발견했다. ‘또 안 되면 어떻게 하나?’ 하는 조마조마한 마음으로 십장(일꾼을 직접 감독하는 우두머리)을 만났다.

“당신 막노동할 수 있어?”

“예. 시키시는 일은 뭐든지 할 수 있습니다.”

십장의 질문에 정진동이 답했다.

“내일 아침 8시까지 나와.”

희소식이었다. 어렵게 얻은 작업장에서 처음 시작된 일은 우물을 파고 높이가 150cm 되는 노깡(토관)을 땅 아래로 깊이 묻는 일이었다. 우물의 깊이는 12개의 노깡을 묻어야 했으니 18m였고, 직경은 4m였다.

정진동을 포함한 8명의 노동자가 동시에 우물에 들어가 흙을 팠다. 그런

다행히 합격이었다. 그런데 입학금이 문제였다. 청주 고등성경학교 다닐 때도 주말과 방학을 이용해 노동을 통해서 자력으로 수업료를 해결한 터였다. 대한신학교 야간부 역시 수업료와 생활비를 스스로 해결해야만 했다.

우선은 입학금이 목전에 달렸다. 그에게는 여동생들과 함께 짠 가마니와 깊은 산속에서 해 온 나무들을 장에 팔아 장만한 송아지 한 마리가 있었다. 마찬가지로 장만한 논 세 마지기도 있었다. 부모님과 여동생들에게 미안한 마음도 들었지만 논 세 마지기와 송아지 한 마리를 팔아 입학금을 충당했다.

급한 불을 끄니 또 다른 문제가 불거졌다. 생활비와 학기 중 들어갈 수업료가 걱정이었다. 수업이 야간이었기에 주간에는 무조건 일을 해야 했다. 직장을 찾아야만 했다. 그는 일자리 찾기 대작전에 들어갔다.

공장·회사에 편지 200통

1950년대 초반 당시에 일자리를 구하기는 '하늘의 별 따기'였다. 특히 정진동이 대한신학교에 입학했던 1954년도는 한국전쟁이 끝난 지 불과 1년밖에 되지 않았다. 서울의 관공서가 폭격에 불타고 교통과, 공장, 시장 등이 정상적으로 돌아가지 않는 상황이었으니 일자리를 운운하는 것은 어불성설이었다.

그는 동대문에서부터 용산까지 걸으며 주변에 있는 공장과 회사들의 간판 이름과 주소를 메모했다. 일주일간 미친 듯이 걸어 다니며 메모하느라 기진맥진했다. 그리고 방바닥에 엎드려 편지를 썼다.

"본인은 가난한 집에서 태어나 주경야독하기 위해 야간 신학교에 입학한 신입생입니다. 소사(학교나 관공서에서 잔심부름을 하는 이)도 좋고 아니면

돈 없는 학생이 **서울**에서 학교 다닌 방법
'편지 200통' 써 일자리 호소… 주경야독하며 신학교 3곳 마쳐

서울역에서 내린 그는 예수교장로회 대신(교단)에서 운영하는 '대한신학교' 입학 시험을 치르기 위해 서대문구 서소문동에 있는 신학교 근처에 숙소를 정하고, 시험 준비에 들어갔다.

요한복음 3장 16절
다른 과목은 자신 있었는데, 영어가 걱정이었다. 어떤 문제가 출제 될 지 모르지만 분명히 성경 구절에서 나올 것만 같았다. 그는 무작정 신약성서에서 가장 감명 깊게 읽은 구절을 암송하기로 했다. 요한복음 3장 16절이다.

하나님이 세상을 이처럼 사랑하사 독생자를 주셨으니 이는 저를 믿는 자마다 멸망치 않고 영생을 얻게 하려 하심이니라

For God so loved the world that he gave his one and only Son, that whoever believes in him shall not perish but have eternal life.

살이를 했다. 34세에 17살 임순예를 만나 장남 정진동을 낳은 것이다. 정영모는 남에게 싫은 소리, 험한 소리를 못하는 이였다. 남의 집 일을 해주고 품삯을 못 받아오는 날이면 아들 정진동에게 대신 받아오라고 시켰다. 그러면 아들 정진동은 혼자 가지 못하고 큰여동생 정진순을 데리고 갔다.

그 역시 아버지의 성격을 본받아서인지 "돈 주세요"라는 말을 못했다. 대신 여동생의 옆구리를 찔렀다. 정진동은 그만큼 내성적이고 순진한 청소년이었다.

루하루를 보냈다.

어머니 임순예는 방물장사를 했다. 머리에 인 광주리에는 거울, 빗, 바느질 용품부터 화장품 등 생활필수품이 가득했다. 그녀는 거기에다 사기그릇까지 넣고 다녔다. 물건을 팔고 대금으로는 쌀과 보리, 잡곡으로 받았다. 그러다 보니 종일 머리에 무거운 물품을 이고 다녔다. 그 결과 자라목이 됐다.

아버지 정영모(1896년)의 삶도 녹록치 않았다. 정영모가 세상을 구경한 지 며칠 만에 손이 하나 없던 장애인 어머니(정진동의 할머니)가 세상을 떴다. 시각장애인으로 점쟁이 생활을 한 아버지 정인학(정진동의 할아버지)도 두 살 때 저세상 사람이 됐다.

그는 8세까지 수양어머니 집에서 컸고 16세까지는 남의 집 소를 돌보며 자랐다. 그 후 노동판을 전전하다가 고향인 옥산면 호죽리로 돌아와 머슴

정진동이 어린 시절 다녔던 호죽교회.

1953년 청주 성경고등학교 졸업식. 동그라미 안이 정진동.

죽어라 나무를 하고 짚신과 가마니를 짜 시장에 내다 팔았다. 그렇게 해서 만 3년 간의 학업을 마치고 1953년 12월 15일 충북노회서 운영한 고등성경학교 제2회 졸업생이 됐다.

어머니의 자라목

정진동이 어린 시절 굶기를 밥 먹듯이 하고 짚신과 가마니를 짜 고등성경학교 월사금을 냈다면 그의 어머니와 아버지는 더욱 고된 노동으로 하하지만 어깨너머로 배우는 한자와 성경 암기를 통해 배우는 한글 지식만으로는 그의 배움에 대한 욕구를 채울 수 없었다. 뒤늦게라도 정규학교를 다닌다는 것은 언감생심이었다. 어쨌든 체계적인 교육을 받기 위해서는 돈이 필요했다. 고민 끝에 정진동은 송아지를 사서 학자금을 마련해야겠다는 결심을 했다.

송아지를 사기 위해서 가마니를 짜 장(오일장)에 내다 팔기로 했다. 어차피 가마니 짜기는 혼자 할 수 있는 일이 아니었다. 진순과 검예는 오빠와 함께 기나긴 겨울밤에 가마니를 짜기 시작했다. 처음에는 의욕적으로 시작했지만 두 여동생은 쉽게 지쳤다.

한겨울이라 하더라도 낮에 종일 일을 하고 밤에 가마니를 짜려니 당연한 일이었다. 꾸벅꾸벅 졸고 있는 여동생들을 보며 안쓰러운 생각이 들었다. 그렇지만 혼자 할 수는 없는 일이어서 정진동은 꾀를 냈다. "애들아, 노래 부르자"며 자작곡한 노래를 선창했다.

"가마니 한 개가 나올 때마다 / 송아지 뒷다리 나왔다 / 송아지 앞다리 나왔다 / 송아지 한 마리 나왔다"

진순과 검예는 가사를 생각하며 깔깔댔다. 가마니를 짤 때마다 송아지 뒷다리 하나가 나오고, 앞다리가 나오고, 결국 송아지 한 마리가 나오는 것이다. 가마니를 짜 경제적 형편이 얼마나 펴졌는지는 모르지만 정진동의 학업에 대한 열정은 점점 더 커져만 갔다.

그러다 꿈이 현실이 되는 일이 벌어졌다. 청주에 있던 양관에 선교사들이 설립한 고등성경학교에 입학공고가 난 것. 아버지가 알면 분명 반대할 것 같아 몰래 지원했다. 시험 결과 합격이었다. 하늘을 날 것 같은 기분은 잠시, 입학금과 수업료가 걱정이었다. 주말과 여름방학과 겨울방학에는 이 없어도 뒷광에 숨어서 먹었다고 한다. 호죽리 꼬맹이들이 부른 노래가 당시의 가난했던 상황을 알 수 있게 해 준다.

"갱골에서 개를 잡아 / 도람말에서 돌돌 궈서 / 한천동에서 한 첨 두 첨."

위 노래에 나오는 갱골, 도람말, 한천동은 호죽리의 자연마을이다. 개를 잡아 구어서 실컷 먹고 싶다는 마음을 노래로 표현한 것이다.

성경 암기

"하늘천 따지 검을현 누를황 집우 집주……."

10대 초반의 정진동은 나무를 하러 가다 말고 마을 서당에서 천자문을 외는 아이들의 목소리에 귀를 기울였다. 훈장 앞에서 무릎 꿇고 앉아 있는 아이들이 그렇게 부러울 수가 없었다.

서당도 마음 편히 다닐 수 없는 자신의 처지를 생각하니 마냥 우울하기만 했다. 그런 생각도 잠시, 그는 아이들이 소리 내어 외는 천자문을 입속으로 따라 했다. 그렇게 어깨너머로 천자문과 명심보감, 동몽선습을 뗐다. 학교 근처라고는 가좌국민학교 2학년에 들어가 4학년에 중도 하차한 것이 전부였다. 매달 내야 하는 수업료 월사금(月謝金)을 낼 수 없었기 때문이다. 더군다나 친구들이 가방을 메고 학교 가는 모습을 멀뚱히 지켜보는 그의 속은 말이 아니었다.

배움에 대한 열정은 무한대로 샘솟았다. 이 뜨거운 열정을 식힐 수 있는 방법이 생각났다. 어릴 때부터 다녔던 교회에 그 해답이 있었다. 성경 암기였다. 사실 정진동이 한글을 익힌 것도 성경을 통해서였다. 신약성서의 여러 구절을 통째로 암기했다.

대까지 이어졌다.

그런 집안에서 장남으로 태어난 정진동의 삶은 허기진 생활의 연속이었다. 당시 정진동의 봄날의 아침 일과를 살펴보자. 해뜨기 전 이른 아침에 두엄(거름) 두 짐을 지고 논에 펴야만 했다. 두엄이 없으면 마을을 다니며 개똥 한 망태기를 주워 와야 했다. 이러지 않고서는 그날 아침을 먹을 수 없었다. 아침을 먹은 후에는 풀을 베어 퇴비장에 차곡차곡 쌓았다.

농사는 1년 내내 쉴 틈이 없었다. 모내기부터 논매기, 피사리, 쇠(소)풀 베기, 벼 베기 등이다. 허리가 펴질 날이 없는 것이다. 농한기라 불린 겨울이라고 한가하지는 않았다. 장농 깊이 넣어뒀던 무명 솜바지를 꺼내 입고 지게를 메고 산으로 향했다. 장작에 쓸 나무를 구하기 위해서였다.

찬바람이 휘날리는 날 나무를 하면 꽁꽁 언 손은 얼어 터져 피가 나기 일쑤였다. 나무와 가시에 긁히는 것도 다반사였다. 까마귀손에 피범벅 된 형국이었다. 장갑을 낀다는 것은 상상할 수도 없는 시절이었다.

그렇게 한겨울 식전에 나무를 해다가 일부는 집에서 취사용과 난방용으로 썼지만 대다수는 오일장에 내다가 팔아야 했다. 저녁에는 아버지와 함께 가마니와 짚신 짜기를 했다. 그때가 겨우 정진동의 나이 12세였다. 이 고역은 18세까지 이어졌다. 이런 이유로 정진동은 17세에 일 년 동안 남의 집 머슴살이를 했다. 대(代)를 이어 머슴살이를 한 것이다.

그의 젊은 시절 소처럼 묵묵하면서도 열심히 일했던 모습을 증언한 이가 있다. 박응순(1935년생)은 정진동이 "동네에서 말 잘 듣고, 일 잘하고, 머리 좋기로 소문난 청년이었다"고 기억한다.

정진동의 어린 시절 한국 사람 대부분은 굶기를 밥 먹듯이 했다. 그렇지만 정진동과 그가 살았던 충북 청원군(현재의 청주시) 옥산면 호죽리 도람말은 특히나 그랬다. 너무 가난해 맨 간장에 꽁보리밥만 먹어도 "꿀맛이다"라는 소리가 저절로 나왔다. 어쩌다 쌀밥이라도 먹게 되면 뺏어 먹을 사람

가난이 물씬 풍기는 정진동 생가.

었다.

그제야 조상들에게 면목이 섰다. 자신의 제사를 지내 줄 자식이 생겼다는 기쁨도 함께였다. 그런데 그런 귀한 자식이 교회를 나가니, 제삿밥 얻어먹기는 애초에 글렀다고 생각하니 열불이 났다.

머슴

6대 독자 정진동이 어린 시절 찬밥 신세였던 것은 단순히 교회를 나가서만이 아니었다. 집에 먹을 것이 없기 때문이었다. 오랜 기간 남의 집 머슴살이를 한 정영모 집에서는 아침 식사 후에는 점심 겸 저녁을 죽으로 연명해야 했다. 아사 직전의 가난 상태는 일제강점기와 한국전쟁기, 1950년며 환호작약했다. 나르던 장작을 갈무리하고 교회로 횅하니 달려갔다. 예배당 문을 열자 제일 먼저 어머니와 여동생들이 눈에 들어왔다. 1시간의 예배는 순식간에 지나갔다.

예배 시간 내내 밝아졌던 얼굴이 교회 문을 나서자 흙빛이 됐다. 어머니가 앞장서고 정진동과 여동생들이 그 뒤를 이었다. 집에서 나올 때 남편이 졸고 있었다는 아들의 말에 작으나마 안심을 했던 임순예는 조심해서 문고리를 잡아당겼다. 하지만 문은 꿈쩍하지 않았다. 안에서 잠근 것이다.

"여보. 문 좀 열어 주세요"

"……."

묵묵부답이었다. 두세 번 반복한 후 임순예는 이내 포기했다. 남편의 성격을 잘 알기 때문이다. 그녀는 아이들을 데리고 부엌으로 갔다. 아궁이 앞에서 두 딸을 껴안았다. 어머니와 여동생을 물끄러미 쳐다보는 정진동의 눈시울이 붉어졌다. 그렇다고 아버지에게 항의할 수도 없는 일이었다.

아무리 아궁이 앞이라지만 초겨울 매서운 날씨에 밤을 지새는 일은 끔찍한 일이었다. 정진동이 어머니와 여동생과 함께 부엌 아궁이 앞에서 밤을 지샌 것은 1940년대 초반이었다.

1988년 청주 택시 파업 때 노동자들의 희망으로 떠올랐던 정진동 목사는 왜 어린 시절 교회를 마음 편히 못 갔을까? 아버지 정영모가 특별히 보수적이어서 그랬을까? 그렇지는 않다. 정영모는 당시 보통의 조선사람이었다. 그냥 조상들 잘 모시고 가족끼리 사랑하며 지내길 바랬던 평범한 사람이었다. 그런데 아내와 자식들이 교회를 나가자 자신의 뿌리가 흔들리는 듯했다.

머슴 생활을 하다가 나이 34세가 돼 결혼한 그가 아들 정진동의 우렁찬 울음소리를 들은 것은 1933년 12월 26일. 하늘을 날 것 같은 기쁨은 아기가 고추를 달았기 때문이다. 동래 정씨 31대손인 6대 독자(獨子)의 탄생이

아버지 몰래 **교회** 다녀온 가족들

찢어지게 가난했던 유년 시절

마음은 콩밭(교회)에 가 있지만, 현실은 방에서 새끼를 꼬고 있는 아버지에게 가 있었다. 아버지가 당신의 아내와 자식들이 교회 가는 것을 끔찍이 싫어했기 때문이다. 교회 가다가 아버지한테 걸리기만 하면 그날은 집안에 먹구름이 끼는 날이었다.

그런데 정진동이 마당에서 장작을 나르는 그날따라 아버지는 일찌감치 단칸방에서 새끼를 꼬고 있었다. 그렇기에 자꾸 장작을 든 손에 힘이 빠졌다. '세상에서 교회가 가장 재미있고 좋은데, 아버지는 왜 교회를 못 가게 하는 걸까'라는 생각을 하며 정진동의 눈과 귀는 방을 향했다.

그런데 어느 순간부터 방에서 아무 소리가 들리지 않았다. 그는 깨금발을 하고 방문 가까이 갔다. 혀에 손을 갖다 대었다. 침을 묻혀 문종이에 작은 구멍을 냈다. 아버지가 새끼를 꼬다가 꾸벅꾸벅 졸고 있었다. 초저녁이었지만 낮의 고된 노동에 눈꺼풀이 천근만근 된 것이다.

부엌에서 밤 지새

고된 노동에 지친 아버지가 안됐다는 생각은 잠시. 정진동은 '이때다'라

제2장

"원 뚜 뜨리"
출생과 농촌선교

는 뜨거운 불씨가 간직됐다. 민주노조와 사회 민주화라는 염원이었다. 총파업을 경험한 노동자들은 이후 민주노조운동에 헌신하는 이들도 생기고, 정진동으로부터 감동을 받은 이는 평생 '정진동 따라 살기'를 자신의 신조로 삼기도 했다.

88 택시 파업을 계기로 민주 택시 노동조합을 염원하는 소모임 '청주지역 민주노조를 지향하는 택시조합'(약칭 '청민노')가 만들어졌다. 이들은 1990년대 초반까지 노동운동의 무풍지대인 청주에서 민주노조운동의 불쏘시개 역할을 수행했다.

특히 1990년도에는 '청주지역 노동자 총단결로 노동자의 날 쟁취하자'라는 제안서를 지역 민주단체에 제안했다. 당시 우암국민학교 앞에 있던 전교조 충북지부 사무실에서 노동절 준비모임을 한 것은 1990년 4월 12일이었다.

구속된 운수노동자를 즉각 석방하라는 팻말을 들고 가두시위에 참석한 운수 노동자.

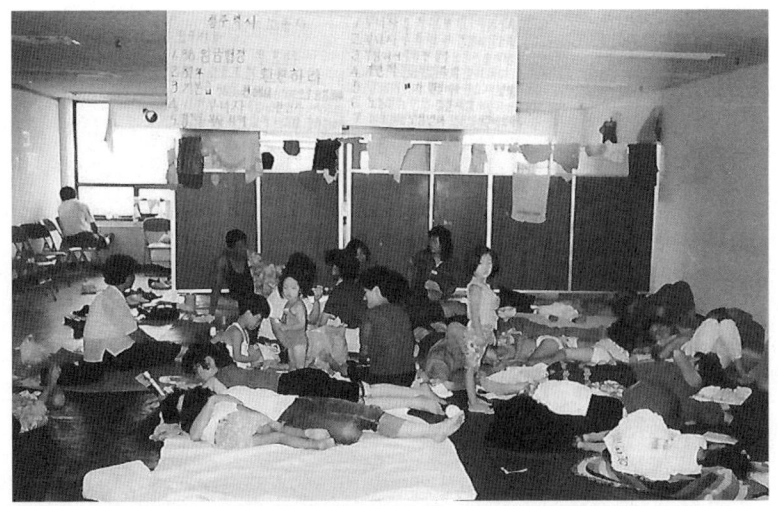
임단협 상황이 진척되지 않자 택시 노동자 부인들이 평민당 중앙당사 점거농성을 벌였다.

청주지방법원 국정감사에 초미의 관심을 보인 택시 노동자들.

혼식 며칠 전 어머니한테 첫날밤 어떻게 해야 하는지 대충 들었지만 한 귀로 듣고 한 귀로 흘려들었다. 사실 말하는 어머니나 듣는 아들이나 쑥스러웠기 때문이다.

'그때 어머니한테 자세히 들을 걸' 하며 뒤늦은 후회를 했다. 그렇게 또 몇 시간을 보냈다. 정진동은 용기를 내 입을 열었다. "여보" 하고 시작한 그의 말은 사랑의 속삭임도 아니고 기도도 아니었다. 그의 말은 긴 설교였다.

"여우도 굴이 있고 공중에 나는 새도 집이(둥지) 있는데 인자(人子)는 머리 둘 곳이 없다."

성경 구절을 앞세운 설교는 구체적이었다.

"당신은 나를 선택하여 결혼을 했는데, 나는 목사가 되어 예언자의 길을 가야 할 것이오. 그 길은 배고프고 박해받는 힘든 고생길인데 함께 가야 하오."

이렇게 일방적인 생각을 털어놨다.

"예수는 집도 월급도 없이 혼자 몸으로 평생을 민중과 함께 사시다가 민중의 죄를 모두 짊어지고 십자가에 죽으신 의로운 분이오. 나는 그 예수의 뒤를 따를 제자로서 이제 당신과 함께 그 힘든 고난의 길을 가야 할 운명에 처했소."라고 설교를 길게 했다. 그리고 나는 첫날밤을 뜬눈으로 새웠다. ― 정진동, 「저 평등의 땅에」, 1992

세상에서 가장 진지한 신랑의 모습이다. 첫날밤 아내를 상대로 긴 설교를 하는 사람(목사)이 또 있을까? 정진동이 언제부터 민중 선교의 사상이 형성되었는지는 불분명하다. 하지만 분명한 것은 그가 대한신학교 1학년 때인 1954년도에 결혼하면서 이미 자신의 가치관·신앙관이 명확히 형성돼 있었음을 알 수 있다.

거창하게 민중신학이랄 것은 없지만 성경을 통해 민중의 삶을 산 예수를 만났고, 그의 제자로써 평생을 살겠다는 결심을 확고히 한 것이다.

강행군

"너무나 훌륭한 신랑감이 있습니다."

다락리 조춘흥(1911년생) 집 사립문을 들어선 이는 같은 마을 이관옥이었다. 그는 다락교회 집사이면서 늦깎이로 청주 고등성경학교를 다니고 있었다.

"누군데?"

조춘흥의 말에 이관옥은 눈을 반짝이며 입을 뗐다.

"제가 다니는 학교의 동기인데, 사람이 훤출하고 똑똑합니다."

이관옥은 입에 침이 마르게 정진동을 칭찬했다. 조춘흥의 옆에서 귀를 기울이던 그의 아내 박금순(1911년생)도 호기심이 동했다.

"우리야 뭘 아나? 이 집사가 추천하면 어련히 훌륭한 신랑감이려구."

남편의 대꾸에 아내 박금순도 맞장구를 쳤다. 신학교를 나오면 후에 목사가 되는 것인데, 그녀가 가장 이상적으로 생각하는 사윗감이었다.

중매인 이관옥으로부터 이

신혼 시절의 정진동·조정숙 부부. 아기는 첫째 딸 정광옥.

야기를 전해 들은 정진동은 마음이 급해졌다. 사실 자신이 이런저런 형편을 따질 처지가 아니었다. 이전에 몇 차례 선을 보았지만 소도둑처럼 생긴 자신의 외모와 별 볼 일 없는 자신의 경제적 처지를 보고 퇴짜를 맞기 일쑤였다. 특히 6대 독자라는 것이 최대의 걸림돌이었다. 그런데 일차 관문을 통과했다니 신이 났다.

공식적인 선을 보기 위해 다락리로 가기로 했다. 예비 신부와 장인·장모를 보는 자리이기에 부담 백배였다. 보통 사람이라면 바지와 구두를 빌리고 이발을 하느라 정신없을 텐데 자신은 그 정도의 여력도 되지 않았다. 헌 옷이지만 깨끗이 빨아 입었다. '진심으로 사람을 대하면 되겠지'라는 마음으로 선을 봤다. 많은 이야기를 나눈 것은 아니지만 2차 관문도 무난히 통과했다. 두 살 아래의 조정숙도 싫지 않은 눈빛이었다.

선을 본 것이 약혼 아닌 약혼식이 돼버렸다. 1954년 봄에 결혼 승낙을 받은 정진동은 여름 내내 다락리를 찾았다. 물론 당시에 서울에서 신학교를 다니고 있었기에 주말에만 가능한 일이었다. 그것도 한 달에 두 번꼴이었다.

토요일 야간수업을 마친 그는 경부선 하행선 심야 열차에 몸을 실었다. 전동역에서 내려 35리(14km)를 걸어 청원군 옥산면 호죽리로 갔다. 다음 날 다시 강내면 다락리를 향해 걸었다. 뚜벅뚜벅 걷는 정진동의 마음은 하늘을 나는 것 같았다. 40리 가까이 되는 거리(14.7km)였지만 멀다는 생각을 해본 적이 없다.

온데간데없는 씨암탉

다락리에 가면 예비 장모가 환히 웃는 얼굴로 맞이했다. 예비 사위가 반가운 것은 당연한 일이었다. 그런데 박금순이 정진동을 반갑게 대한 데에는 또 다른 이유가 있었다. 토요일에 와 하룻밤을 자고 다락교회서 주일 예배를 드릴 때 예비 사위가 설교를 했기 때문이다.

다락교회에는 상주하는 담임목사가 없었기에 신학교에 다니고 있던 정진동에게 일요예배 설교 기회를 준 것이다. 예비 사위가 설교를 하니 박금순 마음이 뿌듯했음은 당연한 일이었다.

그런데 오매불망 보고 싶은 정숙은 보이지 않았다. 대신 상긋상긋 웃는 예비 처제들이 그를 반겼다. 당시 16세의 정순이부터 순옥(10세), 옥순(8세), 순형(5세)이었다. 사실 처제가 될 여성으로 보이기보다는 여동생 같았다. 특히 막내 순형은 자신과 16세나 차이가 났기에 조카뻘이나 다름없었다.

다락리에 도착한 정진동은 예비 처제가 될 소녀 넷을 데리고 뒷산에 올랐다. 다락리 샛뜸(윗뜸)과 옹독골 사이에 있는 동산 위에는 너른바위가 있다.

그곳에 올라서면 충북 음성군에서 발원해 충북 서부지역을 거쳐 금강으로 흐르는 미호천이 한눈에 보인다. 미호천을 바라보며 미래의 형부에게 배우는 노래는 신이 났다. 당시 조순형이 율동과 함께 배운 노래는 〈금빛 같은 보리밭〉, 〈앵두가 익었어요〉, 〈송아지〉 등이다. 다음은 〈금빛 같은 보리밭〉의 가사 일부다.

> 금빛 같은 보리밭 보리밭 보리밭
> 금빛 같은 보리밭 바람맞네
> 척척척 척척척 보리를 묶어서
> 하나님의 아이야 거두어라

정진동이 긴 팔로 보리를 묶는 시늉을 하며 부르는 노래에 순형과 언니들은 깔깔깔 웃으며 따라 했다. 정진동이 신학교에서 배운 노래와 율동을 다락리 너른바위 위에서 가르쳤다. 순형과 언니들은 친오빠 같기도 하고

정진동의 아내 조정숙의 생가 터. 사진은 조정숙의 막내여동생 조순형.(사진=박만순)

삼촌 같기도 한 예비 형부와 함께 즐거운 여름 한 철을 보냈다.

너른바위에서 신나게 놀다가 집에 온 순옥의 눈이 왕방울만 해졌다. 아빠가 부엌에서 씨암탉의 털을 벗기고 있었기 때문이다. 물어보나 마나 정진동에게 줄 음식이었다. 침을 꿀꺽 삼킨 순옥은 '내일 아침엔 씨암탉 국물이라도 구경하겠구나' 하며 잔뜩 기대에 들떴다.

그런데 웬걸 다음 날 씨암탉은 온데간데없었다. 아니 국물도 없었다. 엄마가 밤에 예비 형부에게만 씨암탉을 준 것이다. 정진동은 국물 한 방울 남기지 않고 그릇을 비웠다.

1954년 여름 정진동이 다락리에 열두 번 가는 동안 박금순의 정진동 사랑은 계속됐다. 당시에 구호물자인 밀가루로 빵을 만들었는데, 그 속에는 팥소가 없었다. 그런데 박금순은 정진동이 올 때마다 귀한 팥으로 소를 만들어 찐빵을 대접했다.

그러는 동안 정진동과 조정숙은 연애다운 연애 한번 해 보지 못했다. 둘만의 시간을 가져본 적도 없으니 손을 잡거나 산책을 해 보지 못함은 당연하다.

연극

1954년 10월 강내면 다락리에서 신식 결혼을 한 정진동은 아내를 가마에 태우고 호죽리로 향했다. 정진동의 장인 조춘홍도 후객(後客)으로 뒤를 따랐다. 당시에 신부 집에서 결혼식을 올린 후 신부 측 가족이 신랑 집까지 동행한 것을 후객이라고 했다. 옥산면 호죽리 도람말 사위 집에 도착했을 때 조춘홍의 얼굴색이 변했다.

가난이 물씬 묻어나는 초가였기 때문이다. 그렇다고 해서 그가 당시나 이후에나 사위 집의 첫인상에 대해 말하거나 서운함을 드러낸 적은 없다. 이는 그의 평소 심성이 누구에게 듣기 싫은 말을 하거나 해코지를 하지 않는 탓이다.

그의 평소 심성은 사위를 맞기 4년 전 일화를 통해 알 수 있다. 조춘홍은 이○○집 근방에서 소리를 질렀다.

"영섭(가명)이는 양동이 물을 문 입구에 붓고, 철민(가명)이는 지붕에 쏟아 부어. 영자 엄마랑 순희 엄마는 물 좀 떠오고!"

마치 10여 명이 불 끄러 오고, 조춘홍이 일사불란하게 화재진압을 진두지휘하는 것 같았다.

정작 이○○ 집에 불 지른 이들이 다급해졌다. 방화범은 같은 마을 사람들로 지방 좌익이었다. 이들은 마을 이장을 하고, 넉넉하게 사는 이○○을 반동으로 규정했다. 집에 불을 지르고 주인장인 이○○이 문밖으로 나오면 죽이려고 했다.

그런데 조춘홍과 이웃 사람들이 한꺼번에 화재를 진압하려는 것을 보고 슬그머니 꽁무니를 뺐다. 그런데 사실은 그 자리에는 조춘홍밖에 없었다.

그는 마치 여러 사람이 와서 불을 끄는 것처럼 연극을 벌인 것이다. 같은 마을 사람끼리 집에 불을 지르고 사람을 함부로 죽이는 것은 있을 수 없다고 생각했기 때문이다. 1950년 7월 중순의 일이다.

정진동 식 영어 인사에 웃음꽃 핀 **학교**

농촌 선교와 교육 사업

"원 뚜 뜨리."

"굿모닝."

"예스."

학교 교실에 모인 친구들은 각자 영어를 구사하며 아침 인사를 했다. 굿모닝은 그렇다 쳐도 '예스'와 '원 뚜 뜨리'는 아침 인사와는 아무 관련성이 없는 단어인데도 말이다.

그렇지만 아이들은 영어 단어 뜻과는 상관없이 자신들이 정진동으로부터 배운 영어를 원 없이 구사했다. 특히 '원(One) 뚜(Two), 뜨리(Three)'는 교장 겸 영어 교사인 정진동이 발음한 대로 따라 한 것이다. 발음이 틀리든 말든 까까머리 개구쟁이들은 영어로 인사를 나누고 깔깔깔 웃음을 터뜨렸다.

"차려. 교장 선생님께 경례!"

정진동이 교실에 들어서자 반장의 구령에 따라 학생 십여 명이 "안녕하세요"라고 인사했다. 정진동은 임진왜란 당시 이순신 장군의 무용담을 이야기했다.

호죽교회(왼쪽 건물)와 호죽헌신고등공민학교.

아이들은 처음 듣는 이야기에 귀를 쫑긋했다. 1960년 당시 충북 청원군 옥산면 호죽리 아이들에게는 '임진왜란'이라는 역사적 사건은 낯선 이야기였다. 게다가 이순신이라는 명장이 수군들과 함께 왜적을 물리쳤다는 이야기에는 벌린 입을 다물지 못했다.

그런데 어제는 영어를 가르쳤던 정진동이 그날은 왜 역사 교사가 됐을까? 당시 교사가 절대적으로 부족했던 호죽헌신고등공민학교는 교장인 정진동이 영어 겸 윤리, 역사, 사회를 전부 가르쳤다.

사라진 '어른 흉내 내기'

가좌국민학교와 금계국민학교를 졸업한 호죽리와 인근 아이들은 희망이 없었다. 기껏 국민학교(현재의 초등학교)를 졸업하고서는 부모 따라 농사지을 일밖에 없었기 때문이다. 뼈 빠지게 일해도 굶어 죽기 십상인 것을 부모의 삶을 통해 학습했기 때문이다.

특히나 일부 친구들이 검정 교복을 입고 인근 중학교로 등교하는 모습을 보면 한없이 부러웠다. 부러운 만큼 자괴심이 커지는 건 당연했다. 그러던 차에 호죽교회 목사 정진동이 1960년 3월 기존 '중등성경구락부'를 '고등공민학교'로 개명해 교육청으로부터 정식인가를 받았다.

호죽리 피기성(당시 14세, 제1회 졸업생)과 친구들은 공민학교가 만들어진 이후 생활이 180도 바뀌었다. 이전까지는 10대 중반의 아이들이 술과 담배를 하며 어른 흉내 내기에 바빴다. 심지어 화투를 일삼기도 했다. 어른들이 혼쭐을 냈지만 뒤돌아선 아이들의 생활은 바뀌지 않았다. 하지만 호죽헌신고등공민학교가 만들어지면서 아이들의 '어른 흉내 내기'는 완전히 없어졌다.

1957년 대한신학교 4학년 시절부터 호죽교회 전도사를 맡은 정진동은 1958년 신학교 졸업과 동시에 호죽교회 목사로 부임했다. 호죽교회는 1936년 강수복의 사랑방에서 첫 예배를 드린 이래 1940년 충북노회 소속으로 설립 인가를 받았다.

정진동이 부임 후 가장 심혈을 기울인 것은 고등공민학교의 설립이었다. 이는 청소년들을 통해 자신의 어린 시절을 엿봤기 때문이다. 돈이 없어 배우지 못한 설움과 한을 누구

호죽교회 성탄절 예배.

보다 뼈저리게 느낀 정진동은 자신과 같은 처지의 아이들이 더이상 없기를 바랐다. 목회자인 동시에 교육자, 휴머니스트로서의 삶을 선택한 것이다.

교수, 검찰수사관, 목사를 배출하다

정진동이 1961년 진천 덕산교회로 부임하면서도 1년 동안은 호죽리로 와서 성경을 가르치고, 아이들에게도 영어와 역사를 가르쳤다. 정진동의 호죽리에서의 목회 및 교육 기간은 3년에 불과했지만 그의 정신은 오랜 기간 지속되었다.

호죽헌신고등공민학교는 1962년 11명의 제1회 졸업생을 배출한 이래 1978년 16명의 제17회 졸업생 배출을 끝으로 폐교됐다. 인가 이래 16년간 운영되면서 278명의 졸업생을 배출했다. 그런데 가정형편이 어려워 중도 하차한 학생들까지 포함하면 약 500명이 이 학교를 다녔다.

이 학교 졸업생 중에는 사회 각계로 진출해 전문직에 종사하고 왕성한 사회활동을 벌인 이들이 유독 많다. 제1회 졸업생 피기성은 관광사업을 하고 이태원에서 대형음식점을 운영했다.

제2회 졸업생 강규열은 베트남전에 참전 후 현대건설에 취업해 노동조합 위원장을 맡았다. 정년퇴직 후에는 토목공사 사업을 해 광주지하철 건설 때 참여하기도 했다. 그는 이후 '호죽헌신고등공민학교' 총동문회에 적극 참여했다.

제14회 졸업생 박상덕은 특이한 경우다. 정진동의 처조카이기도 한 그는 1970년대 초반 학교에 다녔다. 그는 사실 고등공민학교에 다닐 정도의 경제적 형편은 아니었다. 그런데 그의 엄마 조정순(1937년생, 정진동의 처제)이 "형부가 만든 학교에 내 자식을 안 보내면 말이 되나!"라며 입학시킨 것이다. 국민학교를 우수한 성적으로 졸업한 아이들과 돈 있는 아이들은 옥산

호죽헌신고등공민학교 제2회 졸업식. 미국 선교사, 옥산면장, 우체국장 등이 참석했다.(사진=호죽헌신고등공민학교 총동문회)

중학교에 입학시키던 시절이었다.

수재였던 박상덕은 부모의 의사에 따라 호죽헌신고등공민학교를 다녔다. 이후 충북대학교를 거쳐 연세대학교에서 석·박사 과정을 거쳤다. 현재는 강릉원주대학교 교수로 교육자의 길을 걷고 있다.

그밖에도 고위 교육공무원을 지낸 이장길, 서울지하철공사 소장을 역임한 박광형, 대검수사관 박계환, 양희옥과 곽노임(여성) 목사 등이 이 학교 졸업생이다. 이런 유명 인사만이 자랑스러운 졸업생은 아니다.

졸업생 모두, 아니 중도 하차한 학생들까지 전부 호죽헌신고등공민학교를 자랑스럽게 여기고 있다. 정진동이 만든 이 학교는 졸업생과 한때 학교에 적을 뒀던 이들 모두에게 꿈과 희망을 심어줬기 때문이다.

괴나리봇짐

"여가 정진동 목사님 댁(宅)유?"

"아니유. 일루 따라 와유."

진천 덕산교회 정은용 집사 일행이 묻고, 호죽리 도람말 주민이 답했다. 엎어지면 코 닿을 곳에 있던 정진동의 집에는 정작 찾는 이가 없었다. 청주에 볼일 보러 간 것이다.

다음 날인 1961년 2월 12일 정진동은 괴나리봇짐을 싸 정은용 집사 일행을 뒤따랐다. 오창까지 걸어가 충북 진천군 덕산면 용몽리로 갔다. 진천중앙교회 임도준 목사의 소개로 덕산교회 담임목사로 부임한 것이다.

면소재지에 있는 교회라고는 하지만 당시 덕산교회는 정진동이 3년간 목회 활동을 벌인 호죽교회보다 시설이 형편없었다. 사실 덕산교회는 출발이 초라하다 못해 애처로운 수준이었다.

1955년 여름방학을 맞이한 숭실대 학생들이 덕산에 내려왔다. '하기 전도대회'에서 꼬맹이들과 지역 주민들에게 성경과 찬송가를 가르치기 위해서 온 것이다. 어른들은 그렇다 쳐도 아이들은 덕산 장터의 공회당에서 열린 '하기 전도대회'가 마냥 즐겁기만 했다.

대학생 누나, 언니, 오빠, 형들이 가르쳐 주는 노래와 율동은 세상에서 제일 재미있는 일이었다. 그때까지 기껏해야 친구들과 숨바꼭질과 자치기, 사금파리 놀이나 하던 그들에게 전도대회는 신세계 그 자체였다.

여름방학이 끝나 숭실대 학생들이 서울로 돌아가자 꼬맹이들 어깨가 축 처졌다. 그들은 여름 한 달간의 즐거운 추억을 잊지 못해 장터로 모였다. 아이들은 숭실대학교 학생들로부터 배운 복음성가만을 목이 터져라 불렀다. 누가 설교를 하고 예배를 인도해 주는 이가 없으니 당연한 일이었다.

어느 날 장터를 지나가던 청년 정은용이 이 광경을 목격했다. 군대에서 막 전역한 그는 아이들을 보고 감동했다. 군대에서 교회를 처음 다니기 시작한 그가 아이들을 보고 눈시울을 적셨다. 그는 청주에 있던 충북노회 선교부에 천막을 요청했다. 선교부에서 보낸 군대용 천막에서 촛불을 켜고 정은용과 초·중등 학생 7~8명이 예배를 본 것이 덕산교회의 출발이었다. 그랬으니 그때로부터 6년밖에 되지 않은 1961년도에 덕산교회가 번듯한 교회일 수는 없는 일이다.

동아줄로 길 막아

솔방울과 광솔, 나무를 넣은 깡통에 불을 피운 아이들이 통에 매달은 철사를 천천히 돌리기 시작했다. 못으로 뚫은 깡통의 구멍에서는 불티가 날리기 시작했다. "개불여 쥐불여"라고 외치며 쥐불놀이에 신명이 난 아이들은 불티가 학교 지붕으로 날아가는 것을 눈치채지 못했다.

덕산교회 맞은편에 있던 염광고등공민학교가 불덩이로 변한 것은 순식

염광고등공민학교 학생들이 배구하는 모습.

간이었다. 본의 아니게 불을 낸 아이들은 겁을 먹은 채 부들부들 떨고 있었고, 뒤늦게 달려온 어른들이 대야와 양동이로 정신없이 물을 퍼 날랐지만 속수무책이었다.

초가(草家)의 새까맣게 탄 서까래 사이로 연기가 뿌옇게 피어올랐다. 그 사이로 어른들의 한숨과 아이들의 훌쩍임이 있었던 것은 음력 정월 대보름 하루 전인 1969년 3월 2일 밤이었다.

홀라당 탄 학교 앞에서 정진동은 망연자실했다. 정진동은 부임하던 다음 해인 1962년 성경구락부를 염광고등공민학교로 바꾸어 교육부로부터 인가를 받았다. 정진동은 옥산 호죽리에서와 마찬가지로 진천 덕산에서 목회를 시작하면서 중등학교를 만든 것이다.

불탄 대지 위에 다시 기둥을 세우고 서까래를 얹었다. 지붕은 쓰레트로 했다. 벽으로 사용할 부로크(시멘트 벽돌)를 찍는데, 돈이 턱없이 부족했다. 정진동이 서울, 청주 등지로 다니며 후원을 받았지만 부로크 찍기는 자주 중단됐다. 교인들과 공민학교 학부형들이 자원봉사를 했지만 현금이 드는 문제는 대책이 없었다.

정진동이 아이들과 함께 머리를 맞댔다. 며칠 뒤 진천 덕산과 음성 맹동 사이의 국도에서 버스가 멈췄다. 양쪽에서 네 명의 아이가 동아줄로 길을 막은 것이다. 운전수가 의아해서 차 문을 열었다.

등짝에 얼음통을 맨 아이가 버

염광고등공민학교 재건축. 왼쪽이 정진동.

스로 올라오더니 '아이스께끼' 하나를 운전수에게 주었다.

"저희는 공민학교 학생입니다. 저희 학교가 불타 버려서 다시 짓는데, 돈이 필요합니다. 10환이든 100환(당시 화폐 단위)이든 도와주시면 감사하겠습니다."

버스에 탄 승객들은 아이들이 기특해서 쌈짓돈을 털었다. 그렇게 해서 적지 않은 돈이 모아졌다.

앙고라 토끼

"아카시아 잎이나 씀바귀를 따와라."

정진동의 말에 아이들은 신이 났다. 지천에 널린 아카시아 잎이나 씀바귀를 따오면 수업료가 면제되기 때문이다. 그렇다면 정진동은 왜 아이들에게 그런 일을 시켰을까?

그는 덕산교회에 부임한 이후 염광고등공민학교 설립과 더불어 '농촌

1971년 6월 5일 가나안농군학교 제1단계 교육 농목과 제5기 수료 기념. 동그라미 안이 정진동.

잘살기 운동'에 골몰했다. 고민의 결과가 앙고라 토끼와 닭 기르기였다. 그가 그런 결심을 하게 된 데에는 경기도 광주(현 성남시)에 있던 '가나안농군학교'에 견학을 하고 나서부터였다.

처음에는 교회와 학교에서 기르다가 농가 수입 증대 차원에서 분양을 했다. 당시 정은용(1930년생)도 앙고라토끼를 분양받았다. 정진동의 아내 조정숙도 열심히 키운 앙고라토끼의 털을 깎았다. 물레를 구입한 그녀는 털로 실을 자아서 스웨터를 짰다. 실이 곱지 않아 목과 어깨가 축 늘어진 스웨터를 본인도 입고 친정아버지께도 드렸다.

1967년 10월 7일 청주에서 병아리 1500마리를 구입해 가정마다 분양했다. 하지만 농촌 잘살기 운동의 일환으로 시작된 앙고라 토끼와 닭 키우기는 성공하지 못했다.

정숙이었다. 학교가 불에 타 교인과 학부모, 학생들이 직접 블로크(시멘트 벽돌)를 찍을 때, 그녀는 매일 보리밥 한 솥을 공사 현장으로 가져왔다. 앙고라토끼 키우기에도 누구보다 열성이었다. 목사 배우자 역할에 최선을 다했다. 진천군 덕산면의 친근한 이웃집 아줌마이자 엄마 같은 존재였다.

하지만 조정숙의 가슴 한 켠에는 아쉬움과 서운함이 있었다. 남편이 덕산교회로 부임할 때만 하더라도 면 소재지 목사이면 면장과 지서주임(파출소장)과 같은 대우를 받을 것으로 기대했다. 즉 지역의 기관장과 어깨를 맞대고 유지행세를 할 줄 알았다. 하지만 정진동이 선택한 현실은 그렇지 않았다.

이런 생활을 하다가 남편이 도시(청주)로 나간다니 기쁠 수밖에. 이렇게 희비가 엇갈리며 덕산을 떠난 정진동이 산업선교 실무자 교육을 받기 위해 1972년 4월 영등포산업선교회를 찾았다.

"6개월간 노동 체험을 하세요."

부드러운 얼굴을 한 호랑이 목사 조지송의 엄명(?)이었다. 당시 조지송은 예수교장로회 전도부 내 도시산업선교 훈련원장을 맡고 있었다. 신학교(장신대) 동기이고 친구이지만 도시산업선교와 관련해서는 스승과 제자 사이일 뿐이었다.

일자리를 구하기 위해 거리로 나섰지만 막막했다. 대한신학교 다닐 때에 일자리를 구하기 위해 편지 200통을 써서 공장과 가게 우편함에 꽂을 때가 생각났다. 1953년도인 그때와 19년이 지난 1972년도의 상황이 크게 달라지지는 않았다. 막노동 일자리조차 구할 수 없는 시대였다. 새벽 역전이나 시장에 손님 짐을 나르기 위해 지게를 진 이들이 수십 명씩 쪼그려 앉아 있었다.

그런데 길거리를 걷다가 눈알이 튀어나올 것 같은 것을 발견했다. 전봇대에 '숙식 제공, 월수 3만 원 보장'이라고 적힌 구인 광고였다. 쪽지 아래에는 회사 이름과 전화번호가 있었다. 영등포의 한 허름한 건물을 찾아갔다. 2층 사무실로 가서 면접을 봤다. 면접비가 3000원이었다. 당시 3000원은 노동자 사흘 치 임금이었다. 요즘으로 치자면 최소 30만 원 꼴이다.

직장 구하기가 하늘에 별따기 이던 시절이기에 하루에 70명 정도가 면접을 봤다. 면접 결과는 열흘 뒤에 알려준다고 했다. 정진동이 다시 면접 장소로 갔을 때는 책상과 의자, 전화기가 모두 없어진 상태였다. 사기를 당한 것이다.

일자리를 구하는 사람들을 대상으로 희대의 사기극을 벌인 것이다. 하루에 70명이 면접비 3000원씩 내고 아흐레간 면접을 봤으니, 면접비만 약 190만 원이다. 요즘 화폐 가치로는 2억 원 가까이 되는 돈이다.

유령회사

정진동은 사기를 당하고 나서 정신 바짝 차려야겠다고 생각했다. '눈 감으면 코베어간다'더니 서울이 그런 곳이었다. 그래서 일자리 소개업체나 ○○기업 면접팀이라는 곳에는 얼씬도 하지 않았다.

1953년도 경험을 살려 영등포역 일대를 샅샅이 뒤졌다. 하지만 사람을 구하는 곳은 없었다. 기찻길을 따라 동쪽으로 이동하면서 용산역에 다다랐을 때였다. '○○물산 주식회사'라는 번듯한 간판이 있는 공장을 발견했다.

그곳은 석고로 인형을 만드는 공장이었다. 노동 체험을 할 수 있는 직장을 구했다는 기쁨에 정진동은 앞뒤 돌아보지 않고 구슬땀을 흘리며 일만 했다. 2개월 동안 월급 없이 일하면 각 지역 출장소장으로 발령해 준다는 조건이었다.

정진동은 일을 한다는 기쁨만이 있었다. '월급을 왜 주지 않느냐?'는 항의나 작업과 관련해 동료들과 불평을 나누지도 않았다. 불만이 없어서가

정진동이 도시산업선교 실무자 교육을 받은 영등포산업선교회. 동그라미 안이 정진동.(사진=영등포산업선교회)

아니라 도시산업선교회 실무자 훈련의 기본 지침 때문이었다.

　노동 체험을 할 때 '그저 묵묵히 일만 해라'는 원칙 때문이었다. 즉 일하는 동료 노동자들에게 가르치려 들거나 그들을 선동(?)해 노동조합을 조직하거나 노동쟁의를 일으켜서는 안 된다는 것이다. 무조건 일만 해서 노동자의 삶을 몸에 익히라는 뜻이다. 정진동은 이런 훈련 지침에 충실했다. 그런데 그것이 자신을 향한 '올가미에 목을 내민 격' 일 줄은 꿈에도 생각하지 못했다.

　고된 노동 중에 점심은 기껏 짜장면 한 그릇이 전부였다. 작업은 박정희 대통령 흉상을 석고로 만드는 일이었다. 금색을 입힌 흉상을 전국의 관공서에 납품한다는 계획이었다. 노동자들은 당시가 유신시대 이기에 전도유망한 사업이라고 생각했다.

그렇게 네다섯 명의 노동자들은 부푼 꿈에 젖어 죽어라 일만 했다. 하루에 네다섯 개의 흉상이 제작됐다. 한 달 정도 일을 했을 때이다. 회사 사장이 정부와 납품 계약이 체결됐다면서 도·시·군 출장소(대리점)를 모집했다. 출장소 지원자들에게 완성품을 보여주면서 "이것을 관공서에 갖다주면 된다"고 했다. 그러면서 보증금 30만 원씩을 납부하라고 했다.

취업 면접료 사기 사건을 경험한 정진동이 '이것도 사기이겠구나'라고 느낀 것은 출장소 지원자들의 항의가 있기 직전이었다. 한 무리의 양복쟁이들이 "이 사기꾼아!"라며 들이닥쳤을 때 사장은 온데간데 없었다.

정진동도 공범으로 몰려 맞아 죽을 뻔했다. 월급 한 푼 못 받은 그는 화장실 간다는 핑계를 대고 줄행랑을 쳤다. 유령회사 사장은 한 달여 만에 약 500만 원을 벌었다.

'삥땅'을 잡아라

우여곡절 끝에 정진동이 다시 찾은 일자리는 버스 계수원이었다. 숙식 제공에 월급 2만 8000원 보장이라는 구인 광고를 보고 찾아간 곳이 '마진운수'였다. 당시는 시내버스에 안내양이 있을 때였다. 계수원은 운전기사와 안내양이 짜고 요금을 삥땅(남의 돈을 착복함)하는 것을 적발하는 일을 했다.

그렇기에 계수원은 버스 승차 인원을 정확히 기록해야 한다. 정릉과 영등포의 우신극장을 오가는 버스를 세 차례 승차했다. 한 번 운행에 3시간이 소요됐다. 그런데 계수원이 졸거나 승차 인원을 정확히 기록하지 못하면 임금이 전혀 없었다. 그래서 생겨난 말이 '3탕무탕'이란 말이다. 종일 일하고 급여가 전혀 없다는 말이다.

허탕치는 일보다 괴로운 것은 안내양을 몰래 감시한다는 죄책감이었다. 사람이 사람을 믿지 못하고 감시하는 것은 죽어도 못 할 일이었다. 또한 기

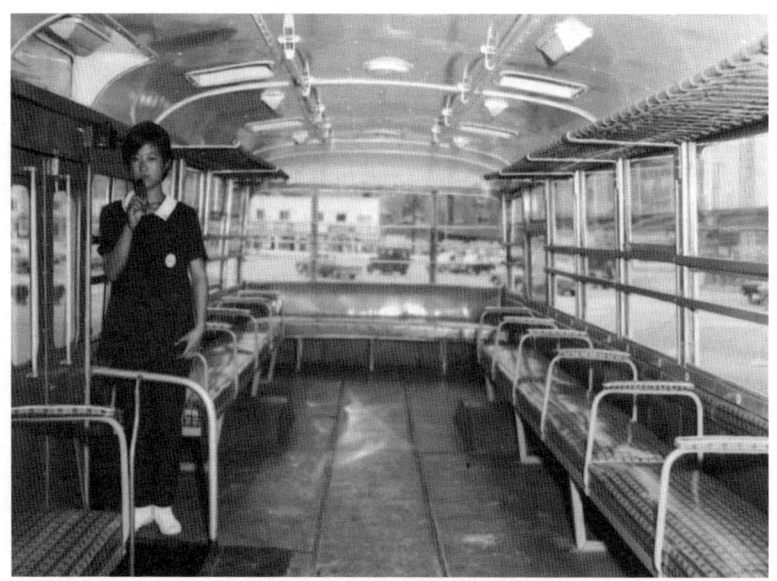

버스에서 일을 하는 안내양.(자료사진=서울기록원 서울사진아카이브)

숙사는 불결함 그 자체였다. 40여 명의 계수원들이 잠자는 그곳에는 사람의 숫자보다 수백 배나 되는 것이 우글거렸다. 이(蝨)였다. 잠자리 주변에 있는 신문지는 이의 피로 얼룩져 있었다.

취업 사기를 당하고 유령회사를 거쳐 버스 회사에서 이와의 전쟁을 벌인 정진동은 6개월간의 노동 체험을 마치고 본격적인 실무교육을 받기 위해 영등포산업선교회로 발걸음을 향했다.

'노동자가 곧 예수'라는 믿음

도시산업선교회 실무 훈련

"고생했습니다!"

환한 미소로 정진동을 반기는 이는 조지송이었다. 늦깎이로 도시산업선교회 실무자 교육(훈련)에 참여한 정진동은 마음고생을 많이 했다. 그랬기에 조지송의 환대에 마음이 푸근해졌다.

조지송이 처음부터 따듯하진 않았다. 장신대 신학교 동기인 조지송은 훈련 도중에 이르곤 했다.

"훈련받다가 어려워서 포기한 이들이 많아요. 정 목사도 적성에 맞지 않으면 언제라도 중단하세요"

정진동은 이 말에 무척이나 자존심이 상했다. 조지송이 자신을 걱정해서 한 이야기인지, 자극을 주기 위해서인지는 모르지만 말이다.

사실 조지송은 1961년 장신대 졸업 후 강원도 태백군(현재 태백시) 장성 탄광의 노동 체험을 시작으로 1963년 한국 최초의 산업전도 목사안수를 받았다. 정진동이 실무교육을 받으러 영등포산업선교회의 문을 두드렸을 때, 그는 예수교 장로교 전도부 내 도시산업선교 훈련원장을 맡고 있었다.

그는 도시산업선교계의 베테랑이었다. 그렇기에 교육생들을 어떻게 대해야 할지를 알고 있었다. 교육생들에게 자극을 줘 자발적 활동을 끌어내는 것이 무엇보다 중요했다. 그런 의미에서 조지송이 정진동에게 한 말은 적극적 자발성을 끌어내기 위한 채찍질이었다.

민주화 운동의 기둥

교육생에 불과한 정진동이 조지송의 심중을 헤아리기엔 역부족이었다. 특히나 같은 교육생인 인명진(1946년생)이 '무궁화 유지공장'에 금방 취업해 노동 체험을 하고 있었다. 자신보다 11세나 연하인 20대 후반의 인명진이 원만하게 교육코스를 밟고 있는 것에 스트레스를 받은 것이다.

마흔이 다 된 나이 탓으로 현장 취업도 잘 안 됐었다. 그런 우여곡절 끝에 노동 체험 6개월을 마치고 영등포산업선교회에 입성(?)을 했으니, 정진동의 기쁨은 말할 나위 없이 컸다.

그렇게 당당하게 입성했지만 6개월간의 실무교육은 이제 시작이었다. 실무교육 총괄은 당연히 조지송이 맡았다. 그는 정진동의 친구이자 동지이자 스승으로서 정진동에게 지대한 영향을 끼쳤다.

"노동자 인권침해는 곧 신에 대한 모독입니다. 가식과 거짓 없는 마음과 얼굴을 가지고 노동자들을 만났습니다."

조지송의 말 한마디 한마디가 정진동의 폐부에 와 닿았다. 사실 유신 치하에서 종교계, 특히 개신교계에서 발표한 대부분의 성명서는 조지송의 손을 거쳐 갔다.

그렇기에 조지송은 단순히 도시산업선교의 지도자만이 아니라 한국 사회 민주화운동의 기둥이었다. 조지송의 선교 방법과 노동자에 대한 사랑은 매우 헌신적이었기에 '노동자의 아버지'라고 불렸다. 조지송은 정진동과 교육생들에게 소모임 조직과 운영 등에 대해 체계적인 지도를 했다.

또한 사회를 올바로 바라보는 안목을 키우는 데도 주안점을 뒀다. 결국 이는 신학과 철학의 문제로 귀결됐다. 당시는 '민중신학'이란 말이 나오기도 전이었다. 정진동은 14년간 농촌선교를 하면서 농민의 삶을 몸으로써 체득했다. 그런 연유로 교육사업과 농촌 잘살기 운동을 벌였다. 하지만 이러한 농촌계몽운동이 농민들의 삶을 근본적으로 변화시킬 수 있을지는 미지수였다.

그런데 도시산업선교회 실무교육을 받으면서 우리 사회의 구조적 문제가 무엇인지, 세상이 어떻게 해야 바뀔 수 있는지에 대한 답안이 흐릿하게나마 보였다.

"이상한 교회 가지 마!"

황선금은 회사 측으로부터 "이상한 교회에 가서 공부하지 마!"라는 소리를 들었다. 관리자 앞에서는 머리를 수그렸지만 뒤돌아서는 콧방귀를 뀌었다.

대한모방 관리자가 말한 '이상한 교회'란 영등포산업선교회를 말한다. 황선금은 지난 몇 개월간 영등포산업선교회를 다니면서 자신을 진짜로 위하는 사람(세력)이 누구인지 명확히 알았다. 1956년 창립한 대동모방은 이후 대한모직을 흡수해 대한모방을 창업했다. 1972년 당시 대한모방의 노동환경은 그야말로 '지옥'이었다.

12시간 맞교대라 1주일에 72시간 이상을 근무했다. 주간반과 야간반은 일요일에 각각 6시간씩을 초과 근무해 주간 노동시간이 무려 78시간에 달했다.

이토록 장시간 노동을 하다 보면 잠이 부족해서 기계 앞에 서 있어도 마치 물속에 들어가 있는 것처럼 늘 몽롱하게 마련이었다. 문제는 그런 살인적인 노동에 시달리는 노동자들에게 회사가 매달 1회, 기숙사에 사는 노동자에게는 매주 1회 작업시간 이후에 강제로 예배를 보게 한 데 있었다.

체육대회 응원 모습.(사진=영등포산업선교회)

교회에 다니지 않는 노동자도 무조건 참가해야 했다. 만일 이를 어기면 기숙사생들에게 외출 금지 조치나 변소 청소, 풀 뽑기 등 강제 노동을 벌칙으로 부과했다.(김남일, 『원풍모방 노동운동사』, 2010)

이런 지옥에서 반기를 든 이가 있었다. 영등포산업선교회에서 소그룹 활동을 하고 있던 임정자였다. 영등포 일대 공장지대의 형편은 대체적으로 비슷했다. 황선금이 대한모방에서 이직한 한국모방이 그러했다. 1953년 한국견방으로 출발한 한국모방(1963년)은 1974년 회사 이름을 원풍모방으로 바꿨다.

한국모방 노동조합은 1972년에 퇴직금 찾기 운동과 노동조합 정상화 투쟁을 벌였다. 이러한 투쟁이 성공리에 이뤄질 수 있었던 데에는 조합원들의 소모임 활동이 가장 크게 작용했다. 1971년부터 만들기 시작한 소모임은 샛별, 소띠, 빅토리 등으로 시작해서 쥐띠, 뿌리, 역부공, JOC 모임, 성우회, 친목회 등 20여 개 조직으로 확대됐다. 이 조직들은 서로 간에 긴밀한 관계를 맺으면서 활동을 이어갔다.

이러한 소모임은 영등포산업선교회(장로교) 조지송 목사와 카톨릭노동청년회(JOC)의 도요한 신부, 경수산업선교회(감리교)의 안광수 목사 등이 지도했다. 아래로부터의 소모임 운동과 민주노조 지도부의 노동단체와의 적극적인 연대는 한국모방(원풍모방) 노동조합이 1970~80년대 민주노조운동의 대들보로 자리매김하는 원천이었다.

이러한 한국모방-원풍모방 민주노조 운동의 중심에는 소모임-방용석 지부장-조지송 목사가 있었다. 정진동은 실무교육(훈련) 기간 한국모방 노동조합 정상화 투쟁을 목격했다. 또한 조지송의 매시기 투쟁 전술 지도를 옆에서 지켜보면서 '살아 있는 노동운동'을 학습했다.

조화순과 이문영

정진동은 한국모방 투쟁을 옆에서 지켜봤을 뿐만 아니라 영등포역 기지창에서 노동자 교육을 하기도 했다. 영등포역 기지창은 철도 보급품을 조달하거나 비축해 분배하고 정비하는 임무를 맡은 기지(시설)이다.

정진동이 한국모방과 영등포역 기지창에서 노동자들을 만나고 교육을 했지만 구체적인 활동 내역은 알 수 없다. 다만 그 시기를 전후한 도시산업선교 실무교육(훈련) 코스를 보면 정진동의 활동을 미루어 짐작할 수 있다.

우선 6개월간의 노동 체험이 첫 번째 코스다. 둘째는 6개월간의 실무교육(훈련)이다. 이 과정에서 필수적으로 수행해야 할 것은 노동자 소모임 조직과 그룹 강의를 해야 한다. 소모임은 약 5~7명의 인원으로 구성된다. 소모임은 정해진 틀이 없다. 각 사업장의 특성과 노동자들의 구성 및 욕구에 따라 다종다양한 모임이 만들어진다. 등산모임이나 축구 등 스포츠 모임

소모임 진행.(사진=영등포산업선교회)

과 바둑, 장기, 영화 등이 그것이다.

여성의 경우는 훨씬 많은 소모임이 있었다. 그중에서도 꽃꽂이, 수예, 뜨개질, 요리 등이 가장 인기 있는 모임이었다. 당시 섬유·방직, 식품, 가발업체에 근무하는 여성 노동자는 대략 10대 후반에서 20대 초반이 주를 이뤘다.

여성 노동자 대부분의 꿈은 예비 신부수업을 잘 받아서 안정적인 직장을 가진 남성을 만나 결혼하는 것이었다. 1970년대 민주노조운동을 지향했던 제조업체 여성 노동자들도 예외는 아니었다.

조지송과 영등포산업선교회는 그런 생각의 옳고 그름을 따지지 않았다. 노동자들의 관심사가 무엇인지를 알고, 그에 함께하는 길을 선택했다. 노동조건 개선이나 권리 요구, 노동조합 건설 같은 문제는 동료 노동자와 믿음이 형성된 후에 이야기해도 늦지 않다고 생각했다.

그런 판단은 적중했다. 같이 일하고, 밥 먹고, 시시덕거리며 친자매처럼 친해지면 이후에는 일사천리였다. 그런 믿음 관계가 형성되면 민주노조운동의 열기는 밤새 열기가 유지되는, 아니 시간이 갈수록 더욱 뜨뜻해지는 온돌방과 같았다.

정진동도 그런 교육 일정과 원칙 속에서 훈련을 받았다. 그런 일과 속에서 그는 숱한 종교계, 학계 인사와 민주화운동 지도자들을 접했다.

조화순 목사가 대표적이다. 그는 후일 '똥물 사건'으로 유명한 인천 동일방직 민주노조운동에 깊숙이 개입하게 된다. 1934년생 조화순은 1966년 감리교신학대학을 졸업하고 두 번째 파송지인 경기도 시흥 달월교회에서 목회를 했다.

어느 날 조지 오글(George E. Ogle) 목사와 조승혁 목사가 찾아와 산업선교회 일을 제안했다. 산업선교라는 말조차 낯설던 때 조화순은 짐을 쌌다. 동일방직에서 6개월간의 노동 체험을 하고 인천산업선교회 총무를 맡았다. 1972년 동일방직에 주길자 지부장이 당선되는데 중심적인 역할을 했다. 조화순은 대한민국 노동운동사에 영원히 기억될 인물이다. 정진동은 실무교육 당시 그를 만났다. 이외에도 김경락 목사, 김관석 목사, 박형규 목사 등이 있다.

정진동의 도시산업선교 실무교육의 마지막 코스는 고려대학교 노동문

고려대 노동문제연구소 수료식. 동그라미 안이 정진동.

제연구소였다. 1973년 3월 20일부터 6월 15일까지 3개월 코스로 진행된 노동교육은 야간에 이뤄졌다.

고려대학교 노동문제연구소는 노동문제뿐만 아니라 경영 문제에 대한 강의도 행했다. 연구소 소장은 법학박사인 이문영 교수가 맡았다. 강사로는 김낙중, 노중선, 김찬국 교수 등이었다. 당시 고려대학교 노동문제연구소는 서강대학교 노동문제연구소와 쌍벽을 이루는 전문 노동교육 기관이었다.

노동자가 예수다

이외에도 영등포산업선교회는 사회교육의 메카 역할을 했다. 당시 시대의 지성과 민주화운동 지도자들이 단골 강사였다. 《씨알의 소리》 발행인 함석헌과 재야 운동의 지도자 문익환, 백기완과 학계의 성래운 등이 그들이다.

사실 정진동이 1988년 청주 택시 파업을 이끌면서 청주도시산업선교회를 사회교육의 메카로 만들 수 있었던 것은 다른 데 있지 않다. 1972년 도시산업선교회 실무자 교육을 받으면서 만났던 종교계, 학계, 민주화운동 지도자들과의 교유(交遊) 덕분이었다.

하지만 정진동이 실무자 교육을 받으면서 만난 가장 위대한 인물은 다름 아닌 노동자 예수이다. '노동자가 곧 예수이고, 예수님을 받들듯이 노동자들을 대하라'는 민중신학 사상을 접한 것이다.

제4장

넝마주이
1970년대

박정희 순시 맞춰 **시위**… 청주가 '발칵'
1973~1974년 청주시청 청소노동자 투쟁

"휴일이 없다고요?"
토끼 눈을 한 중년의 남성이 베테랑 청소부 유재향에게 물었다.
"그러면 다른 곳은 있어요?"
반문하는 유재향의 얼굴에는 자조감과 궁금증의 눈빛이 얽혀 있었다.
"6일 일하면 하루는 당연히 쉴 수 있죠. 설마 퇴직금은 있겠죠?"
'퇴직금'이란 말에 난생처음 들어보는 말이라는 듯 유재향은 고개를 갸웃했다.
"그런데 왜 그렇게 꼬치꼬치 캐물어요?"
"저도 청주에서 청소부 좀 해보려고요."
유재향이 묻고 정진동이 답했다.
'저 양반이 정말 청소부를 하려는 걸까?'라는 의심이 잠시 들었다. 하지만 외모를 보았을 때는 의심의 여지가 없었다. 청소부를 하고 싶어 노동조건을 자세하게 묻는데 모른 채 할 수는 없는 법. 하지만 유재향은 답변하는 내내 씁쓸하기만 했다.

시청 마당에 무릎 꿇어

다른 지역은 일당이 700원이라는데, 충북 청주는 기껏 일당이 480원이고 휴일도, 퇴직금도, 수당도 없다고 말하려니 쥐구멍에라도 숨고 싶은 심정이었다. 당시 서울시는 일당이 720원, 대전시는 689원이었으니 말이다. 자신의 민낯을 보여주던 유재향은 처음 보는 이에게 이런저런 말을 하다가 울컥했다. 자기 신세가 초라했기 때문이다. 그래서 그런지 묻지도 않은 말을 했다.

"언젠가는 시청 마당에 무릎 꿇은 일도 있었어요. 청소부 전원이 무릎 꿇고 시장님께 임금을 올려달라고까지 했어요."

울먹이며 말하는 유재향의 이야기에 정진동은 기가 막혔다.

충북 청주시 석교동 육거리시장 부근 길가에서 콜라를 마시며 정진동과 유재향의 눈시울이 붉어진 것은 1973년 6월 중순. 정진동이 영등포산업교회에서 도시산업선교 실무자 교육을 마치고 청주실내체육관 맞은편 2층에 보금자리를 차린 지 며칠 뒤였다. 창립 예배는 1973년 6월 18일에 있었다.

첫 만남 이후 정진동은 수시로 석교동으로 발걸음을 향했다. 석교동이 담당 구역이었던 유재향을 만나기 위해서였다. 유재향이 청주시 청소부 임금인상에 가장 많은 노력을 기울였다는 소문을 들은 터였다. 그를 만나면서 청주시 청소부들의 구체적인 노동조건을 하나하나 알게 됐다.

1973년 당시 인구 16만 5000명의 청주시를 청소하는 노동자는 170여 명이었다. 이들은 동별로 구역을 맡아 청소를 했다. 일부 청소차가 있기는 했지만 대부분 리어카를 끌고 다니며 골목 구석구석을 청소했다. 인분 푸는 노동자들도 수레를 끌고 다니며 오물을 수거했다. 열악한 노동환경에 임금과 노동조건은 전국 최하위였다.

유재향과 만나면서 청원군(현재 청주시) 남일면에 사는 최명식도 만났다.

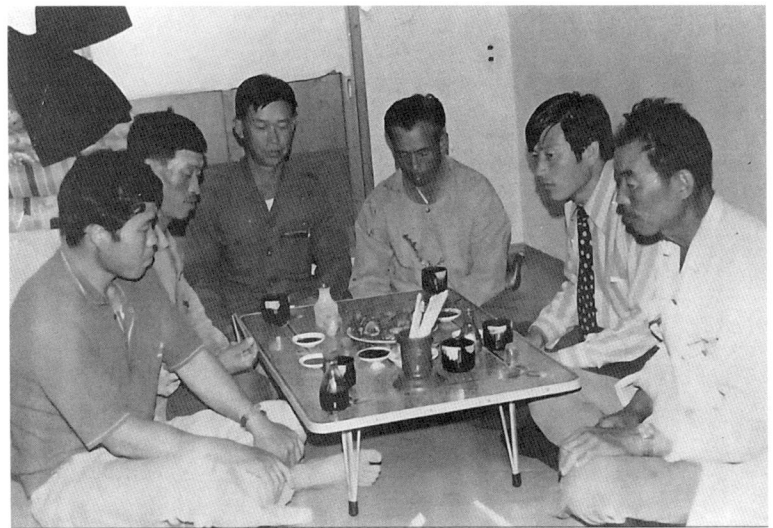

청주시청 청소부 투쟁 회의. 오른쪽 두 번째부터 반시계 향으로 정진동, 유재향, 최명식.

이들은 어느 순간 정진동이 진짜로 청소부에 취직하려는 것이 아닐 것이라고 생각했다. 이에 정진동은 양심(?) 고백을 했다.

"사실 나는 목사입니다."

청소부들을 도우려는 불순한(?) 의도를 유재향과 최명식이 어떻게 생각할까 전전긍긍하고 있는데, 뜻밖의 반응이 나왔다.

"어쩐지 평범해 보이지 않더구만요. 목사님. 저희 좀 도와주세요."

'보도연맹원이 어떻게 죽었는지 알아?!'

"진정서 쓴 주동자가 누구야?"

"유재향과 최명식입니다."

당장 데려오라는 청주시장 채○환의 엄명에 비서실장의 엉덩이에 불이 났다.

"당신들 보도연맹원이 어떻게 죽었는지 알아?!"

"......"

"도장 함부로 찍어서 죽은 거야."

청주시장이 23년 전의 악몽이 떠오르는 말을 했다. 즉 1950년 7월 초 청주시 내 보도연맹원들이 청주시 무덕관에 소집돼 군경에 의해 학살된 사실을 상기시킨 것이다. 당시 보도연맹들은 영문도 모른 채 보도연맹 가입서에 도장을 찍어 죽음의 구렁텅이로 빠졌다.

사실 좌익활동을 하다 '대한민국에 충성을 서약한다'면서 가입한 것이 국민보도연맹이다. 그렇기에 1950년 당시의 보도연맹과 1973년, 노동조건 개선을 바라는 진정서에 서명한 청소노동자들과는 아무런 상관이 없는 일이다. 그런데 청주시장은 뜬금없이 청소노동자들을 보도연맹 운운한 것이다. 청주시는 한발 더 나아가 유재향과 최명식 등에게 시말서 제출을 요구했다. 8월 초의 일이다.

하지만 유재향과 최명식은 예전의 그들이 아니었다. 그들은 시장에게 불려가기 한 달 전에 청주시장 앞으로 진정서를 냈었다. 시로부터 답변이 없자 정진동에게 도움을 요청했다. 청주산업선교회에서 자신들의 노동조건 개선을 위해 노력해 달라는 진정서를 낸 것이다.

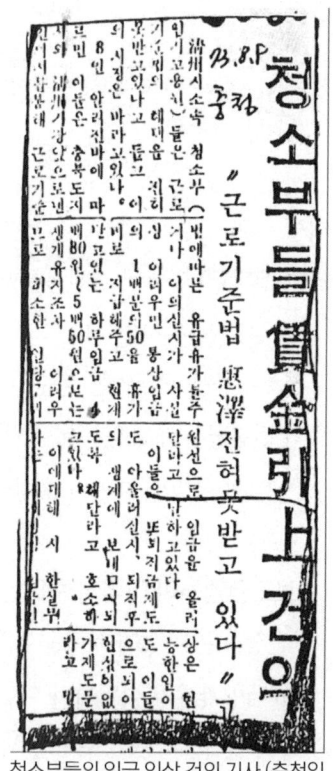

청소부들의 임금 인상 건의 기사.(충청일보 1973. 8. 9.)

청소부 투쟁 사례 발표. 가운데가 정진동, 그 왼쪽이 최명식.

정진동은 "권리 위에 잠자는 자는 보호받지 못한다"며 청소부들이 똘똘 뭉칠 것을 주문했다. 그렇게 해서 청주시 내 12개 동의 구역 책임자들과 차도(車道) 청소 3명의 책임자를 '청주시 청소부 근로조건 대책위원회(아래 대책위)' 위원으로 선정했다. 유재향이 회장, 최명식이 부회장으로 선출됐다.

정진동은 매일 대책위 회의를 했고, 일주일에 한 번 전체 청소부 모임을 열었다. 청소노동자들의 노동조건과 개선 과제에 대해 교육을 했다. 이 과정에서 요구 사항이 명료히 정리됐다.

"일당 480원을 700원으로, 휴일제도 도입, 퇴직금을 달라!"

이렇게 청소노동자들이 자신들의 조직과 요구 사항을 만들었을 때 청주시장의 '보도연맹 운운 사건'이 터진 것이다. 또한 정운탁(당시 44세)을 작업 중에 모자를 쓰지 않았다는 이유로 8월 5일 해고시켰다. 그는 1954년에 입사한 19년 차 왕고참이었다. 이 사건은 불난 집에 부채질한 격이 되었다.

노동자 없는 노사합의(?)

청주시 청소부들의 열악한 노동조건과 부당해고는 지역에 일파만파 파장을 일으켰다. 그해 8월 5일 동산교회에서 '선교의 밤'이 열렸다. 노동자들을 위로하고 단합을 위한 자리였다. 지역의 여론도 청소노동자들에게 우호적으로 돼 갔다.

이러한 상황에도 청주시는 강경책을 썼다. 10월 9일 대책위 위원들이 시장실로 호출됐다. 자술서를 쓰게 했다. 시장실 한쪽에는 청주경찰서 정보과 형사들이 우거지 인상을 쓰고 있었다. 또한 노동자들의 요구 사항에도 '절대 불가'의 입장을 밝혔다.

"시 재정상 임금인상은 불가능하다. 퇴직금 제도도 이들이 임시고용원으로 되어 있기에 실현 가능성이 없다. 다만 휴가제도는 검토 중이다."

청주시청 관계자는 분명하게 선을 그었다.

청주시의 강경 대응에 노동자들은 파업을 결정했다. 11월 13일 아침 노동자들이 시청 앞마당에 앉았다. 침묵시위였다. 요구 사항은 물어보나 마나였다.

다음 날 새벽에 대책위 위원들은 시청 정문과 후문 그리고 골목을 지켰다. 청주시의 협박에 못 이겨 출근하는 동료들을 막기 위해서였다. 정오에 지도부 4명이 경찰에 연행됐다.

청주시의 강경 대응에 시민들의 반감 여론이 형성됐다. YWCA, YMCA에서 동조건의서가 시청에 제출되면서 사회문제로 번져가기 시작했다. 청주산업선교위원회에서도 발 벗고 나섰다. 11월 중순 산업선교위원회 명의로 진정서가 청주시에 제출됐다. 또한 대표자들이 청주시장을 면담했다.

여론이 자신에게 불리하게 돌아가자 시장은 한발 물러섰다. 임금을 480원에서 600원으로 올리고, 휴일제도는 형편에 맞도록 해주겠다고 약속했다. 청주시와 산업선교회위원 목사들은 청소부 문제가 해결됐다고 선언했다. 신문에도 해결됐다는 기사가 나갔다. 노동자 없는 노사합의가 이뤄진 것이다.

이에 정진동과 청소부들은 강력히 반발했다. 대책위에서는 청주시의 입장에 전면 거부를 표했다. 이때부터 정진동과 충북노회, 청주시 산업선교회와의 갈등이 노정됐다.

노사협의 없는 일방적 조치 비판 기사.(교회연합신문 1974. 1. 13.)

'짜장면 사준다'는 말에…

유재향과 최명식은 '괘씸죄'에 걸려 12월 5일 전격 해고됐다. 청주시장은 자신이 산업선교회위원 목사들에게 임금인상을 약속하면 일사천리로 문제가 해결될 줄 알았다. 그런데 마냥 '을(乙)'인 줄 알았던 청소부들이 반발하자 기가 막혔다.

정작 기가 막힌 것은 노동자들이었다. 정진동은 유재향과 최명식 그리고 대책위원들과 상의했다. 숱한 논의 속에 절묘한 방안이 나왔다. 사상 초유의 거리 시위를 계획한 것이다.

그것은 다름 아닌 어린이부터 노인까지 온 가족 시위였다. 청소부 170

명도 공동행동을 취하기로 했다. 오후 3시가 집결 시간이었다. 12월 20일 유재향과 최명식 가족 17명이 일찌감치 점심때 청주약국 앞에 모였다.

정진동이 청주약국 근방의 중국음식점에서 짜장면 한 그릇씩을 사주었다. 처음 맛보는 짜장면에 네 살짜리 아이의 눈이 휘둥그레졌다. 짜장면이 입으로 들어가는지 코로 들어가는지 몰랐다. 두 가족이 짜장면을 먹는 사이 정진동은 밖의 동태를 살폈다. 사전에 정보를 입수한 정보과 형사들과 청주시청 공무원들이 청소노동자들에게 호통을 치며 귀가를 강요했다. 170명의 노동자가 모두 흩어지자 경찰과 공무원들은 안심을 하고 철수했다.

오후 4시 30분 유신 시대 초유의 거리 시위가 시작됐다. 맨 앞 줄에 4살짜리 아이와 80세 할머니가 자리했다. 해고 무효라는 손팻말을 들고 남문로 본정통(현재의 성안길)을 걸었다.

"우리 아빠를 복직시켜라!"

"우리 아들을 복직시켜라!"

시위대는 구호를 외치며 앞으로 나아갔다. 400미터 정도 걸어 한국은행 청주지점까지 갔다. 긴급출동한 경찰에 의해 전원 연행됐다. 유치장은 목불인견이었다.

결국 다른 가족들은 그날 저녁 모두 석방됐다. 유재향, 최명식은 2일 구류처분을 받았다. 그날의 짜장면 맛을 잊지 못하는 아이들이 아빠들을 졸랐다.

"아빠. 우리 언제 또 데모해요?"

웃기고 슬픈 1973년 겨울이었다.

대통령 연두순시

소위 '짜장면 시위'가 있기 하루 전인 12월 19일 대책위는 청주시장을

'근로기준법 위반'으로 노동부에 고발했다. 하지만 청주시는 여전히 꿈쩍도 하지 않았다. 정진동은 지역의 여론만으로는 청소노동자 문제 해결이 어렵겠다고 판단했다. 서울로 올라가 각계에 호소했다. 그 결과 1974년 1월 3일 '청주시청 청소부 근로기준법 수호위원회'가 결성됐다.

위원으로는 지학순 주교, 박청산(노사협의회 회장), 조지송, 이문영, 이창복, 김경락, 김찬국, 조지 오글, 한부만(선교사)이었다. 1970년대 당시 대한민국을 대표하는 성직자와 학계 인사를 망라한 것이다.

이러한 강력한 우군(友軍)을 바탕으로 정진동과 대책위는 또 한 번의 깜짝 시위를 계획했다. 그해 예정됐던 박정희 대통령의 연두순시에 맞춰 기습시위를 하기로 한 것이다.

시위 예정일 며칠 전부터 정진동과 유재향, 최명식은 잠수를 탔다. 청주경찰서와 청주시청은 난리가 났다. 청주경찰서장은 청주시장에게 으름짱을 놓았다.

"당장 이 문제를 해결하지 않으면 당신이 책임져야 하오."

유신 시대에 시장 자리는 '하루살이'에 불과했다. 마침내 청주시장은 백기를 들었다. 1974년 2월 9일 유재향과 최명식은 복직됐고, 청소노동자들의 요구는 3월 초 100% 받아들여졌다.

"**권력**은 쓰기 나름"…해머로 검사 집 철거

무허가 단속반의 '의로운' 행정

잔뜩 낙심한 얼굴을 한 청주시 해고 청소노동자 유재향과 최명식이 정진동을 찾아왔다. 정진동은 순간 간이 떨어지는 줄 알았다. '또 무슨 일이 터졌나'라고 생각한 것이다. 작년 6월 사직동에 청주도시산업선교회를 시작한 이후 긴장의 나날을 보냈기 때문이다.

창립 예배를 본 이후 단 한 번도 두 발 뻗고 잠을 자지 못했다. 청주시청 청소부 투쟁 때문이었다. 그렇지만 박정희 대통령 연두 순시 기습시위 모의 사건을 기점으로 상황이 급속히 반전됐다. 자신과 유재향, 최명식이 시위 계획 후 도피하자 청주경찰서와 청주시는 벌통을 건드린 것처럼 난리가 났다.

보통 대통령 연두 순시는 음력설 직후에 이뤄졌었다. 그렇기에 1974년에는 1월 24일 이후부터 연두순시를 할 계획이었다. 청와대와 청주경찰서의 협박(?)으로 청주시는 청소부 문제 해결을 위해 팔을 걷어붙였다.

갈림길

청소부들이 요구한 임금인상 문제는 일당 600원에서 650원까지 차등

청소부 투쟁의 주역 유재향(왼쪽)과 정진동. 유재향은 후에 청주도시산업선교회 집사가 되었다.

1980년대 초 청소부 투쟁의 주역 최명식(오른쪽)과 조순형 전도사.

지급하기로 했다. 휴일제도 도입과 퇴직금 문제도 원만히 해결됐다. 채○환 청주시장이 근로기준법 위반으로 입건된 상황이라 제도적 도입이 시급했기 때문이다.

문제는 해고자 복직 문제였다. 투쟁이 장기화되자 정운탁과 이정우는 원직복직이 아닌 퇴직금 받기 운동으로 투쟁 방향을 선회했다. 하지만 유재향과 최명식은 원직복직 투쟁에서 한 발짝도 물러서지 않았다.

그런데 청주시장은 마지막 자존심이었는지 유재향과 최명식을 복직은 시키되 원직으로는 보내고 싶지 않았다. 그래서 꼼수를 쓴 것이 '무허가 단속반'으로 복직시키겠다는 것. 무허가 단속반이라면 시민들로부터 원성을 살 일만 생기는 자리였다. 경제적으로 어려운 사람들이 탈법과 불법으로 지은 건축물 등을 때려 부수거나 벌금을 부과하는 일이기 때문이다.

그렇기에 유재향과 최명식은 '복직을 포기해야 하지 않을까' 고민한 것이다. 자기가 살자고 비슷한 처지의 사람들에게 민폐를 끼칠 수는 없는 법 아닌가.

청주시로부터 무허가 단속반으로 복직하라는 통보를 받은 유재향과 최명식이 우울한 표정으로 정진동을 찾은 이유다. 두 사람의 이야기를 들은 정진동은 잠시 고민했다. 나머지 현안이 모두 해결된 상황에서 두 사람이 복직을 거부하면 힘겨운 싸움이 될 게 분명했다. 잠시 후 정진동은 무릎을 탁 쳤다.

"복직하세요."

"네?"

정진동의 시원스러운 말에 눈이 휘둥그레진 유재향과 최명식이 반문했다.

"일은 누구를 위해서, 어떻게 하느냐에 따라서 달라지는 겁니다."

"그게 무슨 말씀이세요?"

정진동은 무허가 단속반원이라고 무조건 시민들에게 민폐를 끼칠 것으로 생각하지는 않았다.

"여러분들이 시민을 위해서 공명정대하게 일을 처리하면 오히려 그들한테 박수를 받을 겁니다."

즉 민중의 지팡이로서의 역할을 주문한 것이다. 하지만 당시에 두 사람은 정진동의 말을 충분히 이해하지 못했다. 다만 청소부 투쟁 과정에서 정진동 목사에 대한 믿음이 확고히 형성됐기에 그의 말을 따르기로 했다.

1974년 2월 9일 유재향과 최명식이 청주시청 무허가 단속반으로 복직됐다. 약 한 달 후인 3월 5일에 청소부 문제가 최종 타결됐.

정진동과 청소 노동자들은 덩실덩실 춤을 췄다. 8개월여 만에 노동자들이 완전 승리를 거뒀기 때문이다. 정진동은 그간 연대의 손길을 뻗어 준 이들에게 일일이 감사 편지를 썼다.

"우리 아버지가 누군지 알아요?"

아침 일찍 시청 정문을 지나친 유재향과 최명식은 출근부에 도장을 찍었다. 그들이 지금 가려고 하는 곳은 미적거려서는 안 되는 곳이었다. 상급자들이 그들의 목적지를 알면 당장 중지 명령을 내릴 것이 뻔했기 때문이다.

그들은 오함마(대형 쇠망치)를 챙겨 법원, 검찰청이 위치한 수곡동으로 향했다. 제보를 받은 곳으로 갔다. 아무개 검사 집이었다. 그 집은 2층 건물이었는데, 2층을 증축하는 과정이 무허가였다. 즉 불법 건축물이라는 얘기다.

하지만 청주시는 그 집이 불법 건축물이라는 것을 진작에 알았지만 수수방관했다. 1970년대 중반에 검사는 무소불위의 권력을 휘두르는 존재였다. 사법고시를 합격해 검사, 변호사, 판사에 임용된 20, 30대 청년들에게 '영감님'이라 부르며 허리를 90도 꺾던 시절이었다.

텅텅 쇠망치질 몇 번에 시멘트벽에 금이 가기 시작했다. 그러더니 한쪽 벽이 무너졌다. 잠시 후 나타난 소년이 소리를 질렀다.

"당신들 누구예요?"

"……."

유재향과 최명식은 소년의 거친 질문에 아랑곳하지 않고 하던 일을 계속했다. 소년이 다시 고함을 쳤다.

"우리 아버지가 누군지 알아요?"

그러자 최명식이 한마디 했다.

"느(너) 아부지 쪼기서 일하잖어."

그러면서 턱을 검찰청으로 향했다. 그때까지도 상황을 파악하지 못한 소년이 말을 이었다.

"우리 아버지한테 이를 거에요."

최명식은 피식 웃으며 대꾸했다.

"그래라."

거만하기 이를 데 없는 소년이 전화기 수화기를 들었다. 소년이 씩씩거리고 있는데 잠시 후에 집주인이 나타났다.

"당신들 뭐요? 왜 남의 집을 함부로 부수는 겁니까?"

유재향이 목에 건 신분증을 검사 앞에 들이밀었다.

"청주시청 무허가 단속반입니다."

검사의 얼굴이 노래졌다.

"2층이 불법 건축물이네요. 그래서 원상복구하는 겁니다. 무슨 문제 있습니까, 검사님?"

최명식이 또박또박 설명했다. 말 끝의 '검사님'은 일부러 말을 늘였다. 아무리 검사라지만 자신의 불법행위를 나 몰라라 할 수는 없는 일이다. 그러니 할 말이 없었다. 머리를 긁적이던 검사가 최명식에게 담배를 건넸다.

"고생이 많소. 담배 한 대 피우슈."

담배를 건네받은 최명식의 입꼬리가 올라갔다. 양담배였기 때문이다.

"야~ 물 건너온 담배네. 기념으로 가져가야겠네."

최명식이 담배를 상의 주머니에 챙겨 넣자 검사의 얼굴이 창백해졌다. 당시 양담배는 규제 대상이었다. 그런 시기에 현직 검사가 양담배를 핀다는 것은 언론의 몰매를 맞을 일이었다.

더군다나 불법 건축 문제까지 공론화되면 자신의 모가지가 어떻게 될지 모를 일이었다. 무허가 단속반원 두 사람의 쇠망치질은 이어졌다. 쇠망치질에 날리는 것은 시멘트 가루만이 아니었다. 검사의 한숨 소리도 함께였다. 이 사건 이후 청주시청 무허가 단속반원은 각 동별로 분산 배치됐다.

청소부 투쟁 주축들의 모임. 오른쪽부터 유재향, 정진동.(사진=청소부 모임)

부러진 대추나무

용암동 방죽 근처에 무허가 건물이 있다는 제보가 접수됐다. 그런데 건물주 성이 채씨였다. 이름 석자를 끝까지 읽은 포청천 유재향, 최명식의 얼굴은 비장해졌다. 문제의 건물주가 청주시장 사촌이었기 때문이다. 이들은 검사 집을 부술 때처럼 아침 일찍 서둘렀다. 현직 시장 사촌 집을 부수는 일을 어떤 상급자가 허용하겠는가?

유재향, 최명식은 예전의 그들이 아니었다. 시장은 고사하고 정규직 공무원들 앞에서도 얼굴을 들지 못하던 것은 흘러간 과거일 뿐. 그렇다고 그들이 거만해진 것은 아니었다. 청주시장과 가진 자들에 대한 사감(私感)과 분노로 행동하는 이들은 더더욱 아니었다.

어떤 권력자이든, 돈 많은 이들이든 불법행위를 저지른 자들은 엄격히 단속한다는 생각이었다. 현대판 포청천이었다. 포청천(999~1062)은 송나라

시대의 판관으로, 청백리의 표상으로 여겨지는 인물이다.

문제의 건축물은 40평(132㎡) 규모의 창고였다. 유재향과 최명식은 현장에 도착하자마자 쇠망치를 사정없이 휘둘렀다. 잠시 후에 건물 모서리가 부서지기 시작했다. 계속 일을 하고 있는데 누군가 와서 소리를 질렀다. 창고가 무너지면서 옆집의 대추나무가 부러진 것이다.

"왜 남의 대추나무를 부러뜨려요. 대추나무 보상하시오."

눈에 쌍심지를 켜고 삿대질을 하는 이는 창고 옆의 집주인이었다. 대추나무 주인의 거친 목소리에 유재향과 최명식은 아랑곳하지 않았다. 계속 항의하자 잠시 후에 최명식이 한마디 했다.

"당신 사촌한테 가서 보상해 달라고 하슈."

대추나무 주인은 입을 꾹 다물었다. 그 역시 자신의 창고가 불법 건축물인 것을 알고 있었기 때문이다. 그러니 대추나무 보상 운운할 처지가 아니었다.

신선부채

가진 이들에게 한껏 엄격했던 초짜 무허가 단속반원 유재향, 최명식은 가난한 자들에게도 똑같이 했을까? 그렇지 않다. 당시 청주 시내에 유명한 신선부채, 고무줄 장수가 있었다. 그는 리어카에 극장 포스터를 갖고 다니면서 벽이나 전봇대에 붙이는 일을 했다. 또한 리어카에 각종 잡화를 갖고 다니면서 팔기도 했다. 그는 장애인으로 원호대상자였다. 그 사람의 집이 철도 밑의 움집이었는데 그 집을 부수라는 것이었다.

상급자의 지시를 받았지만 유재향과 최명식은 차마 그 일을 할 수는 없었다. 하지만 법 집행을 무작정 거부할 수도 없는 일이었다. 두 사람은 머리를 맞대고 고민하다가 묘안을 찾았다.

"우리가 철거하러 오면 당신이 칼부림 흉내를 내시오."

단속반원의 이야기를 들은 부채 장수는 안도의 숨을 쉬었다. '움집에서 쫓겨나면 어떻게 하나?' 하는 고민으로 잔뜩 스트레스를 받은 터였다.

다음 날 쇠망치를 지참한 유재향, 최명식이 부채 장수 집에 갔다.

"청주시청 무허가 단속반입니다. 불법 건축물을 부수러 왔습니다."

두 사람은 공무원증을 내밀며 눈을 꿈쩍였고, 부채 장수는 애초에 입을 맞춘 것과 같이 웃통을 벗고 식칼을 집어 들고 소리를 질렀다.

"네놈들 죽이고 나도 죽을 껴!"

당황한 얼굴을 하며 두 사람이 달아날 때였다. 단속반을 쫓아오는 부채 장수가 고함을 질렀다.

"리어카에 우리 집 살림을 전부 싣고 시장 집으로 갈 껴!"

시장 집 앞에서 노숙 농성을 하겠다는 엄포였다.

유재향과 최명식은 시청으로 돌아가 좀 전의 일을 상급자에게 보고했다. 약간의 과장을 해서이다. 상급자는 얼굴이 하얘지더니 한마디 했다.

"그냥 냅두슈."

특별 헌금 200만원

배운 것이라고는 쥐꼬리만큼도 없던 유재향은 1973~1974년 청소부 투쟁을 거치면서 엄청난 변모를 이뤘다. 사람의 의식은 단순히 가방끈으로 좌우되는 것이 아니다. 정진동과 청주도시산업선교회를 만나면서 그의 의식은 급변했다. 동료 노동자들과 함께 투쟁하며 배운 것도 컸음은 당연하다.

그는 후일 무허가 단속반으로 복직될 때 정진동의 조언을 잊을 수 없었다. 결국 커다란 권력이든 알량한 권력이든 누구를 위해, 어떻게 쓰느냐가 중요하다는 것을 산 체험을 통해 알았다.

그는 이후 죽을 때까지 청주도시산업선교회를 다녔다. 전국 여러 곳에

외국인 선교사들의 청주산선 방문. 앞줄 모자 쓴 이가 최명식, 동그라미 안이 정진동.

서 청소부 투쟁 사례 발표를 하기도 했다. 그는 죽기 전 가족들에게 유언을 남겼다.

"청주산선에 200만 원을 특별헌금해라."

2011년 유재향이 눈을 감았다. 유족들은 고인의 유언을 지켰다.

하루아침에 **넝마주이** 된 목사

민중에 더 가까이 가다

"정 목사, 청주 ○○교회로 가시오."

"그게 무슨 말씀입니까?"

"도시산업선교회를 그만두고 ○○교회로 가서 목회 활동을 하란 말이오."

"……"

충북노회 아무개 목사의 통보에 정진동은 황당했다.

1974년 3월 16일 충북노회가 열렸다. 이날의 모임은 청주도시산업선교회 실무자 정진동 목사 성토 자리였다. 지난 연말 충북노회가 청주시장을 만나 청소부 문제를 합의한 것에 대해 정진동이 공개적으로 반박했기 때문이다. 사실 충북노회로서는 청소부 문제 합의를 지역의 현안 문제에 대해 적극 발언해 소기의 성과까지 얻은 것이라고 자평했었다.

선교회를 없애버린 노회

그런데 정진동은 충북노회가 임금 몇 푼과 휴일 문제만 합의해 놓고 청소부 문제가 완전히 해결됐다고 선언한 것에 분개했다. 사실 노동자 정운

탁의 경우 19년을 근무하고도 퇴직금제도가 없어서 돈 한 푼 받을 수 없는 처지였다. 수년부터 십수 년 근무한 다른 이들도 퇴직금을 받지 못하는 상황은 마찬가지였다.

해고자 문제도 마찬가지다. 해고자들의 복직 여부가 전혀 명시되지 않아, 충북노회 목사들과 청주시장이 합의했다는 내용은 빈 껍데기에 불과했다. 더군다나 청소부 문제를 청소 노동자 없이 합의했다는 게 말이 되지 않는다고 생각했다.

정진동의 공개적인 항의에 충북노회는 뻘쭘했다. 사실 반박할 명분과 논리가 없었기 때문이다. 그러던 차에 1974년 2~3월에 해고자들이 복직되고 퇴직금제도가 도입됐다. 청소 노동자들에게는 무척이나 환영할 일이었지만 충북노회는 얼굴이 구겨지는 일이었다.

충북노회는 청주산선 실무자를 갈아치우지 않으면 이후에는 더 크게 망신살이 뻗칠 것으로 판단했다. 그런 이유로 정진동에게 '실무자를 그만두라'고 한 것이다. 충북노회의 제안에 정진동은 "내가 진짜 예수를 봤다. 그게 노동자들이다. 나는 그 예수를 떠날 수 없다"라며 일언지하에 거절했다. 아무리 경찰의 압력이 있었다지만 정진동은 노회의 입장을 순순히 따를 수 없었다.

정진동의 반박에 충북노회로서는 특단의 대책이 필요했다.

"다시 한번 정 목사한테 청주산선 실무자를 그만두라고 권고하는 게 어떨까요?"

"그건 안 돼요!"

"그 양반 고집이 황소 저리 가라입니다."

정진동 목사에게 다시 한번 기회를 주자는 발언에 대다수 목사들이 고개를 저었다.

"자 그러면 원래의 안건 심의를 마무리하겠습니다. 청주도시산업선교회를 폐쇄하는 건(件)입니다. 다른 의견이 없으면 거수로 표결하겠습니다."

표결 결과 원안 통과였다. 즉 청주도시산업선교회를 폐쇄하기로 결정한 것이다. 1974년 4월 18일 벌어진 일이다. 충북노회가 청주에 도시산업선교회를 설치하기로 결정한 지 채 2년도 안 돼서였다. 교회가 세상의 빛과 소금의 역할을 포기한 것이나 진배없는 일이다.

이러한 황당한 결정에 정진동은 승복할 수 없었다. 그가 묵묵히 자신의 일을 하고 있을 때 충북노회 몇몇 목사로부터 만나자는 연락이 왔다. 5월 26일 정진동이 그 목사들을 만났을 때 청천벽력 같은 이야기를 들었다.

"정 목사, 교회(충북노회) 말 들어. 안 들으면 구속한대."

자신의 안위를 생각해서 해주는 이 말에 정진동은 조금도 흔들리지 않았다. 그런데 예상치 못한 폭탄 발언이 이어졌다.

"정 목사, 노동자는 버려도 교회는 버리면 안 돼."

정진동의 눈가에서 눈물이 주르륵 흘렀다. 자기를 생각해서 해주는 말이긴 하지만, 목사라는 이들이 '노동자를 버려도 된다'는 말을 하다니 기가 막혔다. 자신에게 예수를 버리라는 말과 같았다. 당시 정진동은 '노동자가 예수다'라는 확고한 믿음이 있었기 때문이다.

대공과 형사

청주도시산업선교회 폐쇄라는 소리에 속이 터진 이들은 청주시 청소 노동자들이었다. 정진동 목사의 도움으로 임금인상과 퇴직금 도입을 맛본 이들이다. 그들은 단순히 임금 몇 푼 오른 것에 기뻤던 것이 아니다. 난생 처음 자신들이 '인간 대접'을 받은 것에 기쁨과 환희를 경험한 것이다. 그런데 그런 기쁨을 준 도시산업선교회를 폐쇄한다니, 쇠망치로 머리를 맞은 기분이었다.

그들은 '산업선교위원회 대책위원회(아래 대책위)'를 조직했다. 유재향이 위원장을, 최명식이 부위원장을 맡았다. 둘 다 청소부 투쟁의 맨 앞자리에 섰던 이들이다. 총무는 청주도시산업선교회 회원 구덕회가 맡았다. 대책위는 청소부 주축으로 구성됐다.

이들은 충북노회와 전국의 기독교단체에 여러 차례 탄원을 냈다. '청주도시산업선교는 재개돼야 한다'는 내용이었다. 대책위의 이러한 활동으로 전국 각지에서 청주도시산업선교회와 정진동 목사를 후원했다.(크리스챤신문 1974년 5월 18일자)

노동자들이 중심이 되어 청주산업선교회가 재발족했다는 기사.(크리스챤신문 1974. 5. 18.)

이런 흐름에 찬물을 끼얹는 일이 발생했다. 충청북도 경찰국(현재의 충청북도경찰청) 대공과에서 대책위 임원을 연행한 것이다. 정진동은 충청북도 경찰국에 전화를 걸었다. 무슨 이유로 청소부를 연행했느냐, 차라리 나를 연행하라고 소리쳤다.

대공과는 정진동을 연행했다. 정진동이 대공과 조사실에 들어가자마자 욕설이 쏟아졌다.

"야 이 XX야, 네가 노동자들을 선동했냐!"

대공과 주임의 욕설에 정진동은 피가 거꾸로 솟았다.

"당신이 반말하고 욕설을 하니 나도 반말을 하겠다. 나는 죄가 없다. 설령 죄가 있으면 법정에서 옥석을 가리는 것이다. 그런데 네가 무슨 권리로 욕을 하냐!"

정진동의 대찬 대꾸에 대공과 주임의 입은 얼어붙었다. 대공과 주임이 선 자리의 뒤 벽면에는 '남의 인격을 내 인격'처럼 이라는 문구의 표어가 붙어 있었다.

충북노회에서 청주산선 폐쇄 결정을 내리기 전 청주 정보기관원은 도시산업선교 위원들을 만났다. 단순히 접촉한 것이 아니라 점심을 산 것이다. 그 속에서 오고 간 이야기가 구체적으로 무엇인지는 확인되지 않았다. 하지만 그 식사 자리 며칠 후에 청주도시산업선교회 폐쇄 결정이 났다. 결국 경찰의 개입과 탄압으로 대책위는 흐지부지됐다.

망태를 메고

청주도시산업선교회를 재개하라는 대책위의 탄원과 활동, 전국 기독교계의 관심은 충북노회의 골머리를 아프게 했다. 여론에 떠밀린 충북노회는 7월 8일 산업선교회 부활을 결정했다. 해가 바뀐 1975년 2월 10일 임시노회에서는 그해 4월 정기노회 때 산업선교회 예산을 청구하기로 했다.

당시 실무자 인건비와 활동비는 1년 예산이 42만 원이었다. 하지만 4월 8일 열린 정기노회에서 도시산업선교회 예산안은 부결

예산책정이 안 되어 청주도시산업선교회가 해체됐다는 기사.(크리스찬신문 1975. 4. 26.)

됐다. 예산 없는 활동은 있을 수 없는 일이다. 결국 청주산선은 다시 한번 폐쇄되는 아픔을 겪었고, 정진동의 일자리도 없어졌다.

아내를 비롯한 3남 2녀의 생계가 막막했다. 그는 넝마주이로 변신했다. 대나무로 만든 망태를 등에 메고 재활용 쓰레기를 주웠다. 그렇다면 정진동은 왜 넝마주이를 했을까? 단순히 생계의 절박함 때문이었을까?

절대 그렇지는 않았다. 그는 도시산업선교회에서 쫓겨난(?) 후 사회의 제일 밑바닥을 체험하기로 마음먹었다. 민중의 삶을 온몸으로 체험하기로 한 것이다. 충북노회가 정진동에게 '노동자-민중을 멀리하라'고 강권했다면 정진동은 민중의 삶에 더 가까이 가기로 마음먹은 것.

그렇게 대나무 망태를 메고 재활용 쓰레기를 줍는 일에 동반자가 생겼다. 영등포산업선교회 인명진 목사와 대학생 2명이었다. 서울에서 온 대학생 중 한 명은 차관영 목사의 아들이었다. 당시 신학교를 다니고 있던 조순형은 방학 때 넝마주이 정진동 일행의 모습을 사진 촬영했다.

넝마주이를 체험하는 정진동(왼쪽)과 안명진.

어느 일요일이었다. 정진동이 시내를 혼자 거닐고 있었다. 인명진은 토요일 오후면 서울로 올라갔다. 교회 예배를 보기 위해서다. 넝마주이를 하던 대학생들은 방학이 끝나 서울로 올라갔을 때이다. 정진동은 담당 정보과 형사를 만나 북문로 다방에서 커피를 마셨다. 형사와 헤어진 지 얼마 안 돼 험상궂은 불청객 5~6명과 마주쳤다.

불청객들은 "같이 갑시다"라며 정진동을 막무가내로 택시에 태웠다. 납치되다시피 끌려간 곳은 서문동에 있던 현양원이었다. 현양원은 넝마주이들이 모여 사는 곳이었다. 이들의 대다수는 전과자들이었다. 그들은 정진동을 가운데 놓고 금방이라도 테러를 가할 기세였다. 정진동은 그때 살기(殺氣)를 느꼈다.

하지만 그럴수록 침착해야 했다.

"내가 왜 맞아야 하는지 알고나 맞읍시다."

그러자 험상궂은 무리의 뒤에 서 있던 이가 나섰다. 현양원 원장 박 아무

넝마주이들과 간담하는 정진동. 오른쪽 선풍기 앞이 정진동.

개였다.

"왜 남의 일을 방해하는 거요?"

즉 넝마주이 일에 왜 영업방해를 하냐는 거였다.

정진동은 그의 항의에 대답했다.

"가난한 이들의 아픈 가슴을 만져주고, 그들의 삶을 배우기 위해 넝마를 잠시 하는 것이오."

박 원장은 정진동의 진심을 이해했다. 심지어 같이 넝마주이 사업을 하자고 제안했다.

양복과 넥타이

현양원장의 오해를 풀은 정진동은 넝마주이들과 자주 머리를 맞댔다. 청소 노동자들을 조직한 경험이 생각나서다. 결국 이해당사자가 직접 나서야 자신들의 노동조건과 환경을 개선 시킬 수 있기 때문이다.

넝마주이 시절 기독교청년들과 함께한 정진동. 오른쪽에서 두 번째가 정진동.

20명의 넝마주이들로 청사클럽을 조직했다. 서로의 어려운 삶을 공유하고 극복하기 위한 방안을 모색하자는 취지였다. 이들이 실천한 첫 번째 문제는 의복 문제의 개선이었다. 그들이 작업하면서 입는 옷은 누더기였다. 일하는 중에 옷이 더러워지는 건 당연한 일이지만, 일상복도 똑같은 옷을 입었다.

정진동은 의복이 입는 이의 자존감과 관련된다고 생각했다. 평상시에 깔끔한 옷을 입어야지 스스로 자존감도 높아지고, 넝마주이를 바라보는 남들의 시선도 달라질 것이라고 봤다.

정진동은 서울행 버스에 몸을 실었다. 넝마주이를 하게 된 배경을 이야기하고 의류 수집에 협조를 구했다. 그때 천사가 나타났다. 선교사 린다였다. 린다는 정진동의 이야기에 귀를 기울이고 청주로 왔다.

실태를 확인한 그는 서울로 올라가 양복과 넥타이, 의류 100여 점을 모아 청주로 보냈다. 새 옷을 입은 넝마주이들의 입이 벌어졌다. 하지만 현양

정진동 목사의 넝마주이 활동을 지원했던 린다 선교사(왼쪽). 가운데가 정진동, 오른쪽은 조순형.

원 원장은 잔뜩 뿔이 나서 넝마주이들에게 호통을 쳤다.

"정 목사는 너희들을 이용해 살려고 하는 사람이다. 그에게 속으면 모두 너희 신세 망친다. 누가 너희들에게 옷을 거져 주겠냐? 그를 따라가면 현양원에서 모두 쫓아 버리겠다. 당장 그 옷 모두 벗어 서문시장에 나가 팔아 버려라."(정진동, 『저 평등의 땅에』, 1992)

청사클럽은 이후 지지부진하다가 소멸됐다. 청사클럽이 해체된 이유는 비단 현양원 원장 때문만은 아니다. 청주경찰서 정보과 형사들이 그들에게 협박을 했기 때문이다.

"까불면 죽을 줄 알아!"

넝마주이들의 인권은 어디에서도 찾아볼 수 없던 유신 시절이었다.

이사만 가면 정보과 형사가 건물주 협박

툭하면 이삿짐을 싸야 했던 이유

"산업시찰이라고 하면서 왜 땅굴 견학을 합니까?"

"아, 공단 견학도 할 겁니다. 우선 첫 순서로 땅굴을 가는 것뿐입니다."

한 회의 참석자의 질의에 사회자가 진땀을 흘리며 답변을 했다. 참석자 대다수의 입이 튀어나왔지만 이날 안건인 '산업시찰 참석 여부'에 대해 명확히 반대 의사를 표명하는 이는 없었다. 침묵이 흐르는 가운데 사회자가 진행봉을 막 두드리려 할 때였다. 손을 번쩍 든 정진동이 입을 열었다.

"지금까지 지조를 지켜왔는데 결국 머리를 굽히는 것입니까!"

"어허. 정 목사 그게 아니라……."

"아니면 뭡니까?"

"계속해서 정부와 대립각을 세우면 우리 단체가 어려움에 빠지게 됩니다."

정진동의 항의에 회의 주재자가 손수건으로 식은땀을 닦으며 쩔쩔맸다.

"정부의 반공 선전전에 놀아나려는 겁니까!"

격분에 찬 정진동이 자리를 박차고 일어났다. 그는 뒤도 돌아보지 않고 청주행 고속버스에 몸을 실었다.

1975년 6월 서울에서 있었던 일이다. 서울의 한 기독교단체 사무실에서 열린 이날의 회의는 정부가 주관하는 산업시찰에 도시산업선교회가 참석하느냐 마느냐가 쟁점이었다. 전국 각지의 도시산업선교회 실무자들이 모였다. 이들은 내심 정부의 산업시찰에 반대했다. 산업시찰이라고 하면서 공단이나 대규모 공장의 선진지 견학이 아니라 땅굴 견학과 유원지 관광이었기 때문이다.

사실 중앙정보부가 주관한 '산업시찰'은 이때 처음 거론된 게 아니었다. 중앙정보부는 산업시찰을 통해 반공 분위기를 강화하려고 사회 각계와 단체에 접근했다. 마지막 포섭대상이 산업선교회였다.

휴전선 인근인 경기도 연천군 장남면 고랑포에서 1974년 11월 15일 땅굴이 처음 발견됐다. 강원도 철원에서 2차 땅굴이 발견된 것은 1975년 3월 19일이었다. 대한민국 정보기관은 북한의 남침 시도 일환으로 규정하고 대대적인 반공 선전을 펼쳤다.

1968년 1월 21일 북한군 특수부대의 청와대 습격기도 사건이 발생했다. 또한 북한군은 그해 10월 30일부터 11월 2일까지 세 차례에 걸쳐 완전무장한 군인 120명을 울진·삼척 지역에 침투시켰다. 이때가 한국전쟁 이후 남북의 긴장 관계가 최고조로 형성된 때였다.

1972년 미국과 중국이 관계 개선을 하면서 소위 '데탕트(détente)' 정책이 추진됐다. 이의 영향을 받은 남북은 한반도 긴장 완화 정책을 펼쳤다. 그 결과 1972년 7.4 남북공동성명이 발표됐다. 마치 한반도가 금방 통일될 것 같은 분위기는 그해를 넘기지 못하고 급속하게 냉각됐다. 남에서는 유신체제가 성립됐고, 북에서는 유일 체제가 성립됐기 때문이다.

세계적인 흐름과는 반대로 냉전체제로 회귀하는 때에 땅굴 사건이 발생했다. 박정희 정부는 '이때다' 싶게 반공 선전에 열을 올렸다. 이의 일환으로 초등학생부터 시골 노인들까지 땅굴 견학에 동원됐다.

땅굴 견학은 민주화단체에도 실시됐다. 심지어 그 여파가 도시산업선교회까지 미친 것이다. 정부는 민주화운동과 노동운동을 탄압하는 데 땅굴 문제를 정략적으로 이용했다.

도시산업선교회는 여러 차례 정부의 산업시찰이라는 이름 아래 진행된 땅굴 견학 제안을 거부했다. 물론 산업시찰에는 땅굴 견학만이 아니라 관광도 포함됐다. 그런데 지속된 정부의 제안(압박)에 도시산업선교회 지도부가 무릎을 꿇은 것이다.

긴급조치 위반?

청주에 내려온 정진동은 심장이 터질 것 같았다. 아무리 생각해도 정부 주도의 산업시찰은 용납되지 않았다. 그는 정부 주관의 산업시찰에 응할 수 없는 이유를 편지로 써 전국의 도시산업선교회에 발송했다. 이런 내용이었다.

"퇴직금을 받지 못하는 노동자들이 숱하게 있고 돼지고기 한 근 마음 편히 사 먹지 못하는 민중들이 도처에 있다. 그런 마당에 아무리 공짜라지만 정부가 시켜주는 견학과 관광은 양심상 응할 수 없다. 다만 가시는 분들의 여행이 즐겁기를 바란다."

정진동의 편지를 받아든 안광수 목사는 손을 부들부들 떨었다. 자신이 미처 생각하지 못한 이야기를 정진동 목사가 공개 선언했기 때문이다. 서울 구로공단에서 경수산업선교회 실무자로 있던 그는 자신도 산업시찰에 가지 않겠다고 선언했다. 그는 정진동 편지의 말미에 자신의 입장을 써, 이를 복사에 전국 도시산업선교회에 발송했다.

전국의 도시산업선교회 실무자들은 정진동과 안광수의 편지가 '가려운 데 등 긁어주는 격'이었다. 자신들도 정부 주도의 산업시찰에 가기 싫었는데 정진동이 총대를 맸기 때문이다.

산업시찰 반대에 뜻을 같이했던 경수산업선교회 목사 안광수(오른쪽)와 함께(1980년대). 왼쪽이 정진동, 가운데는 조순형.

결국 도시산업선교회가 산업시찰을 가지 않기로 하자 중앙정보부는 청십자회를 섭외했다. 청십자회가 산업시찰 버스에 타는 날 청주에서는 정진동이 경찰에 연행됐다. 1975년 6월 16일이었다.

경찰은 정진동에게 유신헌법 위반 운운했다.

"정 목사, 당신 때문에 산업선교회 대신 다른 팀(청십자회)이 가게 됐소. 이것은 현재 정부 시책에 반대되는 것으로 유신헌법에 위배되오."

정진동은 기가 막혔다.

"당신들 같으면 동료가 굶고 있는데 아무리 공짜라지만 호화 여행을 가겠냐!"

정진동의 정당한 항변에 경찰들도 할 말이 없었다. 결국 정진동은 이틀 만에 풀려났다. 정진동이 연행됐다는 소식에 청십자 회원들은 모금을 해 정진동에게 줬다. 정진동은 석방된 후 모금된 돈 3만 5000원과 후원자 명단을 받았다. 모금 명단을 손에 쥔 그는 실소했다. 그 명단에 중앙정보부(현재의 국가정보원) 산업시찰 담당 김 아무개가 있었기 때문이다.

패넌트 제작

충북노회에서 청주도시산업선교회를 해체하고, 다시 부활시킨다고 했다가 무산된 것이 1974, 1975년이었다. 그런데 도시산업선교회 시찰 문제가 1975년 6월에 터졌다. 엎친 데 덮친 격이었다. 정진동은 자신의 신앙과 원칙대로 앞으로만 나아갈 뿐이었다.

그렇지만 충북노회의 재정이 끊어진 상태였기에 청주산선의 살림살이는 옹색하기만 했다. 더군다나 청주시청 청소부 투쟁이 벌어진 1973년부터 경찰서 정보과에서 정진동을 수시로 연행하고 감시했다. 정진동은 청주산선 살림살이를 자신의 집으로 가져갔다. 청주시 사직동 집에 청주산선 사무실을 차린 것이다.

충북노회가 경찰의 탄압과 압박에 못 이겨 청주도시산업선교회를 해체했지만, 지역의 일부 여론은 정진동에 우호적이었다. 특히 기독교장로회 청년·학생들이 그랬다. 청주제일교회 이연수·김형철·나채운과 서부교회 김치영, 청주 YMCA 회원 송창화(청주대 학생), 그리고 백승모(청주대), 정광옥(서남교회) 등이 청주산선 돕기 운동에 발 벗고 나섰다. 1975년 9월이었다.

작은 천으로 패넌트를 제작했다. 천에는 '가난한 자에게 복음(밥)을 억눌린 자에게 자유를'이라는 누가복음 4장 18-19절 말씀을 적어 넣었다. 도시산업선교회 정신을 천에 담은 것이다. 청년들은 청주 시내 각 교회를 다니며 패넌트를 판매했다.

청주 시내는 김치영 등이 주로 다녔고, 이연수는 전국 각지를 다녔다. 이일로 인해 이연수는 경찰에 연행되기도 했다. 기독교 청년·학생들의 노력이 커다란 성과를 내지 못할 때였다. 희소식이 들려왔다. 서울에서 선교사 더스트가 패넌트 1000개를 주문했다. 청년·학생들이 발 벗고 나선 지 한 달이 채 안 된 10월 7일이었다.

이삿짐 싸기 전쟁

정진동은 사무실을 마냥 집에 둘 수는 없었다. 이때 서울에서 도움의 손길을 뻗은 이가 있었다. 활빈교회 전도사 김진홍(1941년생)이었다.

김진홍은 1971년 10월 3일 서울 청계천에 활빈교회를 세우고 빈민선교와 사회사업을 펼쳤다. 이후 청계천 거주민들과 함께 경기도 화성 남양만으로 내려가 두레마을을 세우고 개척 사업을 진행했다.

이런 상황에서 김진홍은 청주도시산업선교회가 새로운 보금자리를 얻는데 경제적 지원을 해줬다. 이로 인해 정진동은 '청주도시산업선교회 활빈교회'라는 간판을 새로운 보금자리에 내걸었다. 1976년도였다. 김진홍의 지원은 그해에만 이뤄졌다.

하지만 시련은 시작에 불과했다. 사무실을 얻으면 경찰서 정보과에서 건물주를 찾아가 협박했다.

"정진동은 빨갱이오. 그에게 사무실을 빌려주면 당신이 큰코 다칠 줄 아시오."

그때부터 이삿짐 싸기와 사무실 임대 계약, 해지, 새로운 사무실 임대는 반복됐다.

활빈교회 김진홍 전도사의 지원으로 청주산선 사무실을 구했다는 기사.(기독공보 1976.)

청주시 서문동에 위치해 있던 청주산선 사무실. 동그라미 안이 정진동.

"당신이 뭔데 함부로 간판을 떼는 거요!"
"왜 나가라고 하는데 안 나가는 거요?"
"아무리 건물주라고는 하지만 계약기간이 있는 거 아니오."
"그러니까 계약금을 돌려주겠다는 것 아니오."

정진동과 건물주의 입씨름이었다. 잠시 흥분했지만 정진동은 이내 침착해졌다. 황당했지만 건물주 입장이 이해가 되어서였다. 그들도 경찰서 정보과의 압력에 의한 피해자였기 때문이다.

여관에서 세미나 열어

"신부님, 세미나 장소를 빌려주는 곳이 없네요. 어떻게 하면 좋겠습니까?"

이한구 신부를 찾아간 정진동의 하소연이었다. 사회선교협의회가 주최

하는 '청주도시산업선교회 평가 세미나'를 개최할 장소를 구하지 못해서였다. 아무리 유료로 장소를 빌리려 해도 청주경찰서 정보과의 방해 공작 때문에 번번이 무산됐다.

이한구 신부는 서울 주교청에 도움을 요청했다. 서울에서 청주교구에 직접 연락해 "장소에 협조하라"고 당부했다. 청주시청 부근의 청주교구에서 세미나를 열기로 결정되었다. 행사 당일인 1975년 11월 27일 청주교구청 정문은 원천봉쇄됐다.

"당신들 뭐 하는 거요! 왜 합법적인 행사를 막는 거요?"

"……"

정진동의 항의에 전경 뒤에 몸을 사리고 있던 정보과 형사들은 묵묵부답이었다. 계속되는 항의에 청주경찰서 김○선 정보계장이 나섰다. 잠시 후 그의 오버액션이 연출됐다. "어어어~" 하면서 행사 관계자에게 떠밀려 넘어지는 척 거짓 연기를 했다.

행사 관계자들은 기가 막혔지만 장소를 이동할 수밖에 없었다. 서운동성당으로 옮기기로 했다. 결국 그곳도 경찰의 방해로 행사를 열 수 없었다. 다시 옮긴 것은 시내의 산장여관이었다. 그런데 다행히 이곳에서는 세미나를 열 수 있었다. 여관에서는 경찰서 정보과 형사들의 출입이 자유로웠기 때문이다. 형사들은 행사 참가자의 신원을 파악하고 행사 내용을 수첩에 빼곡히 메모했다.

1박 2일로 진행된 세미나는 무사히 마칠 수 있었다. 그런데 둘째 날 행사가 끝나고 문제가 또 발생했다. 다른 지역에서 온 참가자들이 고속버스터미널에서 차표를 끊었을 때다. 한 무리의 경찰이 오더니 "잠깐 서에 갑시다" 하며 막아 섰다. 정진동과 행사 참가자의 항의에 어이없는 대답이 돌아왔다.

"당신들을 긴급조치 9호 위반 혐의로 연행합니다."

1975년 5월 13일부터 시행된 긴급조치 9호는 '유언비어를 날조, 유포하거나 사실을 왜곡하는 행위부터 대한민국 헌법을 부정·반대·왜곡하는 행위, 법 개정을 청원하는 행위 일체를 금한다'였다. 세미나가 긴급조치 9호 위반과는 아무런 관련이 없었지만 '코에 걸면 코걸이 귀에 걸면 귀걸이'가 되는 시대였다.

'산재로 실명·부당해고'…박정희에게 **편지**

청주연초제조창 여성 노동자 박 씨 이야기

"여기가 산선(産宣, 산업선교회)이래유?"
"네. 그렇습니다"
"목사님 이셔유?"
하얀 한복을 입은 할머니는 젊은 여성의 손을 잡고 청주도시산업선교회 문을 열었다. 머리칼이 반백인 노인은 광대**뼈**가 툭 불거질 정도로 야위었다. 묻지 않아도 무슨 근심거리가 있음이 얼굴에 쓰여 있었다. 잔주름이 얼굴 전체를 덮고 있었고, 동공이 심하게 흔들리고 있었기 때문이다. 노파의 손에 이끌려 온 젊은 여성도 특이했다. 앞이 안 보이는지 눈을 감고 있었다.
"무슨 일이십니까?"
정진동의 물음에 노파는 수그렸던 얼굴을 들었다.
"야가 제 여식(女息, 딸) 입니다. 근데 제조창에서 쫓겨났구만요."
노인은 피눈물을 흘리는 심정으로 정진동에게 딸의 사연을 이야기했다.

1960년대 청주연초제조창의 모습.(사진=김운기, 충북인뉴스에서 인용)

진단서 분실

노파의 딸 박○○(아래 박 씨)는 19세인 1953년도에 청주연초제조창에 입사했다. 1946년에 문을 연 14만㎡(약 4만2000평) 규모의 연초제조창은 3000여 명의 노동자들이 매년 100억 개비 이상의 담배를 생산해, 17개국으로 수출하던 공장이었다. 대농이 만들어지기 전 청주 최대 규모의 공장이었다.

국가의 전매사업을 담당하는 청주연초제조창 노동자는 공무원 신분이었다. 수차례 모범공무원상을 받기도 한 박 씨에게 고난이 찾아온 것은 1971년. 1960년대 초반부터 눈이 심하게 아프면서 앞이 흐릿하게 보이던 것이 1971년도에는 양쪽 눈 모두 시력을 잃었다.

박 씨가 중앙의료원을 찾은 것은 1965년. 진단 결과 박충 의사의 소견은

'니코틴 함유로 인한 시신경염'이 발병했다는 것. 당시로서는 듣도 보도 못한 직업병이었다. 박 씨는 당시 국립의료원인 중앙의료원에 자비(自費)로 2개월간 입원하면서 진단과 치료를 받았다.

퇴원 후에도 머리가 어지럽고 앞이 잘 안 보이기는 했지만 박 씨는 성실하게 근무했다. 그런 탓에 1960년대 후반에는 3년 개근상을 받기도 했다. 그러다가 1971년에 양쪽 눈이 완전히 실명되면서 공장 측으로부터 강제휴직을 당했다.

박 씨는 공무원법 71조 1항에 근거해 요양을 하게 됐다. 하지만 월급은 대폭 줄어들었다. 1974년 당시 월급이 3만 900원이었는데 휴직 기간에는 7000원밖에 받지 못했다. 월급의 약 23%밖에 받지 못한 것이다. 그런데 설상가상으로 1974년 3월 5일에는 강제퇴직을 당했다.(기독공보 1975.1.18.) 강제퇴직 당하면 실업자 신세가 되는 것은 당연한 일이었다.

박 씨의 사연을 들은 정진동은 당사자 박 씨에게 물었다.

"그러면 1965년도 의사 진단서(소견서)를 회사에 제출하면 되잖습니까?"

병원 진단서를 근거로 노동으로 인한 직업병으로 인정받으면 되지 않느냐는 것이었다.

박 씨는 한숨부터 쉬었다.

"왜 안 했겠어요. 그런데 총무과에서 진단서를 분실했다고 하네요."

청주연초제조창이 박 씨의 진단서를 분실했다는 기사.(크리스찬신문 1975. 6. 26.)

박 씨의 이야기를 들은 정진동은 기가 막혔다. 보상을 해주지 않을 요량으로 회사가 거짓말을 한 것이다. 박 씨가 총무과에 진단서를 물은 것은 강제 휴직 기간이었다.

그가 휴직 기간에 병원에서 다시 진단서를 끊은 결과, 의사의 소견서는 '과로와 영양실조'였다. 1965년 진단서와는 전혀 다른 결과였다. '과로와 영양실조'라는 진단 결과로 직업병을 인정받는 것은 '하늘의 별 따기'나 다름 없었다.

노파와 딸 박 씨가 기가 막힌 사연 보따리를 들고 정진동을 찾은 것은 1974년 4월이었다. 청주시청 청소부 문제를 청주도시산업선교회 정진동 목사가 도와줘 원만히 해결됐다는 소문을 듣고서였다.

"박정희 각하께"

정진동은 매주 금요일 가던 청주연초제조창 내 예배소에 발을 끊었다. 1973년 6월 22일부터 매주 금요일 점심 예배를 주관하던 일이었다. 당시 연초제조창 내에 예배소가 있었는데, 제조창은 정진동에게 설교를 맡겼었다. 그런데 제초창의 위와 같은 비리 사실을 들은 정진동은 연초제조창 예배를 더이상 주관할 수 없었다.

정진동은 신민당 김영삼 총재에게 진정서를 냈다. 청주연초제조창 박○○씨의 부당해고(강제퇴직)를 시정하고 적절한 보상대책을 마련해줄 것을 요청하는 내용이었다. 물론 이 문제는 전매청과 중앙정부에서 해결해야 할 일이었다. 그렇지만 정진동은 다급한 심정으로 여론형성을 위해 당시 야당인 신민당에 SOS를 친 것이다.

사실 김영삼 총재에게 진정서를 보냈지만, 정진동은 그 진정서 한 통으로 문제가 해결될 것이라고 보지 않았다. 다음 진정서의 수신 대상은 정일권 국회의장이었다. 육군참모총장과 국무총리를 역임한 정일권은 당시 국회의장(1973.3.12.~1979.3.11.)으로 박정희 대통령 다음의 실질적 제2인자였다.

김영삼과 정일권에게 보낸 진정서(각각 1975.9.22.과 11.4. 발송)에 대한 답변은 오리무중이 됐다.

정진동은 그들의 무신경에 좌절하지 않았다. 다음 타깃은 박정희였다. 유신 정권 시기의 독재자이지만 상관이 없었다. 상대방이 누구이든 정진동은 가난한 자, 어려운 자, 고난을 받는 자를 위해서는 상대방이 누구이든 대화를 하고, 도움을 청한다는 생각이었다. 그는 '대통령 각하'로 시작되는 편지를 썼다.

박정희 대통령 각하께

불철주야 국정을 운영하시느라 얼마나 노고가 많으십니까. (중략) 청주연초제조창 박○○ 양이 20년간 근무한 직장에서 억울하게 쫓겨났습니다. 그것도 일을 하다 눈이 멀었는데 말입니다. 각하께서 실상을 정확히 파악해 보시고 관계기관에 시정 명령을 내려 주시길 앙망하나이다(부탁합니다).

청주도시산업선교회 정진동 목사 드림

기대하지 않았던 박정희의 답변 편지가 왔다. '존경하는 정진동 목사님께'로 시작된 편지는 팥소 없는 찐빵이었다. '주무관청인 전매청에 원만한 해결을 지시했음을 양지하시기 바란다'는 내용이었기 때문이다. 중앙정부와 공무원들의 지극히 형식적인 답변에 불과했다. 박정희 답신은 1975년 11월 12일에 있었다.

YMCA, YWCA, CCC, 청주제일교회

청주의 8개 기독교 단체가 모였다. 정진동이 입을 열었다.

"앞에서 말씀드린 대로 박○○ 씨 문제가 심각합니다. 우리 기독교 단체가 공동으로 서명을 받아 연초제조창에 진정서를 낼 것을 제안합니다."

정진동의 제안 설명에 이의를 제기하는 단체는 없었다. 박 씨의 건강 상태와 최근 심경을 묻는 정도였다. 질의응답 이후에 진정서의 내용이 정리됐다.

"연초제조창은 국립의료원에서 발급한 박 씨의 8년 전 진단서를 찾아내라. 이를 근거로 재해보상과 원호연금을 신청할 수 있도록 해달라."

참석자 전원이 진정서에 서명을 했다. 자신들이 속한 단체에서 회원들을 상대로 서명을 받기로 했다. 1975년 7월 5일 모인 이 단체들은 청주의 기독교계를 대표한다고 해도 과언이 아니었다. 참석한 단체는 다음과 같다.

청주제일교회(기독교장로회), 청주YMCA, 청주YWCA, 청주도시산업선교회, 한국기독교산업선교연합회, 예장(예수교장로회) 충북노회 성직자, 기장(기독교장로회) 충북노회 성직자, 청주대학생선교회(청주 CCC) (크리스챤신문. 1975.7.19.)

청주연초제조창 박 씨 문제 해결을 촉구하는 진정서 작성과 서명운동이 1975년 7월부터 시작된 것은 아니다. 청주제일교회는 1974년 12월부터, 청주YWCA는 1975년 1월부터 받기 시작했다. 또한 1975년 2월 25일에는 청주CCC, YMCA, YWCA, 청년관(감리교), 청주도시산업선교회가 1차 서명운동을 시작했다. 즉 1975년 7월 8개 단체의 연합 서명운동은 2차인 것이다.

정진동이 발품을 팔아 기독교 단체에 호소하고 설득한 결과였다. 그는 어떤 문제가 발생해 해결해야겠다고 판단하면 끝까지 물고 늘어지는(?) 성

1975. 3. 11. 청주연초제조창 문제 해결과 노동절(근로자의 날) 기념 예배.

격이었다. 한편으로는 청주시장, 야당 총재, 국회의장, 대통령에게 진정서를 내고, 다른 한편으로는 기독교 단체를 총망라한 서명을 받았다.

그 결과 충청일보와 지역 라디오방송, 기독공보, 크리스챤신문에 보도됐다. 청주뿐만 아니라 전국의 핫이슈로 등장한 것이다. 그렇다면 정진동은 청주연초제조창 박 씨 문제에 왜 이렇게 열심이었을까?

물론 정진동이 청주도시산업선교회를 찾아온 노동자들이 호소하는 문제를 단 한 건도 무성의하게 처리한 것은 없다. 다만 박 씨 문제에 더욱 심혈을 기울인 이유는 그가 당시 대한민국을 대표하는 여성 노동자였다는 점이다.

즉 박 씨 문제가 단지 그녀 개인의 문제가 아니고 사회적 약자인 여성 노동자를 대표하는 것이라고 봤다. 박 씨는 20년간이나 근무한 직장에서 직업병이 걸리고도 일방적으로 쫓겨났기 때문이다. 더군다나 박 씨는 가정경제를 책임지느라 나이가 40이 되도록 미혼이었다. 여동생 교육과 결혼

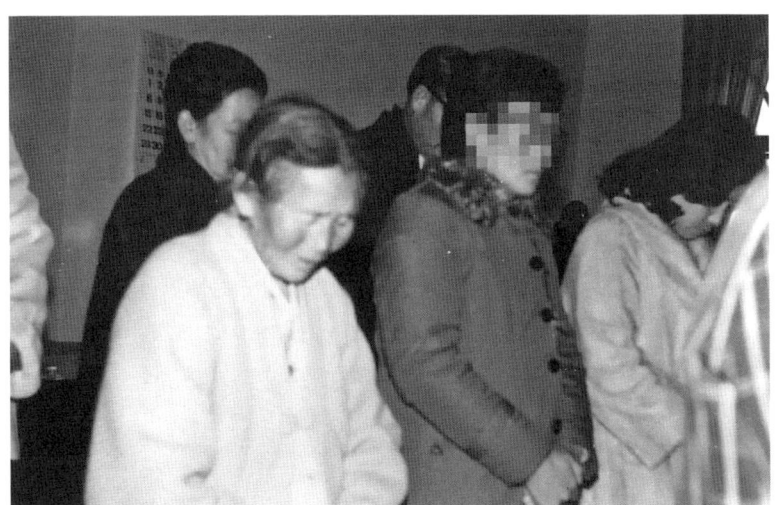

1975. 3. 11. 문제 해결을 위한 기도회에 참석한 박 씨와 노모.

박 씨가 1급 재해연금을 받게 됐다는 기사.(기독공보 1975. 4. 12.)

을 뒷바라지하고 노모를 모시며 가정경제를 책임졌기 때문이다. 당시 5남매를 둔 정진동 목사가 남의 일이 아니라고 생각한 이유다.

오해와 누명 사이

정진동의 집요한 활동과 여러 기독교 단체의 연대활동 그리고 언론보도로 박 씨 문제의 해결 실마리가 보이는 듯했다. 새로 부임한 청주연초제조창 김윤○ 창장이 1975년 4월 2일 피해자 박 씨, 정진동 목사, 연초제조창 관리과장을 한 자리에 불렀다. 김 창장은 이 자리에서 '박 씨는 공상(公傷)으로 인정하고 1급 재해 임금을 받도록 최선을 다해 주선하겠다'고 약속했다. 박 씨 문제에 대한 전향적인 합의였다.

그런데 얼마 후 오해 아닌 오해, 아니 누명이 발생했다. 노사합의가 된 후 박 씨가 정진동을 찾아왔다. 정진동은 박 씨로부터 전혀 예상하지 못한 이야기를 들었다. 정진동에 대한 박 씨의 프러포즈였다. 당시 미혼이었던 박 씨가 1년여간 진행된 자신의 보상금 투쟁을 거치면서 정진동 목사에 대해 존경하는 마음을 뛰어넘어 연정을 느낀 것이다.

하지만 정진동은 정중히 거절했다.

"내가 박 양의 문제를 도와준 것은 박 양만을 위한 것이 아닙니다. 바로 당신의 문제를 우리 사회에서 어렵게 살아가는 모든 여성 노동자들의 문제로 보았기 때문입니다. 박 양의 마음을 받아들일 수 없습니다."

박 씨는 정진동의 이야기를 듣고 순순히 물러갔다. 며칠 후 그녀는 정진동에게 프러프즈 문제에 대해 사과했다. 그렇게 문제가 해결된 줄 알았다. 하지만 그렇지 않았다. 다음 만남에서 박 씨의 감정이 극단적으로 표출됐다.

"정진동 목사는 어용이다. 눈먼 나를 이용했다."

박 씨는 전혀 예상치 못한 악담을 퍼부었다. 정진동을 사기꾼 취급한 것이다.

자신의 프러포즈를 거부한 정진동에 대한 섭섭함이 증오(?)로 비화한 것이다.

"강자에게 욕을 먹으면 그러려니 할 텐데, 약자에게 욕을 먹으니 안타깝다."

정진동은 그날부로 박 씨 문제를 이태영 변호사에게 일임했다. 정진동의 선비같은 곧은 정신을 보여주는 일화다.

유령회사 설립·회유·집단 해고·전출…
충북 대기업의 노동조합 무력화 시도

"우리 얘기가 신문에 나왔네!"

"뭐? 나도 좀 보세"

구멍가게에서 김치에 막걸리를 들이켜던 이들은 서로 신문을 보겠다고 머리를 들이밀었다. 청주시 내덕동에 거주하면서 신흥제분에 다니고 있던 이들은 기사 내용이 자기들 이야기라서 잔뜩 흥분했다.

노동청 청주사무소에 따르면 (회사 대표) 장씨는 창설 당시(1958년 2월 10일)부터 근무하다가 퇴직한 청원군 북일면 원통리 민병권(42) 씨, 이복열 씨, 한오란 씨 등에게 지급할 퇴직금 57만 8천여 원을 지난 30일 노동청의 지급명령을 받고도 지급하지 않았다는 것이다.(《충청일보》1974.12.14.)

"이 양반들 퇴직금 받으면 앞으로 우리도 받을 수 있겠네."

"글쎄 말여."

구멍가게에서 막걸리를 주고받던 이들은 마치 금방이라도 퇴직금을 받을 것처럼 한껏 기분을 냈다. 하지만 이들의 기쁨은 '김칫국부터 마신 격'이었다.

쌀 한 가마 값

1974년 연말에 터진 신흥기업 퇴직금 문제는 해를 넘기고도 해결되지 않았다. 1974년 연말에 대한예수교장로회 충북노회 교역자들이 퇴직금 지급을 촉구하는 진정서를 신흥제분에 제출했지만 '쇠귀에 경 읽기'였다. 이완우와 동료들은 사직동 청주도시산업선교회를 찾았다. 정진동 목사의 도움으로 청주시청 청소부 문제가 해결됐다는 이야기를 신문에서 봤기 때문이다.

퇴직금 안 준 신흥기업 업주를 고발했다는 기사.(충청일보 1974. 12. 14.)

이완우는 정진동과의 첫 만남에서 자신의 속 이야기를 술술 풀어냈다.

"퇴직금만 문제가 아니유."

"그러면 또 다른 문제가 있습니까?"

정진동의 물음에 이완우는 한숨부터 쉬었다. 그도 그럴 것이 신흥제분의 하도급업체인 신흥기업의 노동조건은 상상외였다.

종업원 80명의 신흥기업은 하루 13시간 노동에 연중무휴였다. 그런데 고작 임금은 쌀 한 가마 값의 저임금이었다. 더군다나 퇴직금도 제대로 지급하지 않았다. 사실 이번 문제가 불거지기 전에 퇴직금을 받지 못한 노동자들이 사장 집에 가서 일주일간 단식을 하기도 했다.

신흥기업은 1960, 1970년대 제분 업계의 관행이었던 불법 하도급업체였다. 신흥제분은 형식적으로 신흥기업이라는 하청회사와 도급계약을 맺었다. 하지만 신흥기업의 실질적 소유주는 신흥제분이었고, 사장 역시 신흥제분의 관리자였다. 이런 연유로 신흥기업의 노사관계는 단순하지 않았다. 묵묵히 이완우의 이야기를 들은 정진동이 입을 뗐다.

"문제 해결은 노동자 스스로의 노력으로만 될 수 있습니다."

정진동의 권유를 받은 신흥기업 노동자 12명은 근로조건개선대책위원회(아래 대책위)를 구성했다. 이완우가 대책위 위원장으로 선출된 날은 1975년 3월 25일이었다.

그러자 사측은 대책위원 12명을 즉각 파면했다. 하지만 이번에는 노동자들이 웅성거렸다. 자칫 '호미로 막을 것을 가래로 막는 격'이 될 것을 우려한 회사가 파면한 노동자 전원을 4월 10일 복직시켰다. 파면시킨 지 불과 보름 만이었다.

신흥제분 노동자들에게 교육하는 정진동.

여인숙에서 치른 노동조합 창립식

자신들의 신분보장과 지속적인 노동조건 개선을 위해서는 노동조합이 필요하다고 생각했다. 이는 굳이 정진동이 이야기하지 않아도 알 수 있는 일이었다. 사실 1958년 설립한 신흥제분은 한국전쟁 후 미국의 농업정책과 긴밀한 연관성이 있다.

미국이 자국의 농산물가격을 유지하고 수출을 진흥하기 위해 저개발 국가에 PL480호를 적용해 밀가루, 설탕 등을 원조한 것이다. 충북의 대표적인 향토기업가 민철기는 1958년 신흥제분을 설립했다. 양곡정미업으로 출발한 신흥제분은 메주장사, 엿장사부터 중도석유, 속리산고속, 속리산관광호텔, 음료사업(대전의 당근넥타공장)으로 사업을 확장했다.

그 결과 한때 종합소득이 전국 2위에 오르기도 했다. 이런 굴지의 대기업인 신흥제분의 노무관리는 결코 호락호락하지 않았다. 1965년도에 1차로 노동조합이 설립되자 노동자 40명을 해고시켰다. 이런 전력으로 인해

신흥제분 노동조합 결성.

1975년도의 2차 노동조합 설립은 신중히 진행되었다.

노동조합 설립 6개월 전부터 정진동과 신흥기업 노동자들은 부지런히 움직였다. 정진동은 노동자들에게 근로기준법, 노동조합법, 조합원의 자세, 일상 활동에 관한 교육을 했다. 노동조합이 산별 체계였기에 한국노총 화학노조의 승인을 받아야 했다. 하지만 당시 한국노총은 도시산업선교회를 '불순 세력'으로 규정하고 적대시했다.

정진동은 자신의 존재를 숨기고 이완우, 김태안과 함께 화학노조 본조로 올라갔다. 노동조합 설립과 관련해 승강이가 있었지만 본조에서는 작업복을 입은 정진동을 전혀 의심하지 않았다.

본조로부터 노동조합 설립 권한 위임장을 받고 내려온 이완우는 사측과 창립식 장소를 교섭했다. 하지만 신흥기업(신흥제분)이 어떤 곳인가? 절대 불가였다. 할 수 없이 창립식 장소를 청주산선으로 정했다. 서울에서 내려온 본조 간부들은 뒤늦게 이 사실을 알고 펄쩍 뛰었다.

"왜 하필 산업선교회요!"

"회사에서 장소를 빌려주지 않는데, 여기 목사님이 빌려준다고 해서 그랬습니다."

본조 임원들은 장소를 옮길 것을 강력히 주문했다. 그렇게 해서 옮긴 곳이 평화여인숙이었다. 200여 명의 노동자들이 참석한 가운데 창립식은 원만히 이뤄졌다. 1975년 4월 19일의 일이었다. 이완우가 분회장으로 선출되고 임원 회의를 할 때였다. 본조 임원이 "정진동 목사님을 모셔 오라"고 했다.

한국노총과 도시산업선교회가 불편한 관계인 것만큼은 분명하지만 지역에서 노동조합의 운영과 관련해 실질적 도움을 줄 수 있는 것은 자신들이 아니었기 때문이다. 뒤늦게 나타난 정진동을 보고 본조 임원들은 깜짝 놀랐다. 얼마 전 서울 본조로 올라온 허름한 작업복을 입었던 이였기 때문이다.

"목사님, 몰라뵈서 죄송합니다."

당신 같은 남자들 때문에…

노동조합이 설립된 지 두 달 정도 됐을 때였다. 아침 일찍 출근한 이완우 분회장은 기절초풍했다. 생면부지의 회사 간판 때문이었다. 형식적이긴 하지만 자신들의 소속 회사인 신흥기업이라는 간판은 온데간데없고, '삼진기업'이라는 낯선 간판이 붙어 있었다.

"어떻게 된 겁니까?"

"도급 계약기간이 끝나서 삼진기업과 새로 계약을 맺었소."

이완우의 질문에 신흥제분 관리자는 뻔뻔하게 대답했다. 노동조합을 무력화시키려는 사측의 행태였다.

이완우는 이에 굴하지 않고 '전국화학노조 삼진기업분회'로 노조 명칭을 변경했다. 이어서 사측에 8시간 노동에 임금 1000원, 잔업수당 실시, 유급휴일 실시 등을 내용으로 하는 단체교섭을 요구했다.

그러자 회사는 회유 전술로 나왔다. 금전 공세로 노동조합 와해를 기도한 것이다. 당시 집에 쌀 살 돈이 없던 이완우는 20만 원을 받고 사측에 약정서(각서)를 써줬다.

"본인은 삼진기업 분회장으로써 운영상의 여러 가지 복잡한 문제로 인해 분회를 해체코자 하오니…" — 1975.9.12. (『노동현장과 증언』, 1984, 풀빛)

분회장 이완우와 삼진기업 홍열표 대표 간에 이뤄진 약정서였다. 사측에 약정서를 건넨 이완우는 점퍼 안주머니에 20만 원을 넣고 내덕동 집에 왔다. 동네 구멍가게로 쌀을 사러 갔다. 그런데 막상 쌀을 사려고 하니 정진동 목사의 얼굴이 떠올랐다. 그러기를 여러 차례. 결국 쌀을 사지 못했다.

삼진기업 노동조합이 현판식을 하기로 한 날짜가 다가오는데도 아무런 기미가 없음을 이상하게 여긴 건 조합원뿐만이 아니었다. 정진동이 내덕동 달동네로 갔다. 정진동이 사정을 묻자 이완우가 울음을 터뜨렸다. 속주머니에서 봉투를 꺼내며 사실대로 말했다. 그러자 옆에 있던 그의 아내가 쏘아붙였다.

"당신 같은 남자들 때문에 신흥제분 부인들이 고생하는 거예요. 차라리 칼을 물고 죽어요."

이완우의 얼굴이 홍당무가 됐다. 정진동은 그를 몰아붙이지 않았다.

"내일 출근하자마자 돈을 돌려주세요. 그리고 각서를 꼭 돌려받으세요."

비 온 뒤에 땅이 굳는다던가. 이런 일이 있은 후에 이완우는 노동조합 지킴이 활동을 더욱 헌신적으로 했다.

폭망의 길

정신을 차린 이완우는 사측과 1975년 단체교섭을 체결했다. 그런 후에 기본급 인상, 8시간 노동을 요구하며 준법투쟁에 들어갔다. 사측은 이에 대한 보복으로 1975년 11월 15일 노조 간부 12명을 전원 해고했다. 사측은 이 조치 후 열흘도 채 안 돼 이완우를 포함한 노조 간부 6명을 선별 복직시켰다.

정진동과 기독교계는 신흥제분의 부당노동행위에 대한 규탄 활동을 지속적으로 수행

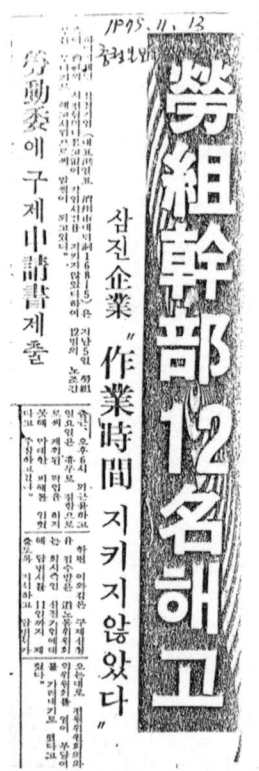

신흥제분의 위장 도급업체 삼진기업이 노조 간부 12명을 해고했다는 기사.(충청일보 1975. 11. 13))

복직 기념예배에서 연설하는 함석헌.

했다. 이완우와 노동조합 간부가 복직되자 '복직 환영 예배'를 드렸다. 1976년 1월 24일 청주산선에서 열린 환영 예배에는 '노동자도 인간이다'라는 구호가 넘쳤다.

《씨알의 소리》대표 함석헌은 "깨어 있는 노동자라야 나라가 선다"며 목소리를 높였다. 후일 성공회대 총장과 경기도지사를 하게 되는 이재정 신부도 덕담을 해줬다.

하지만 노동자들이 승리의 나팔을 불기는 일렀다. 1976년 4월에 신흥제분은 삼진기업 명의의 도급계약을 종료시켰다. 노동자들은 신흥제분 직영으로 고용 형태가 바뀌었다. 이 과정에서 취업규칙 위반, 무단결근 등의 이유로 이완우, 조종록, 변갑수 등이 해고됐다.

노동조합이 지방노동위원회와 중앙노동위원회에 부당해고 구제신청을 냈지만 모두 기각당했다. 이때의 노동위원회는 사회적 약자인 노동자의 편이 아니라 대기업 편이었다.

　노조 측은 복직대책위원회를 구성했다. 청주산선과 복직대책위가 각계에 진정서, 고발장, 성명서를 제출했지만 아무런 소용이 없었다. 오히려 정진동은 이 일로 인해 신흥제분으로부터 명예훼손으로 소송을 당했다. 대법원까지 간 재판 결과는 정진동의 유죄였다. 징역 8개월에 집행유예 2년.

　사측의 노조 탄압은 집요했다. 노조가 부분회장 김병모를 분회장 직무대리로 선출하자, 그제야 이완우가 더이상 위협대상이 아니라고 판단해 1977년 1월 그를 복직시켰다. '과격한 노동쟁의 등으로 국가와 사회에 물의가 야기되지 않도록 노력하겠다'는 각서에 서명한 후였다.

　이 각서의 보증인은 정진동이었다. 부분회장 김병모가 직무대행을 맡았기에 이완우가 복직하는 게 무엇보다 중요하다는 판단에서였다. 하지만 정진동의 판단은 순진한 것이었음이 훗날 밝혀졌다. 사측은 이완우를 인천의 방계회사로 전출시켰다. 노동조합은 사측의 집요한 와해 공작으로 인해 1978년 3월 끝내 해산됐다.

　사회 발전에는 원원(win-win) 전략이 필요하다. 그런데 신흥제분은 폭망(lose-lose) 전략을 택했다. 노동자들을 쥐어짜고, 노동조합을 인정하지 않은 신흥제분의 말로는 '짙은 구름'이었다. 무리한 사업확장과 1970년대 오일쇼크 등의 여파로 1970년대 말 제분사업을 매각해야 했다. 1984년에는 경제 무대에서 자취를 감췄다.

공부하고 싶었던 **소녀**의 선택

청주산선 문을 두드린 조순형 이야기

책보를 둘러매고 집으로 향하는 소녀 순형의 어깨가 축 처졌다. 아무리 생각해봐도 아버지가 상급학교(중학교)를 보내줄 것 같지 않기 때문이다. 물론 동막리와 주변 마을에 사는 대다수 친구들이 상급학교에 갈 엄두도 못 내는 상황이지만 말이다.

하지만 순형은 공부를 계속하고 싶었다. 국민학교만 졸업하고 집에서 잔심부름하고 부엌데기처럼 사는 건 생각만 해도 끔찍했다. 소녀는 몇 달 동안 고민했던 것을 친구들에게 이야기했다.

"영자야(가명), 우리 시험 공부하자!"

"뭐 하려구?"

순형의 제안에 영자는 뜬금없다는 표정을 지었다. 어차피 돈이 없어 상급학교에 진학하지 못할 텐데, 뭐하러 공부하냐는 생각에서였다.

순형이 상급학교 보낼 꺼유?

하지만 순형의 생각은 달랐다.

"아버지가 상급학교에 보내주지 않으면 호죽의 공민학교(호죽헌신고등공민학교)에 갈 거야!"

"정말?"

순형의 말에 영자는 벌린 입을 다물지 못했다. 평소에 순형의 야무진 성격을 알았지만 그렇게까지 생각할 줄은 몰랐다.

순형은 친구들이 시험 공부하는 것을 엄두를 내지 못하자 혼자서 시험을 준비했다. 만약 시험에 합격했는데도 아버지가 상급학교에 보내주지 않으면 청원군 옥산면 호죽리에 있는 공민학교에 가겠다는 배수진을 치고서 말이다.

그런데 순형은 어떻게 그런 파격적인 생각을 했을까? 동막에서 호죽리까지는 약 40리(17km)나 되는 거리인데 말이다. 거기에는 믿는 구석이 있었다. 큰언니 조정숙이 정진동과 결혼해 호죽리에 살고 있었기 때문이다. 시험을 치른 후 소녀 순형의 얼굴엔 짙은 그림자가 드리웠다. 그런데 소녀의 엄마 박금순은 한술 더해 마음이 새카맣게 탔다. 딸래미가 상급학교 시험에서 합격했다는데, 남편한테 상급학교 입학 문제는 입도 뻥끗하지 못했기 때문이다.

박금순 모녀가 가슴앓이를 하던 어느 날 작은골 사는 김○○이 찾아왔다. 이내 개다리소반에 술상이 차려졌다. 술이 얼근하게 됐을 때 김씨가 입을 열었다.

"순형이 상급학교 보낼 꺼유?"

"……."

김씨의 뜬금없는 질문에 아빠 조춘흥은 멀뚱멀뚱했다.

'목마른 사람이 우물 판다'고 김씨가 말을 이었다.

"만약에 순형이 입학 안 시킬 거면 내 딸래미 보내려구요."

김씨는 순형이가 상급학교에 가지 못하면 자신의 딸을 상급학교에 보내려고 했던 거였다. 그런데 상급학교 입학은 정원이 있기에 순형의 입학

여부가 중요했던 것이다. 술자리에서 조춘흥은 입을 다물었다.

김씨가 돌아간 후 조춘흥이 딸 순형을 불러 앉혔다.

"어떤 놈은 (상급학교 시험에) 떨어졌는데도 보내려구 하는데, 누구는 합격했는데도 안 가는 게 말이 되냐!"

말하는 아버지의 얼굴이 붉으락푸르락했다. 순형은 그때까지 아버지가 무슨 말을 하는지 몰랐다. 아버지의 이어지는 말에 순형의 입이 귀에 걸렸다.

"순형아, 중핵교(중학교) 가거라!"

경찰 목덜미 잡아당겨

다음 날 박금순은 쌀장수에게 쌀을 팔아온 돈을 순형이 손에 쥐어줬다.

"아부지 맘 변하기 전에 얼른 입학금 갖다 내거라."

그렇게 해서 조순형은 미호중학교에 입학했다.

하지만 순형의 기쁨은 그리 오래가지 않았다. 3년 후 고등학교 진학 때문이었다. 물론 이때는 순형의 부모뿐만 아니라 순형 자신도 고등학교에 진학하는 것을 엄두도 내지 못했다.

고등학교에 가지 못했다고 해서 마냥 구들방 신세만 질 수는 없었다. 청주시 서문동

중학교 시절의 친구, 조카와 함께한 조순형(가운데).

에 있는 편물학원을 3개월간 다녔다. 집안 언니의 편물 가게에서 일했는데 돈벌이가 안 됐다. 그는 그곳을 때려치우고 한복학원에 다녔다. 1960년대 중반만 해도 한복을 입는 여성들이 무척 많았기 때문이다.

집에 있는 재봉틀로 한복을 지어 시장에 납품했다. 한복은 예상보다 잘 팔렸다. 돈은 벌었지만 순형의 마음은 허전했다. 공부를 하고 싶었기 때문이다. 집 나이 24세 때인 1972년도에 일신여고에 입학했다. 7세 차이 나는 동생들과 같이 다니는 학교생활은 적응이 쉽지 않았다. 결국 순형은 1년도 채 못 다니고 학교를 작파했다.

그러다가 다음 해인 1973년도에 대한신학교에 입학했다. 신학교 2학년 때 민청학련(전국민주청년학생총연맹) 사건 재판을 구경하러 가게 됐다. 무슨 투철한 의식이 있어서 간 것은 아니었다. 영등포산업선교회에 갔다가 그 사건에 대한 소식을 듣고 호기심이 발동한 것이다.

서대문구 서소문에 위치한 대법원 정문에는 하얀 소복을 입은 여성들이 있었다. 재판받는 이들의 엄마들이었다. 법원 정문에 경찰차가 주차돼 있었다. 그런데 어떤 외국인 선교사가 그 버스 바퀴(타이어) 바람을 빼고 있는 게 아닌가.

당시 경찰은 툭하면 시위 가담자들을 경찰버스에 태워 서울 외곽 곳곳에 내려놓았다. 마치 쓰레기 버리듯이 한 것이

대한신학교 시절의 조순형.

다. 대중교통이 미비했던 그 시절에는 그것만큼의 고역도 드물었다. 그랬기에 외국 선교사는 재판과정에서 있을 경찰들의 행위를 미연에 방지하기 위해 그런 행동을 한 것이다.

"저놈 잡아!"

고함과 동시에 사복형사가 선교사의 뒷덜미를 잡을 찰나였다. 그런데 선교사의 뒷덜미를 잡으려는 사복형사의 뒷덜미가 조순형의 손에 덜컥 잡혔다. 무방비에 뒷덜미를 잡힌 형사는 엉덩방아를 찧었다.

"저 년 잡아라!"

형사가 조순형을 향했다. 기겁한 조순형은 무작정 달렸다. 조지송 목사 일행 속으로 몸을 숨겼다.

민청학련사건 재판을 보고, 영등포산업선교회 조지송 목사를 접하면서

신학교 시절 의정부 개척교회(대웅교회) 자원봉사. 맨 오른쪽이 조순형.

조순형의 전통적인 기독교관에 변화가 생겼다. 개인 구원에서 사회 구원으로 생각이 바뀐 것이다.

물론 그런 변화의 일등 공신은 청주도시산업선교회 정진동 목사 때문이었다. 방학 때 청주에 내려가 넝마주이를 하는 정진동의 모습을 보고서다. 충북노회의 결정으로 청주도시산업선교회가 없어지자 가장 밑바닥 생활을 체험한다는 마음으로 정진동이 넝마주이를 했을 때다. 서울에서 인명진 목사가 응원을 왔다. 이때 두 사람을 따라다니며 사진을 촬영했다. 역사의 기록으로 남겨 놓기 위해서다.

조순형은 정진동을 보면서, 조지송을 만나면서 살아있는 예수를 봤다. 결국 그녀는 '도시산업선교회로 가자'는 결심을 굳혔고, 정진동을 찾아갔다.

"여기서 일하게 해주세요."

일자리를 위한 승강이

삼화전기를 지나자 머리가 깨질듯한 냄새가 진동했다. 인근 조광피혁에서 나는 냄새였다. 조순형은 '한국갈포'라는 회사 간판 앞에 섰다. 수위실에 들어섰다.

"뭔 일유?"

"일자리 구하러 왔어요."

"……"

뜨악한 표정을 짓는 경비아저씨는 고개를 내저었다. 사람을 구하지 않는다는 거였다. 더군다나 찾아온 여성이 20대 후반이었으니 말이다. 당시 여성 노동자 신규채용은 10대 후반에서 20대 초반이 관행이었다.

"아저씨, 저는 여기서 일하지 않으면 굶어 죽어요."

회사 안으로 들어가게 해달라, 안 된다는 승강이가 30여 분 계속됐다.

한국갈포 노동자들을 교육하는 정진동(맨 오른쪽).

경비가 할 수 없이 관리자에게 전화를 걸었다. 열심히 하겠다는 약조를 하고 취업했다.

어느 정도 예상은 했지만 갈포 공장의 노동환경은 말 그대로 '지옥'이었다. 조순형이 일하게 된 현장은 벽지에 돌가루를 뿌리는 특수벽지를 만드는 곳이었다. 생산과정에서 돌가루가 날려 앞이 안 보일 정도였다. 눈만 따가운 것이 아니라 숨도 못 쉴 정도였다.

회사에서 보호장비로 준 것은 천마스크가 유일했다. 마스크는 10분도 채 안 돼 새카매졌다. 침을 뱉으면 목에서 빨간 가래가 나왔다. 죽을 맛이었지만 조순형은 누구보다 열심히 일했다. 노동 체험은 도시산업선교회 실무자 교육의 필수과정이기 때문이다. 아무리 힘든 일이라도 무조건 일해야 되고, 불만을 이야기해서도 안 된다. 더군다나 일이 고되다고 공장을 그만둬선 절대 안 된다.

그런 상황에서도 조순형은 모든 노동자들과 친하게 어울렸다. 남녀를

한국갈포 노동자들과 함께. 맨 왼쪽이 조순형.

불문했다. 특히 어린 여성 노동자들이 친언니처럼 대하며 잘 따랐다.

조순형은 저녁이나 주말에는 여성 노동자들의 자취방에 수시로 놀러 갔다. 포장마차로 호떡과 순대를 사 먹으러도 갔다. 주말에는 밤을 새우며 수다를 떨었다. 노동문제는 이야기하지 않았지만 친자매처럼 끈끈한 정이 생겼다. 3개월간의 노동 체험을 마친 후 서울행 보따리를 쌌다. 영등포산업선교회로 실무교육을 받으러 가기 위해서이다.

옷과 화장품보다 중요한 것

"당원(糖源)은 조금만 넣으세요."

요리 강사의 말에 수강생들은 귀를 귀울였다. 조순형도 마찬가지다. 그는 영등포산업선교회에서 운영하는 노래, 꽃꽂이, 요리 교실에 모두 참관했다. 뿐만아니라 근로기준법, 노동법 교육에도 수강생들과 함께 자리를 했다.

그런 후에 그룹 강의를 했다. 20여 명의 여성 노동자 앞에서 특정 주제의 강의를 하는 것이다. 조순형은 고민 끝에 '아름다움이란 무엇인가'라는 주제를 선택했다.

"옷, 화장품, 연애보다 중요한 게 있어요. 사람은 외모를 가꾸어서 아름다워지는 것도 좋지만 더 중요한 게 있어요. 그것은 노동자의 권리, 여성의 권리를 요구하고 쟁취하는 삶이 아름다운 삶이에요."

조순형의 열변에 참석자들이 박수 세례를 보냈다. 이 강의는 한 번으로 끝나는 것이 아니었다. 여러 그룹(소모임)에 반복적으로 강의를 해야하는 것이다. 매번의 강의 때마다 박수가 터졌다.

실무교육의 마지막 단계는 '노동자 조직화'이다. 처음에는 청주사람이 서울에서 노동자를 조직한다는 게 엄두가 나지 않았다. 하지만 조순형은 이내 정신을 차리고 그룹 강의 때 만났던 해태제과 여성 노동자들을 떠올렸다.

"얘들아, 내가 잠잘 곳이 없는데 한 달간 재워 줄 수 있니?"

"그래요."

조심스럽게 꺼낸 얘기에 흔쾌한 답변이 돌아왔다. 사실 조순형은 영등포산선에서 2개월간 숙박을 했다. 그런데 이 일로 숙박과 노동자 조직화 문제가 동시에 해결됐다.

조순형이 서울에서 실무교육을 받을 당시 해태제과는 한창 노동조건 개선 투쟁을 할 때였다. 하루 12시간 근무에 주 7일 근무였던 해태제과에 '노동자도 인간이다'라는 구호가 외쳐졌다. 해태제과 노동자들과 몸을 부대끼고, 조지송 목사의 지도하는 모습을 옆에서 보았다. 그 속에서 조순형은 살아있는 노동교육을 체험했다.

한국갈포 노동자들과 함께한 노래교실. 맨 왼쪽이 노래 강사 오희진(충북대 영어교육 73).

교회 오빠

〈우리 승리하리라〉는 노래가 울려 퍼졌다. 교회 오빠 오희진의 기타 반주에 맞춰 한국갈포 여성노동자들이 즐겁게 노래를 불렀다. 기타를 치는 오희진은 충북대 영어교육학과 출신으로 우연히 청주산선에 와서 자원봉사를 하게 됐다. 특히 한국갈포 노동자들을 대상으로 한 노래 교실은 인기가 좋았다.

조순형은 서울에서 도시산업선교회 실무자 교육을 받으면서도 주말에는 청주에 내려왔다. 한국갈포 노동자들과 어울리면서 노동자 교육과 조직에도 힘썼다. 물론 교육은 주로 정진동이 맡았다.

이런 노력의 결과로 1977년 10월 31일 한국갈포 노동조합이 만들어졌다. 초짜 실무자 조순형이 힘을 보탠 결과다.

청주 기독교계의 '공공의 적'으로

"기업화 대형교회는 죽었다" 비판에 따른 제명

도둑고양이처럼 조심스럽게 대문을 나서는 이는 정진동이었다. 순간 청주시 사직동 정진동 집을 지키고 있던 형사의 눈꼬리가 올라갔다.

"목사님, 어디 가세요?"

"남이야 어디를 가든 말든 무슨 상관이오!"

이미 정 목사의 일정을 파악하고 있던 형사들은 그를 순순히 놔주지 않았다.

"목사님, 오늘 매포 수양관에 못 가십니다."

정 목사의 발목을 잡고 족쇄를 채우는 것이 청주경찰서 정보과 형사들의 임무였기에 그들은 단호했다.

"왜 남의 인권을 침해합니까!"

1970년대의 정진동·조정숙 부부.

정진동이 항의했지만 모든 것이 얼어버린 유신시대에는 통할 수 있는 말이 아니었다. 형사들은 아침 일찍부터 정진동과 승강이를 벌인 것이 자기들도 계면쩍었던지 잠시 대문 밖으로 나갔다.

매포 수양관의 사자후

정진동은 이때를 이용해 재빨리 뒷담을 넘었다. 청원군 부용면(현재 세종특별자치시 부용면) 노호리의 매포 수양관은 교통편이 여간 불편한 게 아니었다. 버스를 갈아타고 한참을 걸어서 수양관에 도착했다. 쇠기둥으로 듬성듬성 엮은 정문을 지나니 슬레트 지붕의 건물이 여러 채가 보였다.

이곳 매포 수양관은 1960년대 중반 미국 선교사들이 청소년 선교를 목적으로 지었다. 금강을 옆에 낀 이곳은 1977년 당시 최신식 건물로 충북 지역뿐만 아니라 전국에서 애용된 기독교 수양관이었다.

정진동이 강의실에 들어서자 대학생들이 반갑게 인사했다. 청주YMCA 소속 대학부 학생들이었다. 그들은 이날 정진동을 초청해 '오늘의 한국교회, 무엇을 할 것인가'라는 주제의 강연을 듣기로 한 것이다.

"오늘 한국교회들은 모두가 예수의 가슴으로 돌아가야 합니다. 예수를 진실로 따르려면 갈릴리 예수의 삶을 배워야 합니다. 그런데 오늘날 대부분의 교회들은 거대하게 자본화되었습니다."

정진동이 서두를 떼자 강의를 듣는 대학생들의 눈망울이 빛났다. 이어지는 말은 그야말로 파격이었다.

대형교회들이 교회 건물을 크게 짓는 것에만 혈안이 돼 있다, 돈 많은 자본가들이 장로라는 직위를 받아 떵떵거리고 있다면서 비판의 칼날을 세웠다. 결국 노동자와 고아, 과부들이 교회 안에 서 있을 곳이 없다. 그렇기에 자본화된 교회는 초토화될 정도로 망해야 한다고 사자후를 토했다. 대학생들의 환호성이 터졌다.

매포 수양관에 울려 퍼진 함성은 모든 이에게 복음(福音)이 아니었다. '낮말은 새가 듣고 밤말은 쥐가 듣는다'던가. 정진동의 날 선 비판이 청주 경찰서 정보과의 귀에 들어갔다. 정보과 형사들은 이를 호재라 생각하고 청주 시내 교회를 돌아다녔다.

"정 목사가 당신 교회를 비난했어요."

"뭐요? 빨갱이 목사가……."

정보과 형사의 이간질에 목사들은 너무나 쉽게 흥분했다. 청주시 기독교연합회에서는 정진동을 호출했다. 매포 수양관에서의 발언 진위를 확인하겠다는 것이다.

정진동은 기독교연합회 회의에 참석해 당당하게 발언했다. 참석한 목사들의 얼굴이 붉으락푸르락했다.

"현재의 교회가 잘못됐다고 이야기했습니다. 모든 교회가 반성하고 노동자들을 돌보아야 합니다. 이웃을 돌볼 줄 모르는 성직자는 진정한 목사가 아닙니다."

정진동은 자기 할 말을 다한 후에 나와 버렸다. 그런 후에 정진동은 청주시 기독교연합회로부터 제명됐다.(정진동, 『저 평등의 땅에』, 1992)

정진동이 기독교연합회로부터 제명된 것은 매포 수양관에서의 강연 내용 때문만은 아니다. 그해 부활절 때 청주도시산업선교회 이름으로 낸 성명서가 또 하나의 도화선이 된 듯하다.

교회법과 무관한 제명

정진동은 1977년 4월 8일 부활절에 낸 성명서에서 "교회가 장송곡만 부르고 있다"며 기성교회에 직격탄을 날렸다. 현재의 교회가 소외당한 이웃을 돌보지 않는 죽은 교회가 됐다는 뜻이었다. 청주시 기독교연합회는

4월 17일 서원성결교회에서 열린 월례회에서 정진동 목사를 제명했다.(《크리스찬신문》 1977.5.14.)

사실 정진동이 청주도시산업선교회 초기 시절부터 청주 기독교계의 '공공의 적'이 된 것은 아니다. 1973년 청주체육관 맞은편에 보금자리를 얻었을 때만 해도 '노동자 신자를 많이 확보할 것'이라는 기대가 있었다.

국내에 도시산업선교가 소개된 것은 1957년 초 미국 장로교 H. 존즈 목사가 내한(來韓), 산업 전도에 대한 강연회를 가진 것이 계기가 됐다. 같은 해 4월 성공회의 미국인 주교 J. P. 셀 테일러가 영등포 도시산업선교회를 창립한 것이 그 효시다.

청주시 기독교연합회가 청주산선 정진동 목사를 제명했다는 기사.(크리스찬신문 1977. 5. 14.)

1963년 감리교 및 장로회 통합파 교역자들이 한국도시산업선교회를 구성하면서 본격적인 체제를 갖추게 됐다. 이어서 1976년 신교와 구교가 연합하여 구성한 한국교회 사회선교협의회의 산하단체가 되어 조직을 확대해나갔다.

그런데 도시산업선교회 초기에는 기성교회 성직자들이 노동자의 처지에 공감하고 노동환경을 개선하려는 '사회 선교'보다는 개인의 영혼 구원에 초점을 둔 '전도'에 관심을 가졌다. 즉 산업화 시대에 공장지대에서 도시산업선교를 하면 노동자들을 교인으로 많이 확보할 수 있겠다는 기대가 있었던 것이다. 이런 생각은 청주지역도 크게 다르지 않았다.

이런 맥락에서 1973, 1974년도 청주시청 청소부 투쟁에 대한예수교 장로회 충북노회의 관심이 컸음은 당연했다. 당장 청소부들이 기독교 신자가 될 것이라는 기대감도 컸다. 그런데 그보다 중요한 것은 충북노회의 산업선교회 활동이 인정(?)받았다는 자긍심이었다. 즉 지역 일간지와 전국의 기독교 신문에 정진동의 청주도시산업선교회 활동이 연일 보도됐던 것이다.

그런 이유로 충북노회 역시 청주시청 청소부 문제의 해결을 촉구하는 진정서를 청주시에 내기도 했다. 그런데 예수교 장로회 충북노회와 정진동 사이에 불화가 시작되었다. 청소부 문제를 해결하는 방안에 대한 시각차이였다. 충북노회는 청주시장과의 알맹이 없는 합의안에 지지를 표명한 것이고, 정진동은 퇴직금과 해고자 복직 문제가 빠진 합의는 있을 수 없다며 반기를 들었다.

이 불화는 충북노회가 산업선교위원회를 해체하는 것으로 귀결됐다. 하지만 정진동은 개인적으로 해체 이후에도 도시산업선교회를 운영했다. 청주시청 청소부, 청주연초제조창, 신흥제분 문제는 주로 지방자치단체와 기업과의 싸움이었다. 거기에 경찰과 중앙정보부와의 갈등이 중첩된 것이다.

그렇기에 기독교계에서는 정진동과 직접 부딪힐 일이 별반 없었다. 산업선교회 활동 초기의 우호적인 감정에서 방관자적 입장으로 후퇴한 정도였다. 다르게 표현하면 '내놓은 자식' 취급한 것이다.

그런데 1977년 부활절 때 발표한 정진동의 논평은 기독교계 내부의 비판이었다. 그렇기에 이전의 정진동과 기독교계와의 갈등과는 질적으로 다른 성질의 문제였다.

청주시 기독교연합회의 정진동 제명은 교회법적으로 아무런 효력이 없는 것이다. 하지만 내용적으로는 '골칫거리 자식(정진동)'을 (교계의) 호적에서

청주S교회 사찰에서 해고된 사실과 관련한 김만수의 투고.(주간 시민)

루 아침에 해고되자 망연자실했다. 직장에서 쫓겨난 것도 억울했지만, 절도죄와 집 두 채가 있다는 모함에 괴로웠다.

그는 정진동을 찾아갔다. 정진동은 대형교회가 일하는 사람을 함부로 해고한 것에 대해 분노했다. 여러 곳에 진정서를 내고, 지역사회에 이 문제를 공론화했다. 그 시점이 하필(?) 정진동이 청주시 기독교연합회에서 제명된 지 몇 달 후였다. 그렇지 않아도 미운털이 박혔던 정진동은 청주 기독교계로부터 공공의 적이 됐다.

공감한 사람들

정진동이 청주 기독교계로부터 '왕따'를 당했다고 해서 모든 기독교 지도자들이 그를 경원시한 것은 아니었다. 청주YMCA 김원배 총무와 최병문 이사장은 정진동의 진정성을 깊게 공감한 이들이다.

특히 김원배 총무는 정진동이 제명된 후에 여러모로 경제적 도움을 줬다. 결혼하는 이들이 있으면 주례를 정진동에게 소개해 줬다. 주례를 서고 나면 신혼부부는 3500원을 주례비로 헌금했다.

정보기관의 공작으로 김원배는 공금 횡령 혐의를 받아 청주YMCA에서 쫓겨났다. 이 소식을 접한 강원룡이 수원아카데미로 스카웃했다. 김원배는 이후 독일로 유학을 했다.

기독교 탈을 쓴 악마?… 조직적인 **공작**
그러나 사람들의 발길은 청주도시산업선교회를 향하고

"윷이야."

"한 번 더 하세요."

"촌사람이 잘하네."

정진동이 윷을 던지자 거실에 있던 이들이 한마디씩 했다. 말판 옆에 있던 이도 덩달아 신이 났다. 오랜만에 하는 윷놀이는 한껏 분위기가 올랐다. 집주인은 떡과 과일, 음료수를 나르느라 정신이 없었다.

"여사님 그만 앉으세요."

"저는 괜찮아요."

안쓰러워하는 조화순 목사의 말에 집주인 공덕귀 여사(윤보선의 아내)의 대꾸였다. 윤보선 전 대통령은 전국의 도시산업선교와 특수선교 실무자들을 초대했다. 정부와 중앙정보부의 탄압에 시달리던 조지송, 조화순, 권호경, 정진동 등 사회선교 관계자들은 이날 하루를 즐겁게 보냈다.

윤보선은 유신시대 말기인 1978년 1월 4일 자신의 집에 사회선교 실무자들을 불러 위로하는 자리를 만들었다. 저녁을 먹고 자리를 파한 이들이 권호경 목사의 집으로 자리를 옮겼다. 밤늦게 이야기꽃을 피운 이들은 단

잠을 잤다.

기업가들에게 복음서 같았던 그 책

그렇게 윤보선 전 대통령의 초대로 기운을 낸 이들이 다시 모임을 가진 것은 불과 사흘 만이었다. 회의실에 모인 이들의 테이블에는 신문이 한 부씩 있었다. 1면 하단에 대문짝만한 책 광고가 눈에 띄었다. 광고를 본 이들이 벌린 입을 다물지 못했다.

『산업선교는 무엇을 노리나?』 홍지영이 지은 이 책은 도시산업선교 때문에 골머리를 앓고 있는 기업가들에게는 복음서나 다름 없었다. '산업선교 때문에 골치를 앓고 계시는 기업주는 속히 이 책을 읽어보세요'라는 문구에 이어 도시산업선교를 악마화했다.

"생산력을 마비시키고 노사 간의 대립을 조장시키며 계급투쟁의 격화를 노리는 맹랑한 일들이 나라 안팎에서 펼쳐지고 있습니다. 바로 '산업선교'라는 간판을 내세운 일부 목사·신부들의 의식화 작업이 곧 그것입니다."

홍지영은 이 책에서 도시산업선교회와 공산당을 등치시켰다. 결론적으

홍지영 책 『산업선교는 무엇을 노리나?』 광고.(주간 시민)

로 도시산업선교회 실무자들을 악마로 묘사했다. 금란출판사에서 1977년 11월에 펴낸 이 책은 정가 600원이었다. 이 책이 베스트셀러의 반열에 올랐는지는 확인되지 않았다. 다만 전국 주요 일간지에 대문짝만 한 광고를 실었다.

단체주문이 쇄도했다. 단체주문은 주로 국가기관과 기업체에서 했다. 이 책의 출판 과정에서 중앙정보부(국가정보원의 전신)가 깊숙하게 개입했다는 의혹은 여기저기서 제기됐다.

전 KCIA(중앙정보부) 직원으로 알려진 홍지영은 『산업선교는 무엇을 노리나?』에서 "산업선교란 공산당 간접침투 전략으로서 KGB(국가보안위원회)를 통해 WCC(세계교회협의회)를 매개로~ 산업선교회는 공산당 전략에 따라 노동 사회에 침투한 용공 세력"이라고 규정했다.

사실 이 책은 유상판매된 것이 아니라 수십만 부를 무상으로 배포했다. 이 책은 정부의 적극적인 권장으로 전국적으로 퍼져나갔다. 당시 경상남도 조병규 지사가 1978년 3월에 도내 주요 단체에 보낸 '안내 말씀'에는 다음과 같은 내용이 있었다.

"『산업선교는 무엇을 노리나?』는 숙독하여 본즉 들은 것보다 훨씬 좋은 책입니다. 산업선교라는 괴물이 여러분과 근로자들의 틈새를 스며드는 기회를 주지 말아야 하겠으며……."

홍지영의 책은 한국노총을 통해 노동계에도 조직적으로 배포됐다. 1978년 4월 20일, 전국금속노동조합이 각급 지부장에게 보낸 공문에는 '본 노조 산하에도 과거 일부 사업장에 종교 세력이 침투해 혼란을 야기시켰으나 (중략) 이에 대한 대비책으로 홍지영『이것이 산업선교다』라는 책자를 전 조합원이 구독, 종교단체가 과연 어떤 단체인가를 인식시켜 사전

침투 방지에 대비코저 합니다'라고 적혔다.(영등포산업선교회 40년사 기획위원회, 『영등포산업선교회 40년사』)

유신 시대 말기인 1978년 새해가 밝았지만 한반도 땅은 꽁꽁 얼어붙었다. 그런 와중에도 민중들의 '인간 선언'은 꿈틀거렸다.

환풍기조차 없는 화장실

버스에서 내린 김병하는 청주고등학교 교문 옆의 부동산 간판을 발견했다.

'아! 저기구나'

반가움이 왈칵 밀려왔다. 계단을 통해 2층으로 올라갔다.

"어서 오세요."

정진동의 인사에 마음이 따뜻해졌다. 그곳에는 먼저 온 손님들이 있었다. 신흥제분 노동자들이었다. 퇴직금을 받지 못한 그들의 하소연을 들으니 동병상련의 마음이 들었다. 연탄난로 위의 노란 주전자에서는 보리차가 쉭쉭 소리를 내며 끓고 있었다. 보리차를 한 모금 마신 김병하는 얼어붙은 마음속 응어리들을 정진동에게 풀어냈다.

당시 서부교회에 다녔던 김병하는 주일예배 보는 것이 가장 큰 고역이었다. 회사 조광피혁에 휴일이 없었기 때문이다. 하지만 절실한 크리스찬이었던 그는 주일예배를 빠질 수 없었다. 그러자 사측에서는 그에게 강한 질책을 했다.

"왜 일요일에 출근하지 않는 거요!"

"일요일은 당연히 쉬는 거 아닙니까?"

"대한민국에 그런 법이 어딨어!"

"근로기준법에 있습니다."

말이 막힌 관리자는 얼굴이 붉으락푸르락했다. 근로기준법을 운운하는 김병하에게 대꾸는 하지 못했지만 '이놈 두고 보자'며 앙심을 품었다.

회사 측에 찍힌(?) 김병하는 그날 이후 관리자들의 집중적인 감시를 받았다. 하루하루가 고역이었다. 1966년 설립된 조광피혁은 모피 및 가죽 생산 제조업체다. 조광피혁의 노동환경은 청주공단에서 가장 열악하기로 소문이 자자했다.

가죽을 제조하는 과정에서 발생하는 공해는 숨쉬기가 힘들고 눈을 뜰 수 없을 정도였다. 대부분의 노동자가 만성두통으로 고통받았다. 하다못해 조광피혁 인근을 지나가는 이들조차도 숨을 쉬지 못하고 구토를 할 정도였다. 주변의 공장 노동자들도 민원을 놓기 일쑤였다. 그러니 정작 그곳에서 일하는 노동자들은 두말할 나위도 없었다.

남들에게는 이야기조차 할 수 없는 부끄러운 일도 있었다. 김병하가 변소(화장실)에 갔을 때다. 당시 재래식이었던 변소에는 구더기가 꼬물꼬물 기어 다녔다. 큰일을 보다 보면 어느새 천장에 있던 구더기가 떨어져 머리와 입에 달라붙기도 했다.

김병하와 동료들은 화장실에 환풍기 설치를 요구했다. 관리자는 픽 웃으며 대꾸조차 안 했다. 결국 김병하가 회사를 그만둘 때까지 조광피혁 변소에는 환풍기가 설치되지 않았다. 1970년대 청계천 피복공장에 환풍기가 설치되지 않았던 모습을 연상케 하는 장면이다. 그 후 김병하는 경기도로 부당 전출됐다.

밥을 끊다

"똥을 먹고 살 수는 없다."

1978년 2월 21일 쟁의 중인 조합원들에게 일명 구사대(求社隊)가 똥물을 뿌렸다. 구사대는 고무장갑을 끼고 양동이에 똥물을 담아 노동조합으로 향했다. 똥물을 들고 간 불청객들은 노조 사무실을 지키고 있던 여성 노동자들에게 똥물을 뿌렸다. 심지어 고무장갑으로 똥을 움켜쥐어 여성 노동자의 얼굴과 옷에 칠하기도 했다. 인간을 인간으로 보지 않고, 노동자를 사람으로 보지 않은 철면피 같은 행동이었다.

1978년 민주노조운동 탄압의 상징적인 사건인 인천 동일방직 '똥물 사건'이었다. 전국의 도시산업선교 실무자들이 모였다.

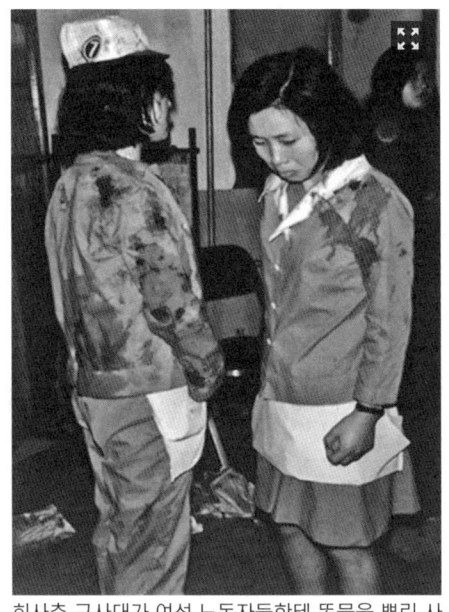

회사측 구사대가 여성 노동자들한테 똥물을 뿌린 사진.(사진=동일방직 노조)

"올해 노동절은 전국을 순회하면서 치릅시다."

전국에서 동일방직 사건을 알리고, 자본가의 반인륜적 행태를 고발하자는 것이었다. 여기에는 홍지영의 책을 빌미로 도시산업선교회를 탄압하려는 정부와 중앙정보부의 행태를 폭로하려는 뜻도 포함됐다.

서울집회에 이어 3월 14일 대전에서 노동절대회가 열렸다. 3월 17일 청주고등학교 옆에 있는 청주도시산업선교회 사무실에서 노동절대회가 열렸다. 이날의 강연자는 문동환 목사였다. 문익환 목사의 친동생인 문동환(1921년생)은 당시 한신대학교 교수였다.

"민중이 이 땅의 주인입니다. 여러분의 싸움은 정당합니다. 하나님은 늘 여러분 편에 계십니다."

기업주의 큰소리에 주눅 들어있던 신흥제분 노동자들과 조광피혁 김병

집회에 참여한 정진동의 장인(앞줄 오른쪽 한복 입은 이).

하가 어깨를 죽 폈다.

노동절 집회 후 청주산선 정진동과 조순형, 조광피혁 김병하, 신흥제분 노동자 5명이 단식농성에 들어갔다. 벽에는 세로로 쓴 벽보가 내걸렸다.

"조광피혁은 부당전출시킨 김병하를 즉각 복직시켜라!"

"반사회적 신흥제분은 평생 일한 근로자들의 퇴직금을 즉각 지급하라!"

"노동청과 수사기관은 근로자들의 원한을 속시원히 해결하라!"

그렇게 시작된 단식농성이 150일이나 지속될 줄은 당시에는 아무도 예측하지 못했다.

농성장은 만원(滿員)

농성장에 세 번째 합류한 이는 농민 한천동(1943년생)이었다. 방서동에 사는 그는 국유지인 땅을 불하받아 3년간 농사를 지었다. 등기를 내고 경지

농성장에서 발언하는 신흥제분 노동자.

농성자와 그 가족들.

기독교 탈을 쓴 악마?… 조직적인 공작

정리 분담금까지 낸 상태였다. 한천동이 불하받은 땅은 문전옥답이 아니라 청원군 남일면 평촌리 무심천 변의 모래 자갈땅 약 10마지기(2013평, 6642㎡)였다. 그런데 누군가의 모함으로 불하(拂下)가 취소됐다.

그냥은 농사를 지을 수가 없어 골재채취를 한 것이 문제가 됐다. 그 땅에 흑심을 품은 이가 '한천동이 불하받은 땅에서 농사를 짓지 않고 골재 채취한 모래와 자갈을 팔았다'며 민원을 제기했다. 즉 농사 대신 골재채취를 통해 이득을 취했다고 청주시 관계부서에 고발한 것. 땅을 빼앗긴 한천동이 소송을 제기해 대법원까지 갔지만 끝내 패소했다. 나라로부터 땅을 빼앗긴 한천동이 청주산선 농성장에 합류한 것은 3월 18일이었다.

농성장에 사람들이 하나둘 늘어날수록 청주도시산업선교회를 감시하는 경찰병력도 늘어났다. 새카만 제복을 입은 전투경찰과 점퍼를 입은 사복형사들의 숫자는 기하급수적으로 늘어났다. 사무실 입구까지 빽빽하게 서 있는 경찰들로 인해 시민들 접근이 어려웠다.

목마른 이가 우물을 판다고, 억울한 사연이 있는 이들은 경찰의 철통같은 경계에도 불구하고 하나둘 농성장으로 발걸음을 향했다. 이번에 찾아온 이는 몸뻬바지를 입은 여성과 분노에 찬 남성이었다.

"형수님. 여기 앉으세요."

형수와 같이 온 시동생은 청주 남일면에서 왔다. 이들이 풀어 논 이야기 보따리에도 기가 막힌 사연이 있었다.

몸뻬바지를 입은 여성의 남편 장월룡은 청주 가덕면의 신 아무개로부터 땅 3마지기(600평, 1980㎡)를 구매했다. 그런데 신 씨는 등기를 내주지 않았다. 장월룡은 가덕면 인차리로 새벽에 신 씨 집을 찾아갔다. 땅 등기를 내달라고 했다. 하지만 언쟁 과정에서 장월룡은 신 씨로부터 몰매를 맞아 죽임을 당했다.

하루아침에 가장을 잃은 장 씨 가족들은 청주경찰서에 고발했다. 하지만 돌아온 답변은 황당한 협박이었다.

"빨리 장례식 치르지 않으면 모두 시체 유기죄로 구속시키겠다!"

신 씨의 집안에 막대한 권력을 가진 이가 있음을 알 수 있는 대목이다. 도둑장가 가듯 장례를 치른 장 씨 가족의 가슴앓이는 시간이 갈수록 악화됐다.

그런 마음의 병을 간직한 채 장월룡의 딸 장순자와 가족들이 단식농성에 합류한 것은 3월 23일이었다. 이들 이외에도 가슴에 한이 맺힌 이들이 농성장에 합류했다. 대성여객 버스에서 하차하다 안내양의 실수로 사고를 당한 박성세와 사촌에게 땅을 빼앗긴 박창우다.

얼어붙은 겨울 왕국을 녹이는 **열기**

민주주의 광장이 된 단식농성장

조광피혁과 청주공단 대공장에서는 시내 교회에 전화를 걸었다.

"당신 교회에 근로자들을 보내지 않겠소."

회사 관리자들의 뜬금없는 소리에 교회 목사들은 황당했다. 알고 보니 청주도시산업선교회에서 신흥제분과 조광피혁 문제를 갖고 농성을 한다는 것이었다.

협박과 콧방귀

문제는 해당 사업장 기업주들만의 반발이 아니었다. 청주 기업주들이 모임을 갖고 공동대응을 하기로 한 것이었다. 그런데 문제는 청주산선에 압력을 넣어 봐야 효과가 없다는 점이었다.

그래서 택한 것이 일반교회에 무차별적으로 전화를 해 자기 기업의 노동자들을 교회에 보내지 않겠다고 협박(?)한 것이다. 1978년 3월 20일이었다. 이런 압력은 청주도시산업선교회와 그곳에서 단식농성을 하고 있던 노동자들에게 아무런 의미가 없었다.

그러자 이번에는 경찰이 나섰다. 정진동에게 직접 협박의 칼날을 들이

댔다.

"당신 딸래미 구속시키겠어!"

정진동은 순간 당황했다. '저들이 무슨 약점을 잡아 저러는 걸까?'라는 생각이 들었다. 그런데 경찰의 이어진 말에 정진동은 코웃음을 쳤다.

경찰이 이야기한 것은 2년 전 일이었다. 즉 1976년 3월 1일 명동성당의 3.1절 기념 미사와 기도회에서 윤보선·김대중·함석헌 등을 중심으로 각계 인사들이 발표한 '민주 구국 선언'을 꼬투리 잡았다. 선언문은 유신체제를 비판하고 민주주의 회복을 촉구했다.

그런데 이 선언문을 충북 음성 출신의 이관복이 친구 정진동의 둘째딸 혜영에게 타이핑을 부탁한 것이다. 그런데 그가 정진동의 큰딸 결혼식에 참석했다가 경찰에 연행되었고, 경찰서에서 소지하고 있던 유인물이 발각되었다.

선언문의 출처를 역추적하던 경찰들은 정진동 목사와의 연계점을 억지로 만들었다. 그렇게 해서 단식농성 초기에 형사들이 찾아와 '정혜영 구속'을 운운한 것이다. 그런 협박이 정진동에게 통할 리 없다. 정진동은 농성자들과 함께 머리띠를 두르고 옥상으로 올라갔다.

마지막 메시지

"김병하를 복직시켜라!"

"퇴직금을 지급하라!"

"농성자를 협박하는 수사기관은 자폭하라!"

힘껏 구호를 외친 이들은 어깨동무를 하고 노래를 부르기 시작했다.

"자! 와서 모여 함께 하나가 되자 / 와서 모여 함께 하나가 되자 / 물가 심어진 나무같이 / 흔들리지 않게~"

기업주들과 경찰의 농성자 흔들기 전술은 실패했다. 정진동 딸 정혜영 구속 발언으로 농성 대오를 흔들려는 작전이 실패하자, 경찰은 건물주를 부추겼다. 옥상으로 올라가는 철문을 봉쇄하게 했다. 옥상 농성을 못 하게 치졸한 방법을 쓴 것이다.

탄압할수록 더욱 단단해진다던가. 농성자들은 기업주와 경찰들의 탄압과 꼼수에 적극적 대응을 했다. 3월 26일 청주 중앙공원에서 열린 부활절 기념 연합예배에 농성 상황을 알리는 홍보전을 했다.

그런데 그날 투박한 선전물 하나가 부활절 기념 연합예배에 참석한 기독교인들의 손에 쥐어졌다. "시민에게 보내는 메세지~"라는 제목으로 시작된 이 성명서는 청주산선의 단식농성 상황을 알리는 홍보물이었다. 성명서 마지막에는 글을 쓴 이가 사회에 바라는 점이 쓰였다.

법을 다루시는 여러분, 기업을 운영하시는 사장님, 수사를 맡아 사회의 질서를 유지하는 경찰관 여러분!
노동자의 권리를 보장해줄 여러분께 우리 시민은 (중략) 네 이웃과 또 나 자신의 권익을 보호하는데 올바르고 진정하게 판결하여 국민의 칭송을 듣는 사회가 되고 불평과 불만이 없는 사회가 될 수 있도록 작은 힘이나마 서로가 기도해 주십시오. — 1978.3.25. 정진동 목사 장남 정법영

열아홉 살 청년 정법영(1959년생)이 청주시민께 드리는 호소문이었다. 당시 청주신학교 2학년생이었던 정법영은 아버지 정진동 목사의 도시산업선교회 활동을 보며 느낀 바가 많았다. 노동자와 민중을 향한 아버지의 뜨거운 마음을 존경했다. 그러던 차에 노동자, 농민들이 농성을 하는 모습을 보며 누구보다 그들의 처지에 공감했다.

그렇게 해서 성명서를 작성해 중앙공원에 배포한 것이다. 당시 운호고등학교 2학년이었던 동생 정신영(1961년생)을 데리고 갔다. 그 성명서가 청년 정법영이 사회에 내던진 첫 발언이었다.

국회의원 민기식

문익환 목사가 농성장을 지지 방문한 날이었다. 농성장을 경계하던 경찰들의 경례 소리가 들렸다. 2층으로 올라오는 계단에서 웅성거리는 소리가 들렸다. 문이 열리자 청주경찰서장이 에스코트해온 인물이 정진동에게 악수를 청했다. 국회의원 민기식이었다.

4성 장군 출신의 민기식은 국영기업체 '충주비료' 사장을 역임한 중진 정치인이었다. 제7~9대(1967년~1978년) 국회에서 내리 3선 의원을 했다. 공화당 소속의 그는 청주·청원 지역구 의원으로 국회 국방위원까지 역임해 실세 중의 실세였다.

농성자들은 양지만 쫓아다닌 그가 반가울 리가 없었다. 하지만 민기식은 농성자들의 요구를 묵묵히 듣고 돌아갔다. 유신 정권의 노동자 탄압도 거셌지만 민원을 해결하는 방식도 '번갯불에 콩 볶아 먹기' 식이었다.

민기식이 3월 30일 오후 3시에 방문했는데, 신흥제분 노동자들의 퇴직금 문제가 해결됐다는 소식이 라디오 전파를 탄 것은 불과 몇 시간 만이었다. 그뿐만이 아니었다. 조광피혁 김병하가 복직된 것도 민기식이 농성장을 찾아온 지 불과 6일만인 4월 5일이었다.

신흥제분과 조광피혁 문제가 모두 민기식의 힘만으로 해결된 것은 아니지만 그가 영향력은 미친 것만큼은 사실이다. 군인 출신 대통령 시대에 나 있을 법한 속도전이었다.

그렇다고 해서 당시 집권 여당 소속의 민기식이 노동자와 농민 문제에 특별한 애정이 있었던 것은 아니다. 그는 그해 12월 12일 있었던 제10대 국회의원 선거에서 민심을 얻기 위해 정치적 제스처를 취했을 뿐이다. 그렇지만 1978년 연말에 치러진 국회의원 선거에서 그는 신민당 이민우에게 패해 낙선했다.

꿈을 비는 마음

1978년 6월 27일 전남대학교 교수들이 발표한 '우리의 교육지표' 사건은 유신정권의 교육 이데올로기였던 국민교육헌장을 비판하고 학원 민주화와 민주교육 실시를 주장한 교육민주화운동이었다. 성내운 연세대학교 교수는 이 사건의 주동자로 지목돼 교수직에서 쫓겨나게 된다.

그 사건이 있기 두 달 전 성내운은 청주산선 농성장에 나타났다. 전국의 내로라하는 지식인들이 청주산선 농성장을 지지 방문할 때였다. 성내운 교수는 이날의 본 강연 말미에 문익환 목사의 시 「꿈을 비는 마음」을 낭독했다.

> 벗들이여! / 이런 꿈은 어떻겠오? / 철들고 셈들었다는 것들은 다 죽고 / 동남동녀들만 남았다가 / 쌍쌍이 그 앞에 가서 화촉을 올리고 / 그렇지, 거기는 박달나무가 있어야지 / 그 박달나무 아래서 뜨겁게들 사랑하는 꿈— (문익환, 「꿈을 비는 마음」, 1973. 부분)

남북통일과 평화로운 대동 세상을 꿈꾸는 문익환의 시는 기업주와 권력가에게 할퀴어 상처 당한 농성자들의 마음을 어루만져주었다. 여기저기서 훌쩍이는 소리가 들렸다.

성내운 교수의 강연을 전후로 해 청주지역의 신·구교 성직자와 전국 각계 지식인들의 발길이 이어졌다. 강서교회 임신영 목사가 정진동을 위로했고, 청주시청 청소부 투쟁과 관련해 쫓겨났던 전 청주YMCA 총무 김원

민주주의 교육장이 된 단식농성 현장. 가운데 안경 쓴 이가 문익환.

강연하는 문동환(사진 오른쪽)과 백기완.

배 목사가 지지 방문을 왔다.

특히 천주교 청주교구 김광혁 신부는 단식농성 초기부터 마무리까지 지대한 관심을 기울인 이였다. 누구도 나서지 않던 농성단과 경찰·중앙정보부와의 중재자 역할을 자임했다. 결국 중재가 원만히 이루어지지는 않았지만 김광혁 신부의 순수함과 진정성은 많은 이들의 존경을 받았다.

지지 방문으로 고초를 겪은 이도 있다. 영등포산업교회 인명진 목사였다. 4월 20일 행한 그의 설교 내용이 문제였다.

"망할 것들! 권력이나 쥐었다고 자리에 들면 못된 일만 꾸몄다가 아침 밝기가 무섭게 해치우고 마는 이 악당들아, 탐나는 밭이 있으면 빼앗고 탐나는 집을 만나면 제 것으로 만들어 그 집과 함께 임자도 종으로 삼고 밭과 함께 밭 주인도 부려 먹는구나~" (미가서 2장 1~2절)

이 성경 구절을 토대로 설교한 인명진은 긴급조치위반으로 5월 1일 구속되었다.

문익환은 부추키고 함석헌은 말리고

"밀착!"

선임자의 구령에 따라 전투경찰들은 좌·우측에서 더욱 비좁게 모였다. 도시산업선교회 입구와 청주고등학교 주변은 경찰 20여 명과 전투경찰들로 북적였

청주고등학교 옆 청주산선 앞의 진흙 시위.

다. 그렇잖아도 폭포수처럼 내린 비로 진흙탕 길이 된 거리는 더욱 어수선했다.

문익환 목사에 이어 함석헌 선생이 연단에 올랐다. 농성장에 모인 노동자와 농민, 도시산업선교회 회원, 학생들 사이에선 웅성거림이 적지 않았다.

《씨알의 소리》 대표 함석헌은 워낙 유명한 인물이기도 했지만, 백발의 흰머리와 턱수염이 마치 전설 속의 산신령 같았기 때문이다. 특히 함석헌은 1978년 청주 단식농성장에 다섯 번째 걸음을 했다. 말이 아니라 몸으로써 '씨알(백성) 사랑'을 표현한 이다.

물론 농성자들의 초미의 관심은 함석헌의 외모가 아니라 그의 말이었다.

"씨알은 칼로 자르면 쉽게 죽을 줄 알지만 죽지 않는다. 죽이면 없어졌

경찰에 항의하는 장월룡의 아내(왼쪽 작대기를 든 이). 그 옆에 상의를 벗은 이는 장월룡의 동생이다.

다가 다시 일어나는 들풀 같다."

　그의 잔잔한 말은 농성자의 마음에 거대한 파도를 일으켰다.

　강연이 끝난 후 고(故) 장월룡의 아내와 동생이 경찰들과 대치했다. 장월룡의 아내는 긴 막대기를 휘둘렀다. 형사들에게 막대기를 빼앗기자 돌과 진흙 덩어리를 던졌다. 동생은 웃통을 벗고 형사들에게 욕설을 하며 대들었다. 남편과 형이 억울한 죽임을 당했는데, 아무런 대책이 없자 화병이 생겼던 터이다.

　'어떤 폭력도 안 된다'는 사상을 가진 '한국의 간디' 함석헌은 이들을 쫓아다니며 말리기 바빴고, 2층 사무실에 있던 문익환은 "약자의 저항은 정당한 것"이라며 응원을 했다. 1978년 6월 26일 얼어붙은 겨울 왕국의 비극적 코미디였다.

　약 150일간의 장기 단식농성에도 불구하고 농민 문제는 해결되지 못했다. 한천동은 청주시에서 대토(代土)를 마련해 준다고 했지만 거절했다. 또 다른 피해자가 발생하길 원치 않았기 때문이다. 대토가 아니라 자신의 땅을 돌려달라고 했다.

　자신들의 요구가 해결되지 못하고 농성을 정리하는 한천동과 박창우의 마음은 쓰라렸다. 하지만 농성 과정에서 정진동과 청주도시산업선교회를 만난 것은 감동 그 자체였다. 그들은 단식농성 과정에서 십자가의 의미를 깊이 깨닫고 참나무 십자가를 만들어 청주도시산업선교회에 설치했다. 산에서 참나무를 베어와 만든 십자가는 민중의 땀이 배어든 전국 사상 초유의 십자가였다.

의문사인가, 조직적인 **학살**인가

19세 청년, 정법영이 지구별을 떠나던 날

"앞으로 나란히. 바로!"

"야! 임마 민수(가명), 줄 틀리잖아!"

담임의 호통에 움찔한 민수는 재빨리 동작을 취해 줄을 맞췄다. 매주 월요일 학교 운동장에서 진행하는 애국조회에는 긴장감이 감돌았다.

소위 '애국 조회'라 불린 야외 조회는 일주일에 1회 실시했다. 연단 아래에는 연대장, 학년장이 부동자세를 취하고 있었고, 그 뒤에는 기수가 깃발을 들고 있었다.

당시 중학교에서는 교련 교육이 실시되지 않았지만 애국 조회 때는 운동장이 마치 군대의 연병장과 같았다. 연대장과 학년장, 기수들에게는 교복 위에 엑스 반도를 차게 하고 오른쪽 팔뚝에는 완장을 채웠다.

"교장 선생님에 대하여 경례!"

"멸공!"

마이크를 잡은 조회 진행자 3학년 학생주임의 구령에 따라 학생들이 일제히 외쳤다. 당시 애국 조회 때 교장한테 하는 인사말은 '안녕하세요'가 아니라 '멸공(滅共)'이었다. 10대 초반의 까까중머리 청소년들이 입에 올

정법영 가족사진. 맨 오른쪽이 정법영. 그 옆으로 신영, 광옥, 아버지 정진동, 혜영, 어머지 조정숙. 맨 앞이 세영.

리기에는 무척이나 험악한 말이다.

교장 선생의 훈화는 국제정세부터 시작됐다.

"월남(베트남)이 왜 망한 줄 알아요? 반공 의식이 투철하지 못해서 그래요."

교장은 중학생들이 전혀 이해하지 못하는 말을 해댔다. 그러더니 국내 정세로 돌아왔다. 교장의 훈시는 30분을 훌쩍 뛰어넘었지만 끝날 줄을 몰랐다.

"우리 지역에서도 빨갱이가 준동하고 있어요. 청소부를 선동하는 목사가 있어요. 이런 행동은 간첩이나 하는 짓입니다."

1973~1974년의 청주시청 청소부들의 노동조건 개선 투쟁을 빨갱이 활동이라 매도한 것이다. 그때까지 연대장 뒤에서 깃발을 들고 있던 정법영

은 쇠망치로 머리를 맞은 것처럼 충격을 받았다. 지금 교장이 하는 얘기는 분명 아버지를 지칭한 것이었다.

'아버지가 간첩이라고?'

순간 머리가 하얘졌다. 아버지가 그럴 리가 없다며 머리를 가로저으며 주성중 3학년 정법영이 애국 조회 중간에 뛰쳐나온 것은 1974년도이다.

"아버지가 간첩이에요?"

학교를 뛰쳐나온 그는 집에도 들어가지 않았다. 법영이 학교에서 무슨 일이 있었는지 전혀 모르던 가족들은 불안했다. 열흘 만에 법영으로부터 편지가 왔다.

'부모님, 저는 학교에 다니지 않겠습니다. 저를 용서해 주신다면…… 그 내용을 적어서 청도극장 서쪽 네 번째 집 굴뚝에 꽂아주세요. 그러면 곧 집으로 돌아가겠습니다.'

얼굴이 반쪽이 된 법영이 대문을 밀고 들어오자 엄마와 누나들이 달려들어 법영을 껴안고 엉엉 울었다.

며칠 휴식을 취한 아들과 마주한 정진동은 그동안 무슨 일이 있었는지 물었다. 자초지종을 이야기한 법영

주성중학교 시절의 정법영과 아버지 정진동.

의문사인가, 조직적 학살인가 197

은 아버지에게 직설적인 질문을 했다.

"아버지가 간첩이라면 왜 매일 청소부들에게 보리밥을 해줬습니까?"

정진동은 사춘기 아들에게 무슨 말을 어떻게 해야 할지 잠시 고민했다.

"나는 예수를 믿고 예수의 뒤를 따르는 목사다. 내가 하는 일은 단지 예수가 가신 길을 따르는 것뿐이다. 예수도 목수의 아들로 태어났다. 예수는 병들고 눈멀고, 불구된 이와 고아와 과부들을 불쌍히 여기고 섬겼다. 나는 지금 만나는 청소부들을 예수님 섬기듯 하고자 한다."

아버지의 이야기를 들은 법영의 얼굴이 활짝 폈다. 다시 학교에 가려고 했지만 이번에는 학교에서 받아주지 않았다. 무단결석으로 퇴학 조치를 내린 것이다. 화가 난 법영은 친구 7명과 함께 가출을 감행했다. 자전거 가게에서 사이클을 빌린 이들은 경북 청도까지 본의 아니게 무전여행(?)을 갔다. 배가 고파 수박 서리를 하다 주인의 신고로 경찰서에 넘겨졌다.

법영의 엄마 조정숙이 변상금을 갖고 청도에서 아들을 데려왔다. 법영과 함께 가출한 친구들은 모두 학교로 돌아갔지만 주동자인 법영만은 제외됐다. 정진동이 교장에게 항의 편지를 썼다. 아버지를 비난한 사실로 결석한 아이를 퇴학 조치하는 것은 너무하는 것 아니냐는 내용이었다. 문제가 해결될 때까지 사회 각계에 민원을 넣겠다고 으름장을 놨다.

그러자 충청북도 경찰국장이 나섰다. 중재를 선 그는 법영의 3학년 2학기 밀린 수업료를 대신 내주기도 했다. 우여곡절 끝에 주성중학교를 졸업한 그는 고등학교 시험에 낙방했다. 서울의 전수(專修)학교를 1년 다닌 후에 청주신학교에 입학한 것은 1977년도였다.

이상한 의사와 경찰

"네놈들이나 술 먹어라~."

정진동이 청주 대성동에 있는 성가병원 중환자실에 도착했을 때 정법영은 이미 제정신이 아니었다. 간혹 하는 욕설들에 형사, 술이라는 단어가 들어가 있었다. 사지를 비틀며 혼수상태에 빠진 아들을 보며 정진동은 의사에게 간곡히 호소했다.

"선생님, 얘가 어떻게 된 겁니까? 우리 애를 살려주세요."

의사는 큰 이상이 있는 게 아니라며, 괜찮을 것이라고 안심시켰다. 진정제 주사를 맞은 법영은 잠이 들었다. 하지만 깊은 수면을 취하지 못하고 깨어난 그는 또 사지를 비틀며 헛소리를 했다.

"누가 너에게 술을 주었느냐?"

정진동이 아들에게 물었지만 기력을 잃은 법영은 아무 말도 하지 못하고 눈물만 흘렸다.

결국 사흘간 혼수상태가 지난 1978년 7월 8일 오후 6시 정법영은 열아홉 살의 꽃다운 나이에 영원히 눈을 감았다. 의식을 잃고 중환자실에 들어온 환자에게는 의사의 초동대처가 무엇보다 중요하다. 특히 약물중독이거나 그로 의심되는 환자에게는 위 세척이 제일 우선돼야 한다. 하지만 법영은 위세척 한 번 받지 못하고 사흘간 사경을 헤맨 끝에 생을 다했다.

7월 5일 법영이 만취해 누군가의 부축으로 사직동 집에 왔다. 오자마자 축 늘어진 그는 의식을 잃었다. 딸 혜영이 아빠 정진동에게 숨넘어가는 목소리로 전화를 했다. 정진동은 아내 조정숙에게 신경안정제를 먹이라고 한 뒤에 택시를 탔다. 청주도시산업선교회에서 단식농성한 지 80일 만에 귀가를 했을 때 정진동의 집에는 죽음의 그림자가 어른거렸다.

그렇다면 문제의 7월 5일, 법영에게 무슨 일이 있었던 것일까? 경찰들이 법영에게 강제로 술을 먹인 것이다. 왜 그랬을까? 그해 3월 17일부터 청주산선 사무실에서 시작된 단식농성에 대한 정보를 수집하기 위해서였다. 그랬기에 경찰이 술을 잘 먹지 못하는 법영에게 강제로 먹이고 괴롭힌 것은 단식농성 직후부터 지속적으로 있었던 일이다.

경찰과 중앙정보부는 비단 정법영에 대한 감시만을 한 것이 아니다. 1976년 3월 1일 서울 명동성당에서 있은 '3.1 민주구국선언'에 정진동이 참석하지 못하게 특별공작을 했다. 특별공작이란 다름 아니라 밀착감시였다. 심지어 대회 전날인 2월 29일 청주경찰서 정보과 형사 두 명이 정진동의 집 안방에 와서 정진동을 가운데 놓고 양 옆에서 잠을 잔 것이다. 슬픈 코미디였다.

1978년 단식농성 기간에는 전방위적인 감시가 진행됐다. 중앙정보부원이 청주도시산업선교회에 잠입해 사진 촬영을 했다. 이때 마침 조순형 전도사가 그 장면을 목격했다. 조순형은 중앙정보부원에게 달려들어 사진기를 빼앗아, 필름을 꺼내 창밖으로 던졌다.

사진기 필름을 훼손하면 인화가 불가능하던 시절이었다.

"왜 남의 사진기를 빼앗는 거야!"

"누가 함부로 사진을 찍으라고 했어요. 초상권 침해야!"

중앙정보부원의 고압적인 말투에 기죽지 않은 조순형의 당당한 항변이었다. 중앙정보부원은 꼬랑지를 내렸다.

"사장님께"로 시작하는 편지

경찰과 중앙정보부의 감시에도 불구하고 법영은 아버지 정진동의 일을 도왔다. 중학교 때의 가출 사건 이후 법영은 아버지의 도시산업선교 일에 대한 무한한 존경심을 품었다. 비록 어린 나이였지만, 청주산선을 드나드는 노동자, 농민, 시민의 애환에 귀를 기울였다. 대성여객 버스에서 하차 시 사고를 당한 박성세 사건과 관련해서도 마찬가지였다. 법영은 대성여객 사장에게 공개 편지를 썼다.

"사장님께. 안녕하십니까? (중략) 지난(1977년) 2월에 낸 귀 버스의 박성세 씨 사고에 대해 시민으로서 납득할 만한 보상을 즉각 해주시기를 재부탁합니다. 기업가의 양심 있는 판단을 바랍니다. 안녕히 계십시오. 청주 시민의 한 사람 정법영." ― 민주화운동기념사업회, 『정법영 김두황』, 2004

1978년 4월 26일 청주산선 농성장에 합류한 박성세 씨의 사연을 듣고 정법영이 대성여객 사장에게 공개 편지를 보낸 것이다. 박성세 씨 사건은 법영이 의문의 죽임을 당한 지 1년 후인 1979년에 해결됐다.

법영은 이외에도 아버지가 작성한 성명서를 청주 시내 언론사, 관계기관에 보내는 우편물 작업을 도왔다. 그러다가 청주산선에서 단식농성이 시작된 이후에는 더 자주 산업선교회를 출입하며 아버지 일을 도왔다. 그해 3월 26일 중앙공원에서 열린 부활절 연합예배 때는 자신이 작성한 성명서를 동생 신영과 함께 돌리기도 했다.

그렇다면 법영의 죽음은 의문사일까? 그렇지 않다. 경찰의 '조직적인 학살'이라고 볼 수밖에 없다. 이는 조순형이 법영이 죽기 70일 전에 경찰의 조직적인 학살에 관한 귀띔을 들은 것으로 유추 해석할 수 있다.

4월 21일 문익환·백기완이 청주산선에 내려와 대책위원회 구성을 논의했다. 천주교 측의 참여 문제로 청주교구 김광혁 신부를 만났다. 이 자리에서 김광혁 신부는 조순형에게 신신당부했다.

"(중앙)정보부에서 나오는 이야기다. 내 말 허투루 듣지 말고 정 목사님께 꼭 전해라. 정 목사 가만히 안 두겠다고 말한다. 특히 가족을 조심시키라고 해라."

조순형이 이 말을 전했지만 정진동은 대수롭지 않게 대꾸했다.

"나 잡아 가두겠다는 거지. 그런 각오 없이 어떻게 일해!"

김광혁 신부의 걱정이 현실화되기까지는 오랜 시간이 걸리지 않았다.

정법영의 장례식.

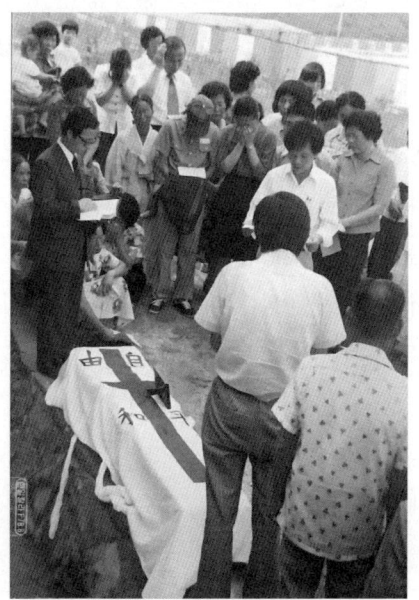

형 정법영에게 쓴 편지를 낭독하는 정세영(가운데 교복 입은 이).

읽지 못한 편지글

관에 씌워진 흰 천에는 십자가가 찍혀 있었다. 관을 둘러싸고 많은 이들이 통곡을 했다. 동생을 보내는 혜영은 두 손으로 얼굴을 가리고 흐느꼈다. 혜영 옆에 교복을 입은 세영이 눈물 콧물 범벅이 됐다. 법영의 장례식에 동생 신영과 세영이 편지글을 낭독하기로 했지만 결국 세영만 했다. 항상 형과 친구처럼 지낸 신영이 장례식이 시작되자마자 기절했기 때문이다. 세영이 편지글을 낭독했다.

"형님은 나의 귀중한 친구입니다. (중략) 당신의 죽음은 현 사회의 악당들이 죽였습니다. 당신에게 무슨 잘못이 있습니까? 아들이 아버지의 일을 돕는다는 것은 당연한 일입니다."

금천동 청주도시산업선교회 사무실에서 열린 정법영 1주기 추도예배. 앞줄 맨 오른쪽이 정진동, 그 옆이 전주 부용교회 박윤석 목사.

중간중간 끊기기는 했지만 세영은 끝까지 형을 추모하는 편지글을 읽었다.

청주 서부교회 출신으로 한신대학교를 졸업한 윤응진 전도사의 추모시 낭독이 이어졌다.

"어디에서나 낯선 / 이방인처럼 / 그대를 외롭게 병들게 한 것은 / 누구였는가? / 쫓기는 긴장으로 불안으로 / 그대를 내어 몰은 것은 / 누구의 범행이었는가? (하략)"

청주지역 기독교장로회 청년운동 1세대인 윤응진의 추모시는 장례식에 참석한 이들의 마음에 분노를 일으키고 눈물을 적셨다. 충북도립병원(현 청주의료원) 영안실에서 장례식을 치른 후 농촌동(현 성화동)에서 화장을 했다. 19세 청년 정법영이 지구별에서 영원히 떠난 날이다.

"9일장 심상찮다"… **걱정** 앞선 목사

박정희의 죽음과 유희주 익사 사건

 말로만 듣던 '인간 닭장'집을 본 조순형의 얼굴은 홍조를 띠었다. 특별히 걱정되진 않았지만 긴장되긴 했다.
 "계세요?"
 문 입구의 구멍가게를 두드리자 안방에 달려 있는 창유리로 얼굴이 비쳤다.
 "뭐 찾아요?"
 "네. 방을 구하려고요."
 구멍가게 아줌마가 조순형의 위아래를 쳐다보더니 앞장섰다. 구멍가게 옆의 대문을 여니 신세계가 펼쳐진 듯했다. 기다란 건물이 양쪽으로 나란히 있었다.
 "방 구조는 똑같으니까 여기 빈방 한 곳만 구경하면 돼요."
 주인아줌마가 보여준 곳은 단출했다. 출입문도 없는 곳에 들어서니 부엌이었다. 부엌이라고 해봐야 연탄 화덕 하나였다. 난방 겸 취사용이었다. 1980년대 들어서 보편화된 싱크대는 언감생심이었다. 방문을 여니 두 사람이 누우면 '딱'이었다. 그런 방이 그 집에만 100개가 있다고 했다.

'인간 닭장'

"맘에 들어유?"

조순형은 한숨이 저절로 났지만 찬밥 따듯한 밥 가릴 때가 아니었다. 속마음과는 달리 무척 맘에 든다며 환한 표정을 지었다. 1977년부터 청주산선에서 일하게 된 조순형이 노동자 조직화를 위해 청주시 복대동 '인간 닭장'에 이삿짐을 푼 것은 1979년 2월 12일. 현재 서청주세무서 자리였다.

인간 닭장의 아침은 그야말로 총성 없는 전쟁터였다. 100세대 거주자 약 150명이 한꺼번에 변소(화장실)와 세면장을 이용하기 때문이다. 변소와 세면대는 각각 3개에 불과했다. 소·대변을 보기 위해서는 휴지를 챙겨 변소로 100m 달리기하듯이 뛰어야 했다.

그곳에는 이미 10여 명이 줄지어 있었다. 전날 술을 먹어 속이 거북해 보이는 이의 얼굴은 죽을상이다. 엉덩이 사이로 똥이 나올 것만 같은 표정을 했다. 줄지어 있는 이들이 안에다 대고 빨리 끝내라고 해봤자 헛수고였다. 그나마 그런 말을 할 수 있는 건 남정네들이었다. 여성들은 소변을 지리더라도 발만 동동거릴 뿐이었다.

변소에 들어가면 가관이었다. 구더기들이 자기 집 안방인 양 여기저기 자리를 차지하고 있었다. 엉덩이를 까 내리고 앉아 큰일이라도 볼 양이면 여간 조심해야 하는 것이 아니었다. 당시 재래식 화장실은 자주 인분을 퍼내기 때문에 큰독의 바닥은 늘 똥물로 차 있었다. 꿍 하면서 변이 떨어질 때 벌떡 일어나야 한다. 그러지 않으면 엉덩이와 허벅지에 똥물이 튀기 때문이다.

펌프가 설치돼 있는 세면대도 사정은 비슷했다. 아침은 대부분 집주인이 운영하는 구멍가게에서 산 두부와 콩나물로 끓인 국으로 해결했다. 집주인이 대문 옆에서 구멍가게를 했기 때문에 밖에서 부식 재료나 군것질

거리를 사 오는 것은 불가능했다.

우암산에서의 소주 파티

식전에 세수할 때였다. 구멍가게에서 웅성거리는 소리에 조순형의 발걸음이 저절로 그쪽을 향했다. 흑백TV에서는 장송곡이 흘렀다. 조순형의 머리에서 스파크가 튀었다.

너무 놀라 방까지 어떻게 왔는지조차 기억이 나지 않았다. 장판이 벌떡 일어나고 천장이 빙빙 도는 것 같았다. 방에서 20~30분간 누워 있다가 조순형은 구멍가게 옆에 설치돼 있는 공중전화 수화기를 들었다.

"목사님!"

조순형이 숨넘어가는 소리를 하자 수화기 너머에서 침착한 응답이 건너왔다.

"조 전도사, 박정희 죽었어!"

궁정동 만찬장의 시해 현장을 재연하는 김재규.(사진=1980 보도사진 연감)

정진동은 이미 박정희가 김재규의 총에 저 세상 사람이 된 것을 알고 있었던 터이다. 조순형은 정진동 목사와 청주도시산업선교회 청년 이유근과 함께 우암산 용화사 뒤편 묘지 있는 곳에 올랐다.

유신체제에서 고통받았던 이들 중에 도시산업선교회 관계자는 둘째가라면 서러웠다. '이제 민주주의 사회가 오는구나' 하는 감회에 젖어 소주잔을 기울였다. 소주에 오징어땅콩이 전부였지만 최고의 성찬이었다. 흥에 겨운 정진동의 목소리에서 노랫가락이 흘러나왔다. 1966년도에 발표되었지만 곧바로 금지곡이 된 〈사노라면〉이라는 노래였다.

사노라면 언젠가는 좋은 날도 오겠지 / 흐린 날도 날이 새면 해가 뜨지 않더냐 / 새파랗게 젊다는 게 한 밑천인데 / 쩨쩨하게 굴지 말고 가슴을 쭉 펴라 / 내일은 해가 뜬다 내일은 해가 뜬다~~

TV를 보던 정진동의 얼굴이 갑자기 어두워졌다.
"큰일 났구만!"
"왜 그러세요?"
조순형의 물음에 한참 뜸을 들인 정진동이 입을 열었다.
"TV에서 박정희 9일장을 치른다고 하네."
"그런데 왜요?"
정진동은 박정희가 9일장을 치른다는 것을 군부가 다시 정권을 잡겠다는 조짐으로 이해했다. 즉 민주주의 체제 출현은 요원하다는 얘기라고 정진동은 말했다.
도시산업선교 관계자를 포함한 사회선교 지도자들이 서울에 모였다. 천주교 지도자가 박정희 장례식장에 조문을 갔다는 TV 보도가 나간 직후였다. 정진동이 입을 열었다.

"9일장을 한다는 게 심상치 않습니다. 뭔가 대책이 필요합니다."
하지만 그 자리에 있던 이들은 모두 별다른 낌새를 채지 못하고 낙관했다.
"정 목사, 걱정하지 마세요. 박정희가 죽었는데 무슨 걱정이에요."
영등포도시산업선교회 조지송 목사는 꿈 이야기도 했다.
"나는 박정희 죽기 전날 돼지꿈을 꿨어요. 다음 날 박정희 죽었다는 소식에 그 꿈이 길몽(吉夢)이라는 걸 알았어요."
그 자리에 있던 문익환 목사나 다른 사람도 걱정하는 낯빛을 보이지 않았다. 가슴이 무언가에 체한 듯한 정진동이 더이상 말할 수 있는 상황은 아니었다.

아이와 엄마

"아이가 놀러 갔다가 웅덩이에 빠져 죽은 것 갖고 돈 벌려고 하냐!"
검사의 나무라듯 하는 이야기에 유영식의 가슴은 대못이 박힌 듯했다.
"검사님 자식이어도 그렇게 얘기할 수 있습니까?"
항의하는 유영식의 눈가엔 눈물이 흘렀다. 그러나 유영식이 하늘을 나는 새도 떨어뜨린다는 검사 앞에서 그 이상 목청을 높일 수는 없었다. 아이를 가슴에 묻은 유영식이 청주지방검찰청에서 굴욕을 당한 것은 1979년 1월 18일이었다.
아들 법영을 가슴에 묻은 지 닷새밖에 안 된 정진동은 유영식 아들 희주의 죽음에 대한 진실규명과 피해배상을 위해 진정서를 썼다. 그런 후에 충북지역 기독교 신·구교 지도자들에게 서명을 받기도 했다.
그런 와중에 정진동은 중앙정보부원에게 만나자고 했다. 그때까지 그는 중앙정보부의 감시와 탄압만 받았지, 중앙정보부 신세(?)를 질 것으로는 상상도 못 했다. 그런데 예상 밖의 일이 벌어졌다. 바로 유희주 사건 때문이었다. 유희주 엄마 이재순이 화병이 심해져 충북도립병원에 입원하게 됐다. 하지만 희주 아빠 유영식의 집은 도립병원 입원비조차 걱정해야 할 형편이었다.

정진동이 중앙정보부원에게 유영식 집 상황을 이야기했다.

"청주시의 잘못으로 벌어진 일이오. 결자해지의 심정으로 나라에서 도와줄 방법을 강구해 줬으면 좋겠소."

비슷한 시기에 대성여객 싸움을 통해 정진동을 접한 중앙정보부원은 사심 없이 발로 뛰는 정진동을 보고 마음 깊숙이 존경하게 됐다. 직업과 직분상 정반대의 위치에 있긴 하지만 말이다.

중앙정보부 직원의 소개로 청주보건소장을 만났다. 보건소장의 주선으로 청주도립병원에 병원비의 50%를 감면받는 조건으로 입원할 수 있었다. 306호실에 입원한 희주 엄마 이재순은 끝내 화병을 이기지 못하고 아들을 따라 저세상으로 갔다. 입원한 지 한 달여 만인 1979년 4월 25일이었다.

법영을 먼저 보낸 정진동이 마음의 상처가 치유되기도 전에 매달리던 일이었다. 아들의 죽음과 희주의 죽음이 덧씌워졌던 걸까. 정진동은 보통 사람 같으면 자식이 죽은 상황에서 도저히 엄두도 못 낼 희주 사건 해결을 위해 정신없이 시간을 보냈다. 그의 노력에도 불구하고 이번에는 희주 엄마가 저세상 사람이 됐다.

아들을 가슴에 묻은 엄마가 도립병원에서 눈을 감은 이유는 9개월 전 사건 때문이었다. 유희주(만 10세)는 동네 아이들과 함께 율량동 개울에서 물놀이를 했다. 한참을 정신없이 놀고 있는데 희주의 다리가 갑자기 물속으로 빨려 들어갔다. 희주는 당시 율량동 D국민학교(초등학교) 축구부였을 정도로 운동신경이 뛰어났지만 푹 파인 웅덩이에는 속수무책이었다.

그해 봄에 청주시가 가뭄대책의 일환으로 관할지역 민방위대원을 시켜

웅덩이를 파게 했다. 장마철이 오자 청주시는 그곳에 설치했던 양수기를 철거했다. 그런데 웅덩이를 원상회복 시키지는 않았다. 그곳에서 희주의 익사 사고가 발생한 것이다. 1978년 7월 1일에 있었던 일이다.

청주지구 배상심의회로부터 유희주 사건에 대한 배상 결정이 내려진 것은 희주 엄마가 사망하기 나흘 전인 1979년 4월 21일이었다.

"제발 나가 주세요"
"빨갱이 단체를 입주시켰다가는 알아서 하시오!"
"이미 전세금을 받았는데요."
"그건 당신 문제고, 우리가 알 바 아니오"
"……"
청주경찰서 정보과 형사의 겁박에 건물주는 속수무책이었다.

금천동 청주도시산업선교회에서. 맨 왼쪽이 정진동.

금천동 청주산선에서의 예배. 왼쪽부터 김창규, 조순형, 이유근.

다음 날 청주시 금천동의 건물주는 정진동에게 만나자고 했다. 정진동은 전세금 250만 원을 줬고, 계약서까지 쓴 상태였기에 무슨 변동사항이 있으리라고는 생각하지 않았다. 건물관리와 관련해 특별한 당부가 있겠거니 했다. 그런데 막상 정진동을 만나니 건물주의 입이 떨어지지 않았다.

그러한 침묵을 깨뜨린 것은 정진동이었다.

"왜 그러십니까?"

"제가 전세금 250만 원 받은 것의 2배를 돌려드릴 테니 제발 나가 주세요."

"예? 그게 무슨 말입니까?"

"……"

전혀 예상치 못한 말을 꺼낸 건물주는 말을 잇지 못했다. 한참 만에 건물주가 입을 열었다.

청주산선을 방문한 대성여객 노동자들.

사실 금천동 건물은 청주시로부터 아직 준공검사가 떨어지지 않은 상태였다. 그런데 돈이 급했던 건물주는 성급하게 정진동과 임대차계약을 맺었다. 건물주 입장에서야 정진동과 계약하는 것이지, 청주도시산업선교회와 계약하는 것은 아니었기 때문이다. 사실 그는 도시산업선교회가 무엇인지도 몰랐다.

그런데 그동안 청주경찰서 정보과에서는 그 건물과 건물주에 대한 상세한 정보를 수집했고, 그 건물이 아직 준공검사를 받지 못한 것을 알았다. 그런 이유로 정보과 형사는 건물주에게 '계약을 취소하지 않으면 불법 건축물로 문제 삼겠다'고 엄포를 놓은 것이다.

그러니 자신의 과실로 인해 전세금의 2배를 변상하려고 하니, 건물주는 정신이 아득했다. 이야기를 들은 정진동이 건물주에게 자신있게 말했다.

"걱정 마세요. 제가 해결해 드리겠습니다."

정진동은 청주시에 진정서를 냈다.

"청주도시산업선교회가 오늘부터 청주 시내에 준공검사를 받지 않고 입주한 건물에 대해 전수조사를 하겠다. 법적으로 문제가 있는 건물은 모두 원상회복 시켜라."

청주시는 난리가 났다. 벌통을 건드린 격이었다. 당시 준공검사를 받지 않고 입주한 건물이 비일비재했기 때문이다.

다음 날 경찰서 정보과에서 건물주를 찾아왔다.

"정진동 목사처럼 훌륭한 분을 왜 내보내려고 하느냐?"

경찰이 건축주에게 청주도시산업선교회를 잘 부탁한다고 '황당 개그'를 한 것은 1979년 7월 21일이었다.

위장 결혼식과 '**계엄법** 위반' 공소장

1979년 11월, 정진동의 구속과 시련

영문도 모른 채 새벽에 불청객의 방문을 받은 한천동은 잔뜩 겁에 질렸다. 지프차에 실린 그가 도착한 곳은 청주지방검찰청사. 청주지방검찰청이란 간판 앞에 선 한천동은 다리가 후들거렸다. A검사실 문이 열렸다. 새파랗게 젊은 검사는 한천동에게 대뜸 반말부터 했다.

"한천동이, 청주도시산업선교회에 처음 간 게 언제야?"

이제까지 누구한테 반말을 들어본 적이 없는 한천동으로서는 당황했다. 하지만 그는 억압적인 분위기에 위축됐다.

"작년 봄입니다."

검사의 질문에 답하는 한천동은 불과 1년 전의 일이 한참 오래된 이야기처럼 생각됐다. 자신이 겪었던 일들이 흑백 사진으로 파노라마처럼 스쳐갔다.

국가로부터 불하받은 청주시 남일면 평촌리 땅 약 10마지기(2013평)가 문제가 돼 1978년 청주도시산업선교회 정진동 목사의 도움을 얻어 땅을 되찾는 싸움을 했다. 청주산선에서 단식농성에 참여하면서 사건의 진전이 있는 듯했다. 그렇지만 청주시는 사건의 근본적 대책을 제시하지 않았다.

1980년 청주도시산업선교회 개관예배를 드리는 함석헌.

대토(代土)를 주겠다고 했다.

한천동은 완강하게 거부했다. 부당하게 빼앗긴 자신의 땅 대신에 다른 곳의 땅을 얻으면 제2의 피해자가 발생할 것이라는 판단이었다. 즉 다른 국유지나 시유지의 땅에서 농사짓고 있는 사람이 자신처럼 하루아침에 경작권(점유권)을 상실할 것이기 때문이다.

그렇게 해서 결국 한천동은 오랜 단식농성 투쟁에도 불구하고 땅을 되찾지는 못했다. 하지만 그 경험을 통해 더불어 사는 공동체적 가치를 발견했다. 그것을 계기로 그는 청주도시산업선교회의 열렬한 신도가 됐다.

"도산(都産)이 들어오면 도산(倒産)"

그 사건이 1년이 지난 시점에서 한천동이 법률적으로 문제가 될 것은 하나도 없었다. 그런데 청주지방검찰청 A검사가 한천동을 조사하는 이유는 무엇일까? 추가 혐의가 있어서일까, 아니면 작년 단식농성에 관한 일로 조사하는 것일까? 둘 다 아니다. 단지 중앙정부의 지시로 '도시산업선교회 죽이기' 작전에 돌입한 것이다.

1979년 8월 9일 회사의 폐업에 반대하는 200여 명의 YH 노동자들이 신민당사를 점거했다. 1966년에 설립한 가발수출업체 YH(용호무역)는 저임금·장시간 노동을 밑천으로 막대한 수익을 얻었다. 그런데 회사에 민주노조운동이 일어나자 폐업 조치를 단행했다. 그동안 회사의 이익금은 미국으로 빼돌린 상태였다.

노동자들의 폐업 철회 요구에 경찰은 무자비한 진압 작전으로 맞섰다. 이 과정에서 22세 여성 노동자 김경숙이 사망했고, 당시 신민당 총재 김영삼이 의원직에서 제명당하는 초유의 사건이 발생했다. 이 사건은 그해 10월 부산과 마산에서 민주화의 들불로 되살아났다. 10월 26일에는 김재규의 박정희 저격으로 유신정권이 몰락하는 사건이 발생했다. 그렇기에 YH 사건은 단순히 노동운동의 개별 사건이 아니라 대한민국 민주화운동의 중요 사건이다.

YH 사건이 발생하자 중앙정보부를 비롯한 검찰청 등 정보·수사 기관은 본격적인 노동운동 탄압에 착수했다. 그 희생양으로 뽑힌(?) 것은 도시산업선교회였다. 박정희 대통령의 지시에 따라 YH 사건 직후 구성된 이른바 '산업체 등에 대한 외부세력 침투실태 특별조사반'은 대검찰청 박준양 공안부장을 반장으로 해 8월 17일부터 30일까지 조사 활동을 벌였다. 이들이 작성해 대통령에게 직접 보고한 '산업체·농촌사회 외부세력 침투실태'의 내용 일부다.

일부 소수의 '도산 목사들은 산업선교를 한다는 명목하에 복음 전파

등 순수한 종교적 차원이 아니라 근로자들에게 노동관계 법규를 위반하면서 불법적인 투쟁 방법을 교사 및 선동한 사례도 아울러 발견되었음. (중략) 사리 판단력이 부족하고, 감수성이 예민하며 극렬투쟁 유도가 용이한 나이 어린 여성 근로자들에게 집중적으로 침투하고 있었음.

— 『영등포산업선교회 40년사』 중

위의 보고서를 토대로 정부와 언론은 도시산업선교회 죽이기에 나섰다. 대표적인 것이 방송과 신문에 '도산(都産: 도시산업선교회)이 들어오면 (기업이) 도산(倒産)한다'고 대문짝만하게 보도한 것이다. 이어서 대검찰청은 지역별로 도시산업선교회 관계자들을 연행해 조사에 착수했다. 청주도 마찬가지였다.

1979년 8월 18일 정진동과 함께 민중 생존권 투쟁에 참여한 이들이 검찰에 대거 연행됐다. 농민 한천동을 위시해, 대성여객 이팔용·최병주·이수만, 조광피혁 김병하, 신흥제분 연기준·유봉석·김태안 등이다.

정진동 핑계

토요일 오후 5시부터 결혼식 하객들이 밀려들었다. YWCA 수위는 얼떨하기만 했다. 자기가 일하면서 결혼식에 이렇게 많은 하객이 모이기는 처음이었다. 결혼식이 막 시작될 6시 즈음해서는 식장에 발 디딜 틈조차 없었다. 1000명에서 1500명은 되는 것 같았다.

그런데 정작 결혼식 주인공인 신부는 온데간데없었다. 그도 그럴 것이 신부가 애초에 없는 결혼식이었기 때문이다. 가상의 인물인 '신부 윤정민'은 윤형중 신부의 성에 민주주의 정부에서 정과 민을 따 와 이름을 지어낸 허구의 인물이었다.

"신랑 입장!"

당시 연세대학교 복학생 홍성엽(1953~2005)이 활짝 웃으며 입장했다. 신랑이 활짝 웃으면서 주례를 향해 성큼성큼 걸어갈 때였다. 주례 백기완이 선언문을 낭독했다. 유신철폐와 민주 정부 수립을 요구하는 것이었다. 윤보선·함석헌·김대중이 주도한 유신체제 말기의 최대 정치집회였다.

'쾅쾅쾅!'

경찰의 예식장 문 부수는 소리가 요란하게 들렸다. '위장 결혼식'에 참여한 청년들이 출입문에 책걸상을 쌓아 놓았지만 문은 조금씩 열렸다. 밖에서 사복형사들의 고함치는 소리가 들렸다.

"개XX들 전부 죽여버려!"

정진동과 이유근, 김병하와 함께 이날 집회에 참석한 조순형은 심장이 떨려 숨을 제대로 쉬지 못했다.

폭풍전야의 긴장감이랄까. 경찰들에게 폭행을 당하는 것보다 문을 부수는 소리가 훨씬 무서웠다. 출입문이 부서지면서 청년들이 철제의자를 던졌다.

"모두 연행해!"

"민주주의 만세!"

형사들의 목소리와 참여자들의 외침이 공중에서 엉켰다.

잠시 후 예식장 밖에 나온 시위대에게 구원의 목소리가 들렸다.

"여기 문이 있어요. 이리 와요."

정체불명의 소리를 듣고 청주에서 올라온 이유근이 그쪽으로 갔다. 하지만 그것은 구원의 목소리가 아니라 경찰의 함정이었다. 그날 140명이 불구속 입건됐다. 거기에 이유근도 포함됐다.

집회 주동자 14명은 용산 국군보안사령부 서빙고 분실로 끌려가서 모진 고문을 당했다. 특히 백기완은 고문으로 여러 차례 혼절을 거듭하더니 정신착란 증세를 보이기까지 했다. 1979년 11월 24일의 일이었다.

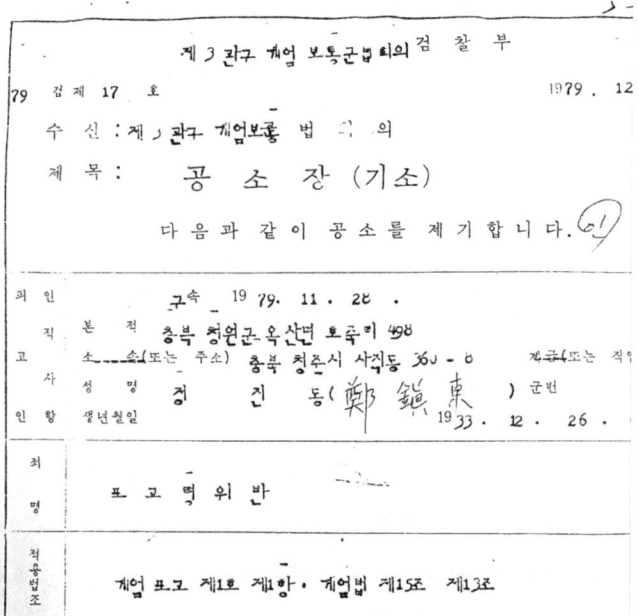

포고령 위반 혐의를 적시한 정진동 공소장.

계엄법 위반으로 대전교도소에 구속된 정진동의 재소자 신분 카드.

천만다행으로 정진동과 조순형은 연행을 모면했지만, 그것으로 끝이 아니었다. 이틀 후인 11월 26일 기독교 장로회 충북노회 지역시찰회에서 YWCA 위장결혼식 사건에 대한 경과보고가 있었다. 당시의 상황과 선언문을 읽어줬다. 그런데 이것이 '포고령 제1호 1항' 위반이라는 올가미에 엮이게 되었다.

11월 27일 정진동과 조순형은 합동수사본부에 연행돼 조사를 받다가 대전교도소에 구속됐다. 조순형은 12월 24일 석방됐고, 정진동은 계엄법 위반으로 홍남순 변호사의 입회 하에 군사 재판을 받았다. 그는 1980년 1월 23일 선고유예로 석방됐다.

그런데 YWCA 위장 결혼식 사건에서 우스운 일이 있었다. 청주에서 올라간 민봉규(충북대학교 78학번)가 종로경찰서에 연행됐을 때이다.

"너 어떻게 왔어?"

"정진동 목사님이 가라고 해서요."

사전에 청주에서 올라오는 사람들에게 '무슨 문제가 생기면 모두 정진동 목사 핑계를 대라'는 지침을 준수한 것이다. 그로 인해 민봉규는 큰 곤욕을 치르지 않을 수 있었다.

"국가를 위태롭게 하는 놈아!" 협박 편지

'조국과 국민을 위해 땀과 피를 쏟는 군인으로서 너희 놈들의 행동과 사고방식의 좌경 의식화에 대해 개탄과 분함을 참지 못해 이 글을 쓰노라'로 시작되는 편지는 청주 북일면(현 내수읍)에 소재한 공군부대에서 온 편지였다.

대위 윤 아무개의 편지는 처음부터 끝까지 욕설로 도배됐다. 부산미문화원 방화 사건을 두둔하는 놈들(정진동과 청주도시산업선교회)을 처단하겠다고 선언했다. 이 편지는 '네놈 같은 좌경의식을 부르짖는 빨갱이들은 이 지구

'국가를 위태롭게 하는 놈아'로 시작하는 공군 장교의 협박 편지.

계엄법 위반으로 구속되었던 정진동의 석방 기념사진. 앞줄 왼쪽에서 세 번째가 정진동, 그 옆이 아내 조정숙.

상에서 멸망돼야 함을 주장한다'로 끝맺었다.

정진동이 계엄법 위반으로 대전교도소에서 추운 겨울을 보내고 석방된 지 2년여 됐을 때 정국을 강타한 사건이 발생했다. 문부식 등 부산지역 대학생들이 미국문화원에 불을 지른 것이다. 전두환 정권이 1980년 5월 발생한 광주 민주화운동을 유혈 진압하는데 미국이 이를 묵인한 것에 비판의 화살을 쏜 것이다. 1945년 이래 '반미운동의 무풍지대'로 알려진 대한민국의 공식이 깨진 날이다.

정권은 문부식과 김은숙을 포함한 사건 주동자 16명을 구속했다. 또한 사건 주동자들을 숨겨줬다는 명목(범인은닉죄)으로 카톨릭 원주교육원장 최기식 신부가 구속됐다. 최 신부는 국가보안법 위반 혐의도 추가됐다. 전두환 정권은 이 사건을 북한의 사주를 받은 성격이상자들의 난동으로 규정했다. 하지만 신·구교 세력과 재야는 민주화운동으로 규정했다.

이 사건이 발발하자 전두환 정권은 민주화운동 세력, 특히 산업선교 단체를 친북·반미세력으로 규정하고 붉은칠 하기에 전력투구했다. 그 방법의 일환으로 재향군인 등 보수 인사들을 동원해 협박 전화와 편지를 하게 했다.

청주에서는 공군부대에서 조직적으로 정진동에게 협박 편지를 보냈다. 그런데 문제는 협박 편지에 그치지 않고 정진동을 불법 납치한 것이었다. '앞으로 까불면 쥐도 새도 모르게 죽을 수도 있다'는 협박까지 했다. 물론 그런 회유와 협박에 정진동은 미동조차 하지 않았다. 이후에는 공군부대에서 정진동을 1980년대 중반까지 일상적으로 감시했다.

예수교 장로회 탈퇴

"충북노회와 잘 협의하세요."

근심이 가득한 정진동에게 영등포도시산업선교회 조지송 목사가 조언했다. 1973년 청주시 사직동에 보금자리를 마련한 이래 정진동은 곁방살이의 서러움을 혹독하게 겪었다. 사직동에서 서문동으로, 사창동, 복대동, 금천동으로 거의 해마다 이삿짐을 싸야 했다. 자기들의 독자적인 도시산

1979년도 예수교장로회 충북노회 단체사진. 정진동은 이 모임을 마지막으로 예수교장로회 충북노회를 탈퇴했다.(사진=충북노회 80년사)

업선교회관이 없기 때문이었다.

조지송의 추천으로 독일 EZE 재단과 영국 교회에서 청주도시산업선교 회관 건립을 지원하기로 했다. 그런데 후원금이 개인 교회가 아닌 교단을 통해 지원되는 것이 문제였다. 예수교 장로회 충북노회와 원만한 협의가 이뤄지지 않았다. 정진동은 단순히 회관 건립 문제뿐만 아니라 도시산업 선교회 활동 문제로 예수교 장로회 충북노회를 탈퇴했다. 이어서 1979년 10월 8일 기독교 장로회 충북노회에 가입했다.

청주도시산업선교회가 사창동 중앙여고 앞으로 안정적인 보금자리를 마련한 것은 1980년 12월이었다.

다리 절단 위기의 청년도, 난산의 임산부도

언제나 민중의 SOS에 응답한 정진동

흙담집 대문에서 우편 배달부가 자전거 벨을 눌렀다. 편지가 왔다는 신호였다. 두세 번 울려도 인적이 없자 배달부는 대문에 편지를 꽂고 뒤돌아섰다. 일을 마친 집주인이 편지를 보고 깜짝 놀랐다. 아들에게 편지를 읽어 보라고 성화를 부렸다. 편지 봉투를 뜯은 홍세표는 엄마에게 편지를 읽어 주기 전에 눈물을 주르륵 흘렸다.

"세표야, 왜 그러냐?"

"……."

잠시 말문을 열지 못한 세표가 환하게 웃으며 말했다.

"엄마, 희소식이에요."

'홍세표 앞'으로 시작된 편지 내용은 간략했다. '치료할 수 있는 병인지 1차 진료를 받으러 오시기 바랍니다'라는 내용이었다.

수술을 해주겠다는 건지, 무료치료를 해주겠다는 것인지의 내용은 없었지만, 남궁외과 병원장으로부터 회신을 받은 것이다. 홍세표가 남궁외과에서 무료로 수술을 받은 것은 1977년 10월 9일이었다. 홍세표를 수술한 상황이 당시 《충청일보》에 보도됐다.

> 病床에 시달리던 洪세표君
> 南宮外科서 無料수술 完治
>
> 濟原郡 남일面 황성里에 사는 홍세표君은 15세때부터 무릎아래가 아프기 시작하고 홍군은 늙은 어머니를 모시고 너무도 가난하기 때문에 병원을 찾아 진찰도 못받아 왔었읍니다. 모친을 두고 자살할 것을 결심한것을 알고 저의 주민들을 각계에 병을 호소하는 바 마침 9月 18日字 報 청주市 남궁외과(원장 남궁 윤박사)에서 홍군의 병을 책임지겠다고 홍세표군에게 전해와 남궁외과에 입원, 대수술을 하고 현재 남궁외과 218호실에서 병원측의 따뜻한 간호로 보호를 받으며 죽음의 그늘은 사라지고 화사한 웃음을 지으며 기쁜 생활을 하고 있읍니다. 이제 저의 동민들과 淸州 도시산업선교회 전교우들은 남궁외과 원장님께 깊은 감사의 각을 드리며 앞으로도 남궁외과의 무궁한 발전을 위하여 기원하는 마음입니다.

홍세표가 남궁외과에서 무료로 수술을 받았다는 기사.(충청일보 1977. 10. 9.)

청주시 남궁외과(원장 남궁 윤)에서 홍군의 병을 책임지겠다고 홍세표군에게 전해와 홍군은 꿈만 같은 생각으로 남궁외과에 입원 대수술을 하고 현재 남궁외과 218호실에서 병원 측의 따뜻한 간호로 보호를 받으며 죽음의 그늘은 사라지고 화사한 웃음을 지으며 기쁜 생활을 하고 있읍니다.(《충청일보》 1979.10.9.)

일찍이 아버지를 여읜 홍세표(1959년생)는 어릴 적부터 생계 전선에 뛰어들었다. 지게에 나뭇단을 한가득 싣고 고개를 내려올 때였다. 아이쿠 하며 홍세표가 나뭇부리에 걸려 넘어졌다. 그 와중에 나뭇단에 꽂아 놓았던 낫에 상처를 입었다. 홍세표가 발목에 상처를 입은 때는 15세 때였다.

하지만 당시에는 치료를 받을 엄두를 내지 못했기에 병을 키우고야 말았다. 발목이 시큰거려도 무리해서 일했다. 하루라도 일하지 않으면 입에

> 청원군 남일면 황청리 주민들의 호소문.

풀칠할 수 없는 형편이었기 때문이다.

한국의 슈바이처

그렇게 몇 년간 병을 키우다가 18세 때에는 거동을 못 할 상태가 됐다. 그런데 홍세표 집안은 병원은 고사하고 약국 신세도 못 질 경제적 형편이었다. 홍세표는 '엄마와 동생을 두고 세상을 버릴까'라는 극단적인 고민까지 하게 됐다.

결국 홍세표 엄마는 청원군 남일면 황청리에서 물어물어 청주고등학교 옆의 청주도시산업선교회를 찾았다. 그의 사연을 들은 정진동이 입을 열었다.

"진정서를 만드시죠."

그 자리에서 작성된 진정서를 갖고 황청리 주민들의 도장을 받았다. 홍세표에게 무료치료를 해 달라는 호소문였다. 마을 주민 중 도장을 찍지 않

홍세표와 어머니.

는 이는 아무도 없었다.

남궁외과, 서울 세브란스 병원 등의 여러 병원과 충청북도청 등 관공서에 진정서를 냈다. 그러던 중 남궁외과에서 무료치료를 자청했다. 1차 수술은 대성공이었다.

그런데 1년 만에 골수염이 재발했다. 다리를 절단해야 한다는 남궁외과 의사의 소견이었다. 정진동을 다시 찾은 홍세표 엄마는 울상을 지었다.

"너무 걱정하지 마세요."

정진동은 노인을 안심시키고 며칠 후에 다시 오라고 말했다.

중년 여인의 울먹이는 소리를 묵묵히 듣던 백발의 노인은 "함께 갑시다"라고 했다. 1978년도 청주산선에서의 단식농성에 응원차 온 함석헌의 대꾸였다. 정진동의 부탁을 받은 함석헌이 홍세표 모자와 함께 서울행 고속버스에 몸을 실은 것은 1978년 4월 8일이었다.

홍세표 치료를 마친 후의 야유회. 맨 왼쪽이 홍세표.

그 다음 날 부산의 청십자병원으로 갔다. 장기려 박사는 함석헌의 부탁에 흔쾌히 고개를 끄덕였다. 장기려 박사(1911년생)가 평소에 함석헌(1901년생)을 존경했기 때문이다.

그렇지만 장기려 박사가 단순히 함석헌의 부탁을 받아서 홍세표를 무료 치료해 준 것은 아니다. 한국의 슈바이처라 불린 장기려 박사는 평소에 가난한 사람에게 무료진료를 해줬다.

장기려 박사의 치료를 받은 홍세표는 1978년 4월 18일 골수염 완치판정을 받았다. 그는 이후에 병이 재발하지 않아 건강하게 생활했다. 정진동, 함석헌, 장기려의 선한 마음이 모여 만들어낸 결과였다.

아내라고 속이다

정진동이 부리나케 사직동 집으로 뛰어가자, 집 앞에는 아내 조정숙과 동네 아줌마들이 모여 있었다.

"아기 엄마가 죽어가고 있어요."

한 아줌마가 발을 동동 굴렀다. 정진동이 아줌마들을 앞세우고 문제(?)의 집을 찾았다. 악 하는 비명이 들렸다.

"아이고. 애기가 아기를 낳는다고 난리네!"

비명을 지르는 방 앞에서 모여 있는 아낙들의 이구동성이었다. 그도 그럴 것이 임산부는 어른이라고 하기에는 너무 어린 여성이었다. 임신을 시킨 아기 아빠는 임신 초기에 종적을 감췄다.

엎친 데 덮친 격으로 임산부의 아버지는 청주시청 청소부로 일하다가 사망했다. 임산부가 유산을 원했으나 그럴 돈조차 없었다. 밥 해먹을 돈이 없어 밀가루죽으로 하루하루를 연명했다. 그러니 산부인과에서 아기를 낳을 형편이 애초에 되지 않았던 것이다.

출산을 앞두자 동네 아줌마들이 모여들었다. 난산(難産)이었다. 오전 9시에 아기는 나왔지만 중간에 탯줄이 끊겨 오후 6시까지 태반이 나오지 않았다. 산모는 정신이 혼미했고, 출산을 돕기 위해 온 아줌마들도 그런 상황을 처음 접해 당황했다.

정진동은 무조건 택시를 잡았다. 자칫하다가는 산모가 위험하기 때문이다. 산모는 그렇다 쳐도 택시 조수석에 탄 정진동과 뒷자리, 산모 친정엄마의 속은 새카맣게 탔다. 마냥 느리게 주행하는 것처럼 느낀 택시가 한 산부인과 앞에 정차했다.

"산모가 위험합니다."

"(입원)보증금은 있으세요?"

보호자의 애끓는 절규에 산부인과의 원무과 직원 입에서 나온 이야기는 냉담했다. 정진동은 욱하는 감정을 억누르고 목사 신분증을 꺼냈다.

"제가 목사입니다. 제가 책임지겠으니 입원시켜 주시오."

하지만 병원에서는 입원 수속을 거절했다. 아기와 산모가 죽어가고 있는데 입원비가 없다고 치료를 안 하는 게 말이 되느냐고 항의했지만, 허공에 대고 떠드는 소리 격이었다. 히포크라테스 선서의 정신은 온데간데없던 시대였다.

더이상 그 산부인과에서 지체할 수는 없었다. 다시 택시를 타고 충북도립병원(현재 청주의료원)으로 향했다. 나라에서 서민들을 위해 운영하는 병원이라고는 하지만 반응은 똑같았다. 병원비가 없으면 나가라는 식이었다.

"국립병원이 위급한 환자를 두고 돈으로 흥정할 수 있어요?"

"환자와 관계가 어떻게 되십니까?"

정진동의 거센 비판에 도립병원 원무과장의 대꾸였다.

"남편이오."

정진동은 목사 신분을 밝히고, 급하게 오느라 병원비를 마련하지 못했다고 하며 빨리 치료해 줄 것을 요청했다. 그제서야 입원 수속을 밟고 수술에 들어갔다.

수술이 끝난 후 정진동은 원장을 만나 사실대로 얘기했다.

"사실은 환자의 남편이 아닙니다."

"예?"

병원장은 기겁했다. 정진동은 자초지종을 설명했다. '이차저차해서 어쩔 수 없이 거짓말을 했습니다. 너무 가난해서 수술비를 마련할 수 없으니 이해해달라'고 했다. 정진동이 호주머니에 있는 돈을 탈탈 긁어서 3000원을 책상 위에 올려놓았다.

정진동을 물끄러미 바라보던 원장은 그냥 돌아가라고 했다. 당시 병원비는 25만 원이었다. 정진동이 내놓은 돈은 전체 병원비의 1/80밖에 안 되는 것이었다. 정진동이 어린 임산부의 남편이라고 속여 귀한 생명을 구한 때는 1973년도였다.

냉방에서 3일 동안

급하게 연락을 받은 정진동이 버스를 타고 청주 남궁외과에 도착했다. 정진동을 발견한 환자의 남편이 두 손으로 수화(手話)를 했다.

"목사님. 아내가 죽어가요. 제발 살려주세요."

"걱정 마세요."

남자를 안심시킨 정진동은 환자의 상태를 살폈다. 진천 덕산교회 교인인 환자는 넋을 잃은 상태였다. 여러 병원에 다니며 검사를 받느라 파김치가 된 것이다. 병원에 갈 때마다 더 큰 병원으로 가보라는 천편일률적인 답이었다.

무리해서 서울 메디컬센터에서 진찰을 했는데 수백만 원의 병원비가 소요된다고 했다. 단돈 만 원도 없는 처지에서 언감생심이었다. 결국 돌고 돌아온 것이 당시 청주에서 사립병원으로는 가장 큰 규모의 남궁외과였다.

환자가 반죽음상태였지만 냉방에서 사흘동안이나 대기를 했다. 입원 보증금이나 보증인이 없었기 때문이다. 사실 환자의 남편은 일자무식에 언어 장애인이었다. 남의 집 머슴살이를 해서 근근이 살다가 착한 아내를 만나 결혼을 했다. 하지만 자식 6남매를 둔 이들이 가진 전 재산은 오막살이 한 채에 불과했다.(정진동, 『저 평등의 땅에』, 1992)

정진동은 병원 관계자에게 항의했다.

"사람이 죽어가고 있는데, 무엇하는 겁니까?"

'어떤 관계냐'라는 물음에 우리 교회 교인이라고 했다.

"나는 이 교인을 돌볼 책무가 있는 목자의 사명을 가졌으니, 제가 모든 책임을 지겠습니다. 저를 믿고 환자를 치료해 주세요."

그 시간부로 정진동은 환자의 보증인이 됐다. 입원 보증금 없이 입원 절차를 밟고 수술에 들어갔다.

정진동은 수술실에 입회했다. 전신마취를 한 환자의 복부가 열렸다. 처음 목격하는 수술 장면에 정진동은 손에 땀을 쥐었다. 마음속으로 간절한 기도를 드렸다. 주먹만 한 살덩어리를 잘라냈다. 대수술이 끝났다. 암일 것 같아 한 걱정했던 의사들이 맹장이 상해서 생긴 병이라며 가슴을 쓸어내렸다. 천만다행이었다.

민중의 SOS

수술은 잘 마무리됐지만 병원비가 문제였다. 정진동은 수술을 마치자마자 진천군 덕산면 용몽리행 버스를 탔다. 수요 저녁 예배가 있기 때문이었다.

정진동은 교인들에게 오막살이집 아내의 수술 이야기를 했다. 그날 1만 5000원의 헌금이 모였다. 정진동은 남궁외과로 가서 환자의 남편과 함께 병원장 남궁박사를 만났다.

"이분이 환자의 남편입니다."

소개받은 이가 두 손짓으로 병원장에게 감사하다는 수화를 했다. 정진동이 이를 통역했다. 언어장애인인 환자의 남편이 봉투를 꺼내, 남궁박사에게 공손히 전했다.

"저희가 가진 것의 전부입니다. 너무나 적은 금액이지만 받아 주십시오."

언어장애인의 몸짓과 이를 통역한 정진동의 설명을 들은 남궁박사는 한동안 고개를 주억거렸다. 마침내 그가 입을 열었다.

"이 돈은 거두어주세요. 수술비와 치료비는 모두 무료로 해드리겠습니다."

병원장의 이야기를 듣는 정진동은 자신의 귀를 의심했다. 하지만 병원장의 환한 웃음에 자신이 잘못 들은 게 아님을 깨닫게 되었다.

가난한 이, 핍박받는 이, 억울한 이의 SOS(구조 요청)에 언제나 달려가는 정진동의 진가(眞價)는 다시 한번 빛을 발했다. 정진동의 모습과 말에 공감해 무료치료를 해 준 남궁박사도 '청주의 슈바이처'나 다름없었다.

　선(善)의 전파는 개울물이 강물로 흐르듯 하는 것일까? 선한 마음이 모여 하나의 기적을 이룬 것이다. 정진동이 진천 덕산교회에서 시무할 때인 1960년대 중반에 있었던 일이다.

"학생들은 빚쟁이"… 가슴에 꽂힌 한마디

정진동이 겪은 5.18

공주사대(현 공주대학교) 잔디밭에는 팽팽한 긴장감이 감돌았다. 군데군데 학생들이 삼삼오오 모여 있고, 그에 못지 않은 수의 사람들이 학생들을 감시하고 있었다. 공주경찰서 정보과 형사들과 공주사대 학생과 직원들이었다.

흰 머리띠를 두른 학생이 잔디밭 가운데로 뛰어들었다. 그러자 주변에 모여 있던 학생들이 우루루 모여들었다.

"자! 와서 모여 함께 하나가 되자~물가 심어진 나무같이……."

머리띠 학생의 선창에 따라 노래를 불렀다.

"지금부터 4.19혁명 20주년 기념식을 거행하겠습니다."

사회자의 선언에 우레와 같은 박수가 터졌다. 20년 전 4.19혁명 당시 희생된 영령들을 위한 추모시 낭독 순서가 되었다. 슬픈 눈매를 한 학생이 저음으로 신동엽의 시를 낭독했다.

"껍데기는 가라 / 사월도 알맹이만 남고 / 껍데기는 가라. / 껍데기는 가라 / 동학년(東學年) 곰나루의, 그 아우성만 살고 / 껍데기는 가라."

다음 순서는 현 시국에 대한 자유 발언 시간. 머리를 짧게 깎은 ROTC(학군사관)가 앞으로 나섰다.

"유신체제는 민주주의가 아니라 전체주의입니다. 영원한 독재를 하겠다는 발상입니다. 독재자 박정희가 죽었습니다. 이제는 제대로 된 민주주의를 실현할 때입니다."

발언을 마친 ROTC 젊은이를 지켜보는 학생들은 마치 정신이 나간 듯했다. 혹시나 무엇을 잘못 들은 게 아닌가 하고 자신의 귀를 의심했다. 하지만 날씨는 화창했고, 잔디밭 주변에 있던 학생들의 아우성과 박수가 터졌다. 박정희가 쓰러지면서 1980년 '민주화의 봄'이 다가옴을 실감하는 순간이었다. 1980년 4월 19일 금강에 이웃해 있는 공주사대에서 있었던 일이다.

까까머리와 정진동의 만남

"이번 4.19기념 집회에 초청 연사로 누가 좋을까요?"

"정진동 목사님이 딱이여."

"그분이 누군데요?"

이영복과 금강회 회원들은 이상헌의 입에 주목했다. 청주도시산업선교회 정진동 목사는 '노동자와 민중을 위해 일하는 하나님의 목자다'라고 말하는 이상헌의 눈빛이 서클 회원 모두의 눈을 녹일 듯했다.

"형은 그분을 어떻게 아세요?"

이영복(공주사대 79학번)은 같은 학번이지만 삼수해서 들어온 이상헌에게 깍듯이 형 대우를 했다. 이상헌은 고등학교 다닐 때 정진동을 만났다. 교문 바로 옆에 청주도시산업선교회가 있었을 때다. 특히 자신이 삼수를 할 때인 1978년도에는 후배들과 함께 청주산선 단식농성장을 방문하기도 했다.

유신 시절 고등학생들이 도시산업선교회 농성장을 방문한다는 것은 '놀라움' 그 자체였다. 그 자리에서 이상헌은 정진동 목사에게 큰 감명을 받았다. 노동자와 농민을 한 식구처럼 대하고 그들의 아픔과 고통을 해결하려는 순수함을 보았기 때문이다. 그 자리에서 청년 이상헌은 '정진동처럼 살기'를 결심했다.

서울대학교를 낙방해 청주대학교 4년 장학생으로 입학했다가 때려치우고 삼수를 하던 그는 인생의 목표를 수정했다. 민중을 위한 삶으로 말이다. 그렇게 해서 학생운동의 무풍지대라 할 공주사대에 1979년도에 전략적(?)으로 입학했다.

입학해서 처음 한 것이 사회과학 학습동아리 '곰나루'를 그해 5월에 결성한 일. 이영복을 포함한 15~20명 회원들이 파울로 프레이리의 『교육론』, 『페다고지』와 구티에레즈의 『해방신학』 등을 학습했다. 학습이 끝나면 근처 가게에서 순대와 막걸리를 놓고 뒤풀이를 했다.

2학기 들어 실전(?)에 돌입하기로 했다. 1979년 10월 13일 공주사대 벽서사건이었다. 대학교 건물에 빨강 페인트로 '유신철폐 민주 회복'이라고 대문짝만하게 썼다. 또한 본관 입구에 쓰여 있던 '유신 과업 완수하여 멸공 통일 이룩하자'라는 문구 중 '유신'이라는 글자에 페인트 칠을 했다.

이 일로 인해 이영복, 정선원, 권선길이 연행되었고 김익중, 이상헌이 추가로 연행됐다. 초범과 1학년이라는 이유로 9일 만에 모두 석방됐다. 경찰서에서는 풀려났지만 학교 측의 징계는 가혹했다. 이상헌은 제적됐고, 나머지 학생은 무기정학에 처해졌다.

이영복은 전라남도 광산군(현재 광주광역시 광산구)으로 내려왔다. 내려 온 지 이틀 만에 박정희가 김재규의 총탄에 저세상 사람이 됐다. '유신철폐'를 외쳤던 학생 이영복이 박정희의 사망이 갖는 정치적 의미를 이해하기에는 너무 어렸다.

대학생들의 빚

즉 박정희의 죽음이 유신체제의 종식을 의미하고, 이것이 민주화의 봄으로 이어질 것이라는 야당과 재야 민주세력의 기대와는 달리, 대학교 1학년생 이영복은 막연한 슬픔에 젖었다. 전남도청에 설치된 합동분향소에 가 조문을 했다.

정국의 급변에 따라 이상헌을 제외한 벽서사건 관련자들이 모두 복학했다. 1980년 봄에는 서클 활동이 더욱 활발해졌다. 학원자율화추진 정책의 일환으로 학생회가 부활했다. 이상헌과 이영복의 발걸음도 분주해졌다. 서클 이름을 '곰나루'에서 '금강회'로 변경해, 학교에 정식으로 등록했다.

대대적인 홍보로 회원을 확대했다. 1980년 4월 15일 40~50명이 모여 창립대회를 열었다. 창립대회 이후 첫 공식행사가 4.19혁명 20주년 기념식이었

옛 공주사대는 현재 공주대학교로 바뀌었다.(사진=김종술) 동그라미 안은 공주대학교 79학번으로 정진동 목사 초청강연회 실무를 맡았던 이영복.

다. 추모시 낭독과 ROTC 학생의 자유 발언에 이어 정진동 목사가 학생들 앞에 섰다. 이날의 메인 순서였다. 똘망똘망한 눈망울을 한 학생들을 향해 정진동이 입을 열었다.

"학생들은 빚쟁이다!"

"……"

정진동의 선문답 같은 발언에 학생들은 멀뚱히 그를 쳐다볼 뿐이었다. 정진동은 대한민국에서 4년제 대학생들이 고등학교 졸업자의 3%에 불과하다고 했다. 그렇기에 4년제 대학생들은 사회로부터 특혜를 받은 것이고, 사회에 빚을 진 것과 다름없다고 했다.

그 빚을 갚기 위해서는 조국과 민족을 위해서 살아야 한다고 했다. 특히 노동자·민중을 위한 삶을 살아야 한다고 했다. 그날 정진동의 강연은 공주대학교 잔디밭에 앉아 있던 약 100명의 학생들 가슴에 비수를 꽂은 격이 되었다. 특히 이영복에겐 그랬다.

그 시간부로 이영복은 '정진동 따라 살기'로 마음을 굳혔다. 까까머리 이상헌이 정진동의 학생 열성 신도 제1호라면, 이영복이 제2호가 된 것이다.

우암산

정진동이 청주의 합수부(합동수사본부)에 연행된 것은 공주대학교에서의 강연회가 있은 직후였다. 청주시 수동에 있던 육군보안사령부에 연행됐다. 합수부 요원들의 구타와 고문은 없었지만 취조 기간 내내 욕설과 협박이 있었다.

"너 같은 빨갱이 새끼는 당장 죽여서 우암산에 파묻어도 그만이야!"

"사람은 누구나 한 번 죽는다. 당신이 나를 죽여서 우암산에 파묻는다고 정의가 영원히 죽는 것은 아니다."

합수부 요원의 협박에 정진동의 대찬 대꾸였다. 정진동은 자신이 끌려온 것을 여러 사람이 봤으니까 알아서 하라고 하기도 했다.

합수부 요원은 자신 앞에 커다란 바위가 있음을 느꼈다. 정진동 목사에게 어떤 협박도 통하지 않을 것임을 직감했다. 사실 정진동의 발언에 심각한 문제점이 있던 것도 아니다. 다만 그를 김대중과 연계시키든지, 당시 국내정세와 관련해 조작 사건을 만들려고 했던 것이다. 하지만 정진동이 공주사대에서의 발언을 있는 그대로 진술했고, 자신은 학생들의 초청에 응했을 뿐이라고 했다. 결국 연행된 지 일주일 만에 풀려났다.

정진동이 합수부에 끌려가서 고초를 겪을 때 청주시 사창동 중앙여고 옆에서는 망치 두드리는 소리와 삽으로 콘크리트를 퍼 나르는 소리가 연일 이어졌다. 독일과 영국교회의 지원으로 청주도시산업교회 회관을 짓는 공사가 시작됐기 때문이다.

공사 총감독을 해야 할 정진동이 일주일 만에 풀려나자 이번에는 조순형 전도사가 1980년 5월 말에 연행됐다. 그해 4월에 청주대학생 김용명(76학번)의 부탁에 선뜻 응한 게 문제였다.

1980년 4월 청주대학교 학자추(학원자율화추진위원회) 부회장 김용명이 학교 안에 배포할 성명서의 타자와 등사를 부탁했다. 당시 시국 문제에 대한 성명서를 마음 편히 등사를 할 수 있는 곳은 청주도시산업선교회밖에 없었다.

청주산선 회관 신축 공사에 일꾼들 밥해주다가 연행된 조순형은 정진동이 얼마 전 구금됐던 국군보안사령부(합수부) 건물에 갇혔다. 조순형은 정진동의 닮은꼴이었다. 전혀 주눅들지 않고 사실대로 진술했다. 오히려 조사하는 이들이 놀랐다. 조순형은 연행된 지 이틀 만에 풀려 났다.

조순형에게 성명서 타자와 등사를 부탁했던 김용명은 청원군(현재 청주시) 오근장 근처 과수원에 몸을 숨겼다. 어떤 목사가 운영하는 과수원에 살던 조춘홍이 학생을 숨겨준 것이다. 조춘홍은 조순형 전도사의 아버지이다. 김용명은 후에 자수했다가 구속됐다.

등사기

1980년 7월 20일 주일예배에 참석한 이유근이 조순형에게 편지 한 통을 보여줬다. 이유근이 펼친 편지에는 깨알 같은 글씨로 한 편의 시가 쓰여 있었다.

아아, 광주여 무등산이여 / 죽음과 죽음 사이에 / 피눈물을 흘리는 / 우리들의 영원한 청춘의 도시여 // 우리들의 아버지는 어디로 갔나 우리들의 어머니는 어디서 쓰러졌나 / 우리들의 아들은 / 어디에서 죽어 어디에 파묻혔나~

1980년 6월 2일 전남매일신문에 실린 김준태의 시 「아아 광주여! 우리

김준태의 시가 실린 전남매일신문.

나라의 십자가여!」 전문이었다. 편지를 펼쳐 든 조순형의 눈가에서 눈물이 주르륵 흘렀다. 김창규는 이 시를 등사해 배포하자고 했다. 이 시는 전남 영광에서 농민운동을 하고 있던 정병석을 통해 이유근이 받은 것이다. 조순형, 이유근, 김창규는 의기투합했다. 조순형이 타이핑을 치고 밤새 등사기를 밀었다.

그 모습을 지켜보던 정진동은 "나중에 문제 될 수 있으니까 조심해서 돌려"라고 했다. 마음이야 함께하고 싶지만 만약에 문제가 돼 두 명이 모두 구속되는 극단적인 상황은 피해야 했다. 더군다나 당시는 청주도시산업선교회 회관을 건축하고 있었기 때문이다.

누군가의 밀고로 조순형, 이유근, 김창규가 7월 24일 연행됐다. 청주경찰서에서 조사받다가 대전교도소에 구속되었다. 그해 8월 23일 기소유예로 전원 석방됐다.

정진동은 공주사대 강연 건으로, 조순형과 이유근·김창규는 김준태의 시 인쇄 및 배포 건으로 후일 국가 유공자가 됐다. 광주민주화운동 관련 국가유공자가 된 것은 2002년도였다.

정진동 추모 10주기인 2017년에 정진동 추모 배지가 제작됐다. 정진동 얼굴과 함께 '민중의 벗'이라는 글자가 새겨졌다. 그런데 배지를 제작한 관계자나 받은 이

청주도시산업선교회 조순형 전도사의 광주민주유공자증서.

모두 배지의 존재를 잊은 지금도 배지를 꿋꿋이 달고 있는 이가 있다. 바로 공주사대 출신의 이영복이었다. '정진동처럼 살아가기'의 작은 실천이다.

제5장

고기 낚는 법

1980~90년대

공권력의 강압과 무자비한 **폭력** 앞에서

내덕동·송정동·운천동 토지 및 주택 강제수용 사건

장 아무개(가명)는 충북도청 옆 법원에 증명서를 떼러 갔다. 자신의 집을 팔기 위해서였기에 신청서의 매도(賣渡)용에 동그라미를 쳤다. 공무원이 건네준 증명서를 받아 본 그는 깜짝 놀랐다.

자신의 집이 1년 전에 청주대학교 시설부지로 지정돼 매매가 불가능했기 때문이다. 법원 공무원에게 물어봤으나 그가 알 턱이 없었다. 장 씨가 자신도 모르는 사이에 집의 용도가 변경된 것을 안 것은 1983년 6월.

청주시청에 몰려간 여성들

장 씨 상황은 입에서 입으로 전해졌다. 내덕동 안덕벌(안터벌) 주민 150여 세대의 주택과 토지가 청주대학교 시설부지로 편입된 사실도 알게 됐다. 주민들은 낭패감에 빠졌다.

집을 고치거나 새로 지을 수도 없거니와 매매가가 시세의 1/2에~1/3에 불과하다는 것. 하지만 정작 중요한 문제는 주민들이 주택과 토지를 팔려고 복덕방에 내놔도 전혀 거래가 안 된다는 점이었다.

울화통이 터지기 직전인 안덕벌 주민 김용성 등이 전 신흥제분 노조위원장 김성배의 소개로 청주도시산업선교회를 찾은 것은 1983년 7월 1일이었다.

"목사님, 사립대학교가 주민들 땅을 강제로 수용할 권한이 있습니까?"

주민의 질문에 정진동은 청주대학교가 아무리 사립대학교라지만, 교육용 부지의 수용권은 국가에 있다고 설명했다. 그런 후에 말을 덧붙였다.

"아무리 강제 수용이라고 하지만 공청회를 열지 않거나, 주민들에게 정당한 보상을 하지 않는 것은 있을 수 없는 일이에요."

사실 내덕동은 청주 외곽에 있는 지역으로 영세민들이 많이 살고 있었다. 대부분 허름한 집이 자신의 유일한 재산이었다. 그러한 상황에 처해 있는 그들이 정당한 보상을 받지 못하고 쫓겨나면 당장 생계가 막막할 수밖에 없었다.

주민들은 곧바로 주민대책위원회를 조직했다. 주민 108명이 서명해 그해 7월 11일 건설부, 교육부, 충청북도, 청주시, 청주대학교에 탄원서를 제출했다. 자신들의 집과 토지를 시설부지에서 제척(除外)해 주든지, 현 시가대로 보상을 해달라는 내용이었다. 하지만 돌아온 것은 중앙정부와 지방정부, 청주대학교가 서로에게 책임을 떠미는 모습이었다.

화가 치민 주민 80명이 7월 21일 청주시청과 충북도청을 찾아갔다. 평소에 관공서 문턱 넘는 것을 꺼리던 주민들이 용감하게 행동했다. 시장과 도지사를 만나서 자신들의 주장을 당당하게 말했다. 주민들의 기세에 놀란 시장과 도지사는 주민들에게 각서를 써줬다. '지금부터 가옥, 토지, 전답을 학교시설 부지에서 즉각 해제하겠다'는 내용이었다.

의기양양한 주민들은 내친김에 충북도교육청도 방문했다. 이날 청주시청과 충북도청, 충북도교육청을 순례해 자신들의 의사를 적극 피력한 주민들은 모두 여성이었다. 이 사건은 이후 지역 MBC, KBS, 충청일보 등에 보도되면서 공론화됐다.

그러자 관계기관이 한발 물러섰다. 청주대학교 시설부지에 편입된 총 21만 평(63만㎡) 중에서 주택 밀집 지역 1만 평(3만3000㎡)이 토지수용에서 제외됐다. 주민들의 부분적 승리였다. 하지만 영세민들이 주로 살고 있던 내덕동 안터벌은 상황이 전혀 변하지 않았다.

백지 서명이 동의서로 둔갑하다

"주민들 다수가 철거를 원하지 않는다면 그렇게 따르겠습니다."

8개월 전 운천동이 택지개발지구로 묶여 속수무책으로 자신의 터전에서 쫓겨날 위기에 처한 운천동 대책위원회 주민들이 항의를 하자 돌아온 답변이었다.

그 자리에는 당시 민주정의당 소속 정종택 국회의원과 청주시 부시장이 있었다. 그들은 대책위 주민들에게 '택지개발지구에서 운천동 해제를 바란다'는 진정서를 관계 당국에 제출하겠다고 했다.

"진정서에 서명하세요."

벼랑 끝까지 갔던 자신들의 문제가 해결될 것 같은 기대감에 들뜬 주민들이 진정서에 모두 도장을 찍은 것은 당연한 일이었다. 1984년 2월 23일의 일이었다.

그런데 그때 주민들은 서명 용지에 제목이 없다는 것을 전혀 알아차리지 못했다. 즉 무엇을 위한 서명인 줄도 모르고 서명을 한 것. 그런데 나중에 알고 보니 그 백지 서명지는 주민 스스로가 자신의 땅에서 떠나겠다는 철거동의서였다. 택지개발을 둘러싼 정치인과 청주시의 야합 의혹이 제기되는 대목이다.(양희왕, 「땅을 뺏는 자들·땅을 지키는 사람들」, 청주도시산업선교회, 『청주도시산업선교회 뿌리』, 1986)

황당한 백지 서명 사건이 있게 된 데에는 주민들의 동의 절차를 거치지 않는 행정당국의 일방적 택지개발지구 지정이 있었다. 청주시는 1983년

6월 25일 도시 주택난 해소와 균형된 도시발전이란 명분하에 건설부 고시 제211호로 운천동 일부를 택지개발 예정지구로 지정했다.

이로 인해 운천동 3통 300여 세대 주민들은 청주시나 토지개발공사가 고시한 가격에 자신의 주택과 토지를 강매당하게 됐다. 운천동 주민들이 성명서를 배포하고 움직이기 시작한 것은 1984년 3월이었다.

송정동 정사관 마을에도 날벼락이 떨어졌다. 송정동은 청주 공업단지 중심부에 위치한 지역으로, 1968년 이 지역이 공장부지로 지정되면서, 주민들은 경작지를 당시 시가에 못 미치는 평당 200~300원에 강매당했다.

이준영 당시 청주시장은 주민들이 매각을 거부하자, 이 지역이 공업단지로 조성되면 주민 전부를 공단에 취업시켜 주겠다는 등 감언이설로 토지 매매를 강요했다. 주민들은 조상 대대로 물려받은 문전옥답을 1~2차에 평당 200~300원, 3차인 1978년도에는 1000~6000원씩 헐값에 강매당했다.

청주시 송정동 정사관 마을 경로당에 붙여진 플래카드.

그런데 1983년도에 정사관 마을을 포함한 송정동과 향정동 5만 9000평(19만4700㎡)이 공단부지로 지정됐다. 청주시는 1983년에 3공단 조성을 위해 정사관 마을을 포함한 송정동 2만 9000평을 원풍산업과 한영스크린, 한도통상에, 향정마을을 포함한 향정동 3만 평을 럭키에 각각 입지를 지정했다.

이렇게 상황이 진전되도록 청주시는 주민들과 어떠한 사전협의도 거치지 않고, 청주시가 정한 보상가를 따를 것을 일방적으로 강요했다.

"돌려다오 안터벌을~ 땅주인 주민들에게~"

청주 시내 내덕동·송정동·운천동 3개 지역이 택지개발지구와 교육용지, 산업단지로 묶이면서 강제수용과 헐값 매각 강요가 결정된 것은 1983년. 내덕동은 1983년 7월부터, 송정동과 운천동은 1984년 2~3월에 '주민대책위원회'가 구성됐다.

정진동의 발걸음이 분주해졌다. 3개 지역 주민들의 도움 요청에 적극적으로 응했지만 주민들의 이해와 요구는 단순한 것이 아니었다. 즉 주민들 구성이 여유 있는 사람, 가난한 이, 공무원, 직장인, 노동자, 실업자, 자가(自家) 소유자, 세입자 등으로 다양해 그들의 입장이 모두 다르다는 점이다.

그렇기에 최소한의 공통분모를 갖고 주민들을 조직했다. 그것은 택지개발지구와 교육·공단 부지에서의 해제였다. 이런 요구가 현실적으로 불가능하다면 주택과 토지의 현시세 수용 및 매매 보장을 요구한 것이다.

정진동은 일주일에 한 차례씩 한 지역을 방문했다. 즉 일주일에 3일 저녁을 각 마을을 방문한 것이다. 1984년 8월 24일에는 내덕동 주민 신현수 씨 집에서 예배를 드렸다. 찬송가와 〈우리 승리하리라〉는 노래를 불렀다. 정진동이 "불의한 자들과 맞서 싸우는 것이 예수의 정신"이라고 설교를 했다. 이어서 조용필이 부른 〈돌아와요 부산항에〉를 개사한 〈돌아와요 안터벌에〉를 합창했다.

꽃피는 안터벌에 봄이 왔건만 / 내 땅 뺏긴 안터벌엔 기관원만 얼쩡얼쩡 / 청주시청 대성학원 짜고 도는데 / 목메어 불러 봐도 대답 없는 그대들이여 / 돌려다오 안터벌을 땅주인 주민들에게

주민들의 심정을 절절히 담아낸 가사였다. 이 노가바(노래 가사 바꿔 부르기)의 가사를 지은 이는 충북EYC(기독청년협의회) 상임총무 박종희였다. 그는 청주제일교회 출신으로 수배 중이었던 1982년에는 서울 영등포산업선교회 지하에 숨어 있으면서 원풍모방과 콘트롤데이터 선전물과 현수막, 머리띠를 제작하기도 했다.

"이 자식 아직도 살아 있네!"
 3개 지역 주민들의 토지·주택 문제 해결을 위한 진정서 제출, 기도회, 선전전 등이 한창일 때였다. 3개 지역 대책위와 청주산선이 1984년 7월 26일 오후 6시 사창동 청주도시산업선교회에서 '기도회'를 가졌다. 기도회에 참석한 기독교 청년들과 충북대, 청주대 학생들이 가두 투쟁을 시도했다.
 청주산선에 이웃해 있는 중앙여고 정문에서 전경과 청년·학생들이 대치했다. 시위대열 후미에 있던 이들이 "으쌰! 으쌰!" 하며 앞에 있는 이의 등을 밀었다. 그런데 선두에 있던 시위대는 전투경찰의 방패에 막혀 옴짝달싹할 수 없었다. 그때 중앙여고 담벼락 위에서 이를 지켜보던 청주경찰서 정보과장 김○선이 소리쳤다.
 "저 놈, 저 놈 잡아!"

청주도시산업선교회에서 집회하는 안덕벌 주민들.

안덕벌 주민들이 예배를 보면서 투쟁 방향을 논의하고 있다. 맨 왼쪽이 정진동.

주민들의 항의 시위를 막아선 경찰.

주동자를 지목한 것이다. 맨 앞에 있던 이주형(충북EYC 협동총무)이 전경의 방패 뒤에 숨어 있던 경찰에 의해 순식간 연행됐다. 최종진(충북기농 총무), 추승엽(충북EYC 회장)과 충북대학교 학생 이용일, 김인수, 민천기, 유영길 등 약 10명이 동시에 '매가 닭을 낚아채듯이' 연행됐다. 연행된 이들은 중앙여고 운동장으로 끌려갔다. 연행자들의 저항에 4~6명의 전경이 한 사람씩 맡아 양팔과 다리, 머리 등을 잡고 재빠르게 중앙여고 후문을 향해 질주할 때였다.

"민중 생존권 외면하는 폭력 경찰 물러가라!"

이주형의 구호에 경찰들의 집단린치가 가해졌다. 주먹과 발, 몽둥이 세례가 쏟아졌다.

"나 죽는다!"

"이 자식 아직도 살아 있네!"

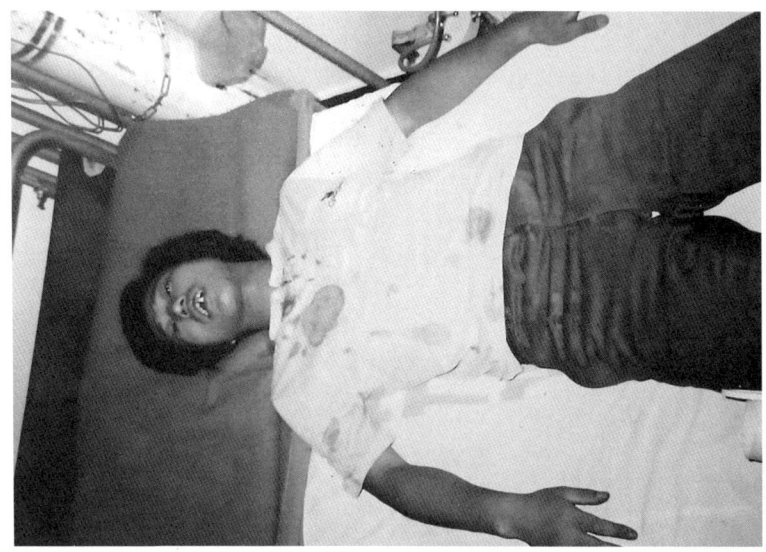
경찰의 폭행에 쓰러진 충북EYC 총무 이주형.

이주형의 비명에 경찰의 고함이 이어졌다. 마치 죽일 것처럼 이주형에게 달려든 경찰들의 폭행은 무지막지했다.

이날 이주형은 이가 1개가 뽑히고, 1개는 반이 부러지고, 4개에 금이 가거나 끝이 부서졌다. 한쪽 눈은 부어올라 앞이 안 보이고 눈자위에 마치 검은 안경을 쓴 것처럼 피멍이 들 정도였다. 갈비뼈가 부러져 허리를 옴짝달싹 못 했다. 이주형과 김인수(충북대 82학번)는 서부경찰서에 연행된 후 충북도립병원에 입원했다.

국가권력의 폭행은 이날로 끝이 아니었다. 7월 31일 3개 지역 주민 100여 명이 시장 면담을 위해 청주시청으로 향했다. 주민 25명이 시청 2층 시장실로 들어가려 할 때 공무원 100여 명이 노인과 여성들의 뺨을 때리고, 머리를 시멘트벽에 부딪쳤다. 일부 여성들에겐 목을 조르며 욕설을 퍼부었다.

"내가 공무원만 아니면 이 년을 죽여버리겠는데……."
시장 비서가 대놓고 겁박을 했다. 민중의 지팡이가 돼야 할 경찰과 공무원이 주민들의 정당한 요구와 항변에 주먹질과 몽둥이찜질을 한 것은 야만의 시대였던 1984년 7월 말이었다.

전경에 똥물 세례… 주민들의 처절한 **싸움**

경찰의 회유와 강제철거, 그리고 저항

"이씨, 술이나 한 잔 합시다."

이 아무개의 손을 잡아끈 이는 사창동 동장이었다. 두 사람은 내덕동의 한 식당에서 코가 비뚤어지도록 술을 마셨다. 이 아무개는 원래 알코올 중독자였기에 만취 상태가 되면 정신을 놓는 경우가 잦았다.

그때 동장이 문서를 하나 꺼냈다.

"이씨, 여기에 도장 찍어."

"이게 뭐래유?"

술에 취해 혀짤배기 소리를 하는 이씨에게 사창동장은 '좋은 일이니 도장을 찍으라'고 둘러댔다. 1984년 8월 1일이었다.

그렇게 해서 이씨가 도장을 찍은 것은 엄청난 결과를 낳았다. 내덕동 안덕벌 자기 땅을 시세의 1/3에도 못 미치는 가격에 판다는 매매계약서였다. 엄청나게 비싼(?) 술값이 돼버린 것이다.

술 먹여 강매

술김에 도장을 찍은 이씨의 계약서는 엄청난 혼란을 가져왔다. 청주시와 청주대학교는 주민들이 강제수용에 응하고 있다고 떠벌렸다. 주민들 일부도 웅성웅성했다. 그런데 정작 사기(?) 계약서에 도장을 찍은 당사자들이 반발했다.

이씨의 아내가 성명서를 발표했다. 자신의 남편은 알코올 중독자여서 이성적인 판단을 하지 못하는데, 동장이 억지로 술을 먹여서 도장을 찍게 했다는 것이다. '이러한 상황에서 도장을 찍은 계약서는 무효다'라고 공식선언을 했다.

8월 3일에는 청주NCC(전국기독교회협의회) 인권위원회 소속 목사들이 청주대학교를 규탄하는 예배를 청주제일교회에서 드리기도 했다. 하지만 한번 터진 봇물을 가래로 막을 수는 없는 법이다. 청주시와 청주대학교의 토지수용에 대한 공격적인 홍보에 주민들은 무릎을 꿇고 말았다. 이씨 경우 정도는 아니었지만 청주시와 청주대학교의 적극적인 회유와 강매에 주민들이 하나둘 도장을 찍으면서 1984년 10월에는 대세가 기울었다.

그런데 싸움이 끝난 것이 아니었다. 내덕동 주민투쟁이라는 돛단배의 돛이 꺾였음에도 불구하고 이번에는 배의 완전한 침몰을 꾀했다. 그해 11월 정진동 목사가 출판물에 의한 명예훼손죄로 고발됐다. 이씨의 아내가 발표한 성명서를 정진동이 작성한 것으로 본 것이다.

고발은 이씨의 동서가 했다. 사실 이씨 본인도 아니고 직계가족도 아닌 동서가 했다는 것은 무언가 순수하지 못한 의도가 개입된 것으로밖에 볼 수 없는 일이었다.

1985년 6월 청주지방법원에서 정진동의 재판이 열렸다. 검사가 피고의 범죄행위에 모두진술을 했다. 검사의 주장을 반박하기 위해 홍성우 변호사가 막 일어설 때였다.

"자신들을 도와주려고 한 것이 어떻게 명예훼손이 됩니까?"

울분을 참지 못하고 고함을 친 이는 청주도시산업선교회 회원 변상기였다. 변상기는, 문제의 성명서가 이씨 아내가 발표한 것인데 왜 정진동 목사를 재판하느냐면서 항의했다.

변상기는 그 자리에서 법정 소란행위로 연행됐다. 당시 삼화물산 노동자였던 변상기는 법정 소란행위로 경찰서에 일주일간 구금됐다. 이러한 과정을 통해 내덕동 주택 및 토지 투쟁은 동력을 잃었다. 다만 주민들의 싸움으로 청주대학교가 제시한 평당 매입 금액(평당 7만 5000원)을 호가하는 9만~12만 원에서 합의를 볼 수 있었다.

프락치

피로에 지쳐 보이는 듯한 사람이 청주산선 문을 두드렸다. 베트남전쟁에 참전해 다리에 총탄을 맞아 장애가 생긴 이였다. 임 아무개(1948년생)는 1972년 인헌무공훈장을 받았음에도 국가로부터의 혜택이 형편없었다. 다리의 파편 제거 수술을 받아야 하는데 돈이 없다며 정진동을 찾아온 것이다. 1983년 8월 초였다.

개인적 질병도 아닌 국가를 위해 몸을 바친 이를 국가가 외면한다는 것은 있을 수 없는 일이었다. 정진동은 사회 각계에 보내는 진정서를 작성했다. 8월 13일 《충청일보》에 '훈장까지 받은 상이용사가 원호 혜택 없이 살아'라는 제목의 기사가 실렸다.

임 아무개의 사연에 가슴 아파하던 정진동은 그의 집을 수 차례 방문했다. 9월 13일 정진동은 청주시 강서동 용정리 바위배기 마을에 들어섰다. 지나가는 이에게 물어 임 아무개 집을 찾았다.

그의 집은 무척이나 초라했다. 가난한 기색이 줄줄 흘렀다. 그의 문제가 조속히 해결되길 바라는 예배를 봤다. 이후부터 임씨는 청주도시산업선교회의 열렬한 신도가 됐다. 성실함을 인정받아 정진동으로부터 세례까지 받았다.

그런데 1984년 말 임씨가 정진동에게 엉뚱한 말을 했다.

"목사님, 제가 누군지 아세요?"

"임 아무개지 누구야?"

너털웃음을 웃는 정진동에게 임씨는 폭탄선언을 했다.

"저는 프락치입니다."

임씨는 정진동을 담당하는 서부경찰서 정보과 형사의 동서였다. 1983년부터 시작된 내덕동·송정동·운천동 주민싸움에 대한 정보를 입수하기 위해 임씨를 정진동에게 접근시킨 것이다. 임씨는 주일예배와 청주시 3개 지역 주민기도회에 적극 참여했다.

정진동의 발언과 투쟁 일정은 임씨를 통해 고스란히 서부경찰서 정보과에 입수됐다. 1년여간 프락치 활동을 한 임씨가 양심고백을 한 것이다. 무한한 애정으로 자신을 도와주는 정진동 목사를 더이상 속일 수 없었기 때문이다.

정진동은 눈물 콧물 흘리며 양심 고백하는 임씨의 어깨를 다독였다. 죄책감을 갖지 말고 교회에 계속 나오라고 했다. 자신을 혼쭐 낼 줄 알았던 정진동 목사로부터 위로의 말을 들은 임씨는 어리둥절했다. 눈물을 훔치고 바라본 정진동의 얼굴은 '참인간'의 그것이었다.

고막이 터지다

청주대학교와 청주시의 회유와 음모, 서부경찰서의 프락치 작전에도 불구하고 3개 지역 주민들과 청주도시산업선교회의 투쟁은 지속됐다.

3개 지역 중 가장 치열하게 싸운 곳은 송정동이었다. 관계 당국은 토지수용령에 해당하는 60~70세대의 토지 수용가를 평당 3만~4만 원에 책정했다. 당시 시세는 30만 원이었는데도 말이다. 송정동 주민들은 대책위원회를 중심으로 보상가의 현실화와 개별 이주가 아닌 집단이주를 요구했

철거반원들의 송정동 철거 현장.

철거 후 솥단지와 지게 등이 널부러져 있는 모습.

다.

투쟁 과정에서 1986년에 주민 이시영(66), 이원영(59)이 구속됐고, 이충로, 박성래, 이중근, 이장근, 박혜순이 구류를 살았다. 3년간의 싸움을 통해서 평당 보상가를 7만~8만 원으로 인상시켰고, 봉명동 택지개발지구로 집단이주 요구를 관철시켰다.

1986년 투쟁이 종료된 후 송정동 정사관 주민들이 청주산선으로 찾아왔다. 주민들은 맨손으로 오지 않고 선물을 가져왔다. 자신들의 문제해결에 도움을 준 정진동과 청주산선에 대한 고마움의 표시였다.

그들이 갖고 온 선물은 피아노였다. 피아노에 '송정동 주민 일동'이라는 흰 글씨가 쓰여졌다. 주민운동의 속성상 투쟁이 성공리에 마무리되기는 매우 어렵다. 주민들의 이해와 요구가 모두 다르기 때문이다. 그렇지만 송정동은 주민들이 마음을 합쳐 똘똘 뭉쳤다. 그 결과 불충분하긴 하지만 자신들의 요구를 관철시켰다.

주민과 청주산선, 충북EYC, 지역 성직자들의 연대와 더불어 전국적으로 각계 단체와 지식인들의 지지도 있었다. 1984년 8월 23일에는 서울에서 안광수(경수산업선교회 목사)와 40여 명의 청년들이 기도회에 참석했다. 기도회를 마치고 가두시위에 들어갔다. 100여 명의 시위대 중 8명이 연행되어 10일의 구류처분을 받았다. 한길녀, 이유근, 신동석, 이춘화 등이었다.

함석헌, 백기완, 고영근, 문익환, 조지송, 인명진, 임채정, 김동완, 박형규가 지지 방문해 강연회를 열기도 했다. 백기완이 강연한 1984년 9월 29일 또 하나의 사건이 터졌다. 강연 후 시위에서 조순형, 한승수(청주대학교), 추승엽(충북EYC 회장), 차재남(꿈나무 유아원 선생)이 연행됐다. 특히 청주도시산업선교회 조순형 전도사는 서부경찰서 정보과장 김○선에게 맞아 고막이 터졌다.

온몸에 똥칠

고무통과 똥바가지, 고무장갑을 준비한 한길녀에게 청주산선 회원이 물었다.

"그건 뭐에 쓰시게요?"

"다 쓸데가 있어요."

한길녀 집 주변은 마치 비행기 폭격에 맞아 폐허가 된 것 같았다. 주택 및 토지의 강제수용정책에 주민들이 하나둘 정든 삶터에서 떠났기 때문이다.

잠시 후 수십 명의 전경들이 한길녀 집을 에워쌌다. 이때 변소(재래식 화장실)에서 똥바가지에 똥을 담아온 한길녀가 전경들에게 똥물을 뿌렸다. 윽하며 전경들이 물러섰다. 그 와중에 서부경찰서 정보과장 김○선의 모자에 똥 덩어리가 떨어지기도 했다.

그제야 똥바가지와 고무장갑의 용도를 알아챈 청주산선 회원들이 고무

부서진 한길녀의 집.

통에 똥물을 받기 시작했다. 어떤 이는 고무장갑을 끼었다. 한길녀와 청주산선 회원들의 의지를 확인한 경찰들은 물러섰다. 1986년 4월 26일, 1차 강제 철거 작전의 실패였다. 27~28일부터는 충북 EYC 회원들이 합류해 철거반과 대치했다.

2차 작전은 1986년 4월 29일. 그런데 하필 그날은 청주산선과 EYC회원들이 '이문호 교통사고 사건' 재판 방청을 위해 법원에 간 날이었다. 한길녀 홀로 있는 집에 철거반이 들이닥쳤다. 사복형사, 전경, 토지개발공사와 임광토건 직원 50여 명이 지켜보는 가운데 6명의 철거반원이 문을 부수고 방 안으로 침입했다.

그들은 한길녀의 옷을 벗기고 가슴을 만지면서 '그래도 ○○ 하나는 쓸 만하다' 등의 언사를 하면서 성추행을 했다. 그런 후에 온몸에 똥칠을 하고 40m를 끌고 나왔다. 이에 격분한 한길녀가 온몸에 휘발유를 뿌리고 분신을 시도했으나 철거반원들에게 팔이 비틀려 저지당했다.(청주산선 소장 선전

운천동 주택단지 개발에 나선 임광토건 사무실 앞에서 항의하는 운천동 주민들.

물)

뒤늦게 소식을 듣고 달려온 한길녀 남편은 아내와 함께 강제철거와 성추행에 대한 항의로 임광토건 택지개발 현장사무실에 들어가 복사기, 사무기기, 건물 3동의 유리창을 부수었다.

청주지방법원에서 재판을 방청하고 있던 이들의 귀에 이 소식이 전해졌다. 조순형 등이 택시를 타고 긴급히 현장에 왔을 때는 이미 상황이 거의 마무리 중이었다.

포클레인 속으로 뛰어들어

운천동 사건이 있은 지 한 달 보름 뒤인 1986년 6월 12일은 송정동에서 사건이 터졌다. 전경 1000명이 동원돼 송정동 정사관 9가구 철거작업을 벌였다. 구급차와 포클레인 3대가 동원됐다. 포클레인 대바가지로 허름한 집 지붕을 누르면 폭삭 주저앉았다.

경찰과의 몸싸움 과정에서 주민들이 빼앗은 전경 모자.

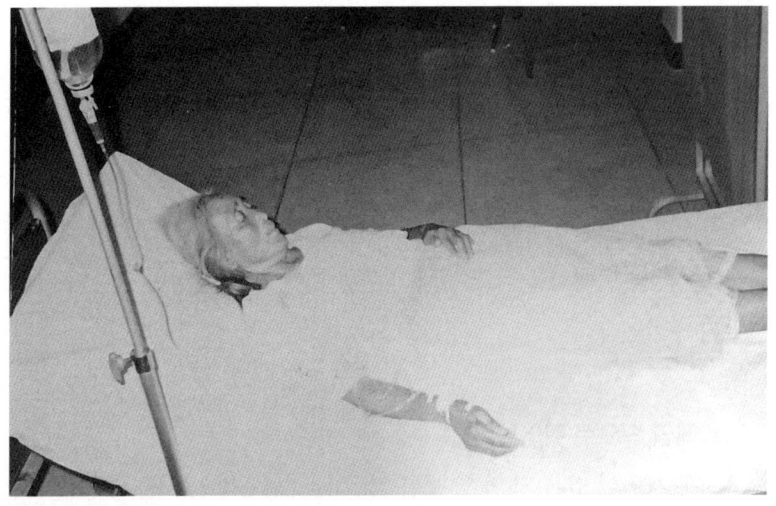
경찰 폭행에 입원한 송정동 이우 할머니.

"나두 같이 묻어라!"

86세 노인이 소리치면서 포클레인 속으로 뛰어들었다. 노인의 수 차례 시도에도 불구하고 철거반원들은 눈도 끔쩍하지 않았다. 노인은 찰과상을 입어 병원으로 후송됐다. 소수의 주민들이 똥바가지에 똥을 담아 철거반원과 청주시청 공무원에게 뿌렸다.

운천동·송정동 철거작업이 이뤄지기 전부터 청주도시산업선교회와 기독 청년들은 천막을 치고 노숙 투쟁을 벌였다. 한길녀 집과 송정동 9가구 철거 후에도 천막을 유지했다. 민중의 지팡이는 온데간데없고 '민중의 몽둥이'만 설치던 1980년대였다.

"우리도 인간"…여성 재소자 모두 **단식**농성

교도소 처우 개선 투쟁과 청년·학생들의 연대

    한길녀가 똥바가지를 휘휘 내젓자 철거반원들이 주춤하며 뒤로 물러났다. 하지만 1차 강제 철거의 경험은 철거반과 경찰에게도 새로운 전술을 구사하게 했다. 포클레인을 동원한 것이다.
    "빨갱이보다 못한 놈들!"
    철거반원이 물러난 자리에 포클레인이 등장하더니, 바가지로 기와지붕을 눌렀다. 오래된 가옥의 기와지붕은 순식간에 무너졌다. 기둥과 나머지 골조도 마찬가지였다. 지붕과 기둥이 무너지자 한길녀는 땅바닥에 주저앉았다. 1986년 4월 29일 그날따라 운천동을 지킨 이가 자기 혼자라 거세게 저항할 수도 없었다.
    잠시 후 한길녀의 남편이 달려오고, 뒤이어 청주산선과 충북EYC 회원들이 현장에 도착했다. 그때는 이미 철거반원들의 마무리 작업이 한창일 때였다. 달려온 이들은 입을 딱 벌릴 수밖에 없었다. 부서진 집 옆 공터에 지게, 가마솥, 김치독을 비롯한 옹기가 쌓여 있었다. 쓰라림과 분함이 온몸에 흘렀다. 제3자가 보기에 그럴진대 당사자는 말할 것도 없는 일이었다.
    분신이 제지당한 한길녀는 분함을 참지 못했다.

"빨갱이보다 못한 놈들!"

고함을 지르며 남편과 함께 임광토건 택지개발 현장사무실에 들어가 사무집기를 부쉈다.

청주도시산업선교회 조순형 전도사와 실무자 이유근, 허정 집사, 충북기청(기독교 장로회 청년회) 회장 김학봉, 충북EYC 상임총무 이주형, 회원 전선기, 빛고을교회 전도사 김창규는 철거된 집터를 정리하고 천막을 치려고 했다. 그때 경찰기동대가 들이닥쳐 9명을 연행했다. 한길녀, 이유근, 조순형이 '폭력행위 등 처벌에 관한 법률 위반'과 '공무집행 방해'죄로 구속되고 나머지는 석방됐다.

훗날 알려진 사실이지만 원래 한길녀, 이유근, 조순형에게 국가보안법 위반이란 죄목을 적용하려고 했다. 한길녀의 '빨갱이보다 못한 놈들'이라는 발언을 꼬투리 삼은 것이다. 검찰과 경찰은 한길녀보다 그의 지원 세력인 청주산선을 빨갱이 집단으로 옭아매려 했다. 하지만 그런 무리수는 현

청주산선 정문에 구속자 석방을 요구하는 플래카드가 걸려 있다.

실적으로 통하지 않았다. 한길녀, 이유근, 조순형이 청주교도소에 수감된 것은 1986년 5월 9일이었다.

한길녀가 기결수들의 방에 수감된 데에는 이유가 있었다. 당시 청주교도소 여사에는 미결수 방이 1개밖에 없었다. 그런데 조순형과 한길녀를 분리 수감해야 했기에 한길녀는 기결수 방에, 조순형은 미결수 방에 넣은 것이다. 독방이 2개가 있었지만, 1984년 11월 14일 있었던 민정당 중앙당사 점거 투쟁으로 연세대학교와 이화여대생이 그 방을 차지하고 있던 터였다.

가다밥

조순형의 옥살이가 시작된 지 얼마 뒤, 그 방에 환자가 발생했다.

"사람이 죽어가요!"

같은 감방에 있는 이들이 아우성을 쳤다. 잠시 후에 의사가 도착했다.

"○○번 나와!"

교도관이 감방문을 열며 말했다.

"왜 나오라고 하냐? 의사가 왔으면 여기 와서 치료하면 되지!"

"의사는 절대 감방 안에 들어가지 않는다."

조순형이 항의하고 교도관이 답했다. 환자가 발생하면 복도에서 진료를 받는 것이 당시의 관행이었다. 그런 사실을 들은 재소자들은 더욱 흥분했다. 똑같은 사람인데 재소자라고 감방 안에서 진료를 받지 못하는 것이 있을 수 있냐는 것이었다.

조순형과 재소자들은 의사가 감방에 들어와 진료할 것을 강력히 요구했다. 환자를 둘러싸고 재소자들과 교도소 간의 팽팽한 신경전이 벌어졌다. 결국 교도소 측이 백기를 들었다. 청주교도소 역사상 처음으로 의사가 감방에 들어와 환자를 진료했다. 의사는 환자에게 링거를 꽂았다.

작은 승리를 경험한 조순형은 감방 안의 일상생활과 수용 환경에 눈을 돌리게 됐다. 재소자들과 함께 현재의 수용 환경과 문제점을 하나씩 열거했다. 우선 비누, 치약, 화장지 등 생필품을 일주일에 1회밖에 살 수 없다는 점이 불만으로 제기됐다. 이 문제가 이야기되자 너도나도 다른 문제들을 언급했다.

"감기약이나 소화제는 한 달에 한 번밖에 살 수 없어요."

사람이 갑자기 아플 수밖에 없는데, 의약품 구입을 매일 할 수 없다는 것은 심각한 문제였다. 또한 재소자들은 생계란만 구입할 뿐이어서 삶은 계란은 구경도 할 수 없었다.

운동은 매일 30분씩 하게 돼 있는데, 실제는 15~20분밖에 시간이 허용되지 않았다. 운동시간을 늘리지는 못하더라도 최소한 규정 시간을 준수해야 한다고 목청을 높였다. 세수와 빨래, 목욕 시간도 마찬가지였다.

무엇보다 중요한 것은 식사 문제였다. 밥은 가다밥으로 틀에 찍은 밥이었다. 반찬으로 콩나물국이 주로 나왔는데, 콩나물이 아니라 소위 '콩나무'가 나왔다. 그만큼 콩나물이 크고 억세, 나무를 씹는 기분이었다. 멸치를 넣은 국물은 짜고 군내가 나서 도저히 먹을 수 없는 지경이었다.

운동과 의약품, 생필품은 그렇다손 치더라도 식사는 매일 하는 것이고 재소자 모두에게 해당되는 문제였다. 조순형은 '재소자도 인간'이라는 생각으로 교도소 환경 개선 투쟁을 벌여야겠다는 다짐을 했다. 그런데 교도소 처우 개선 투쟁이 말처럼 쉬운 일은 아니다. 재소자들의 의식이 천차만별이기 때문이다. 그런데 이때 강력한 우군(友軍)이 등장했다.

환자치료 문제를 성공리에 끝내고 교도소 처우 개선 투쟁을 고민하고 있던 조순형에게 나타난 우군은 이영자였다. 이영자가 법정 모독죄로 재판장으로부터 감치 10일을 받아 기결수 방에 수감된 것이다. 이영자가 감치 10일을 받은 이유는 무엇일까?

법정 모독

"당신 같은 판사 때문에 나라가 시끄러운 거야. 이 똥만도 못한 더러운 재판에 똥이나 싸야겠다!"

이영자는 재판장을 향해 손가락질을 하며 폭탄 발언을 했다. 당황한 재판장이 뭐라고 하기도 전에 방청석 맨 앞줄에 앉아 있던 이영자는 바지를 내렸다. 끙 하며 힘을 주었지만 대변은 나오지 않고 소변이 나왔다.

"이영자, 감치 10일!"

사색이 된 재판장의 소리에 법원 정리(廷吏)들이 분주해졌다.

사법사상 전무후무한 사건이 벌어진 데에는 이유가 있었다. 이영자 딸의 교통사고 건 때문이었다. 임신부 장인순(이영자 딸)은 어린 딸의 손을 잡고 청주에서 볼일을 봤다. 진천에 도착해서 덕산행 버스를 타고 마을에서 하차할 때였다. 부릉 하는 소리와 함께 버스가 출발했다.

"어어!"

장씨의 소리는 만원 버스의 엔진소리에 묻혔다.

옷이 버스 문에 끼인 장씨는 100미터쯤 끌려갔다. 임신부 여성이 100미터 정도를 끌려갔으니 양다리가 멀쩡할 리가 없었다. 청주의 남궁병원으로 긴급히 후송돼 치료를 받았지만 환자는 회복되지 않았다.

환자 가족들이 진천교통에 "서울대학교 병원으로 보내달라"고 했으나 거절당했다. 그러자 환자 아버지 장석주가 버스회사에 강력히 항의했다. 사측은 "장석주가 딸을 볼모로 돈 많이 받으려고 거짓말을 한다"며 악담을 퍼부었다. 그러면서 사측은 장석주를 명예훼손 혐의로 고소했다. 장석주는 구속됐다.

이영자가 대한민국 사법사상 전무후무한 행동을 벌인 것은 남편 장석주의 재판 때이다. 임산부 딸은 일어나지 못하는데, 남편이 억울하게 재판을

청주산선에서 농성 중인 주민들. 왼쪽 상단에 공주대학교 미술교육과 학생들이 그린 걸개그림이 걸려 있다.

받고 있으니 울화가 치밀 수밖에 없었다. 그런데 검사와 판사가 남편을 마치 중죄인 다루듯 하니, 울컥 화가 치민 것이다. 이렇게 해서 이영자는 감치 10일을 받아 청주교도소 여사(女舍) 기결수 방에 수감됐다.

단식농성

이영자가 감방문을 열고 조순형과 한길녀와 반갑게 인사했다. 이영자 딸의 교통사고 건 이후 청주산선에서 만났던 터였다.

"재소자도 인간이다."

"콩나무는 싫다. 콩나물을 달라."

"운동과 목욕 시간을 보장하라!"

조순형이 구호를 외쳤다. 이 구호는 옆방으로 이어졌다. 한길녀와 이영자가 있는 방뿐만 아니라 모든 여사에 일파만파 퍼졌다.

운천동 주민 투쟁을 증언하는 한길녀.

교도소 당국자들의 발걸음이 분주해졌다. 그런데 교도소 당국을 더욱 긴장시킨 일이 발생했다. 여사 수감자 전원이 단식투쟁에 돌입한 것이다. 보통 단식투쟁은 정치범만 했는데, 이번에는 여사에 수감된 40~50명의 재소자가 한꺼번에 동참한 것이다.

여성 재소자 모두가 행동하다 보니 무기징역수도 단식을 하게 됐다. 무기징역수가 '굶어 죽으나 평생을 감방에 있다가 죽으나 마찬가지'라고 한 말은 오랫동안 청주교도소에 회자됐다. 교도소장이 실태 파악을 해보니 운동·빨래·목욕 시간이 규정대로 준수되지 않은 것이 사실이었다. 식사도 규정대로 준수되지 않고 형편없는 것도 마찬가지였다.

청주교도소장은 청주도시산업선교회 정진동 목사를 찾아갔다.

"목사님, 재소자 요구를 모두 들어줄 테니 단식을 풀게 해주세요."

정진동은 조순형 면회를 통해 교도소장의 의견을 전달했다. 그 시간부로 단식투쟁은 중단됐다. 재소자들의 요구는 100% 관철됐다.

가다밥이 주걱으로 푸는 밥으로 바뀌었다. 계란은 재소자들이 원하는 만큼 삶아서 나왔다. 운동시간과 빨래, 목욕 시간도 규정대로 지켜졌다. 생필품 구매는 일주일 1회 구입에서 매일 구입으로, 의약품은 한 달에 1회 구입에서 일주일에 1회로 바뀌었다.

살아있는 교육장

"맹섭아, 청주산선에 가자."

1985년 당시 청주시 율량동에 있던 영광교회에 다니고 있던 최맹섭의 손을 이끈 이는 충북EYC 상임총무 이주형. 그는 1984년 가을에 청주 YMCA의 통일 특강에서 몇몇 후배들을 만났다.

이들과 함께 학습 소모임을 하면서 자연스럽게 EYC 활동에도 함께했다. 이주형은 그때 최맹섭을 만났다. 아직 정치의식이 미숙했던 최맹섭이 청주산선의 기도회에 참여하고 내덕동·송정동·운천동 주민투쟁 현장에 참가하면서 의식의 혁명적 변화가 왔다. 1984년에는 주로 EYC를 매개로 한 기독 청년들이 주민투쟁에 참여했다. 청주제일교회, 봉명교회, 우암교회, 청북교회, 동부교회, 제일감리교회 청년들이다.

1985년 들어서는 대학교별로 학생운동이 활발해지면서 학습 소모임과 학번별 조직체계가 형성되고 있었다. 그런데 당시 1학년에게는 청주 3개 지역 주민투쟁 현장이 부담스러웠다. 대신에 2~3학년에게는 최고의 사회과학 의식 교육장이었다.

각 대학교 선배들이 2~3학년들을 청주산선과 주민투쟁 현장에 참여시켰다. 이때 참가한 이들이 충북대의 김인수(82), 유영길(83), 오맥균(84) 등이고 청주대의 유수남(83) 등이었다.

유수남은 그때까지 비폭력 평화시위에 대한 믿음이 절대적이었다. 그런데 주민투쟁 중에 경찰의 무자비한 폭력을 목격하고 정당방위적 폭력은 불가피하다고 생각하게 되었다. 특히 경찰의 폭력으로 얼굴이 만신창이가 된 이주형을 보고 그런 생각을 하게 되었다.

이는 비단 유수남에게만 해당되는 것이 아니었다. 충북대, 청주대, 청주사범대학(현 서원대학교)의 저학년 학생들에게 모두 해당됐다. 물론 기독 청년들도 마찬가지였다.

'골프장 몸살'로 더 단단해진 **공동체**의 꿈

호죽리 주민들의 밤나무 보상 투쟁

"우리 마을이 발전하게 됐네!"

청원군 오창면 화산리에 체력단련장이 생긴다는 소식에 화산리 주민들은 웃음꽃이 만발했다. 그렇게 해서 마을 일부 토지와 주거지, 임야가 청주개발에 매각됐다. 그런데 화산리 주민들이 어리둥절해지는 상황이 발생했다.

알고 보니 국가 공공기관에서 운영하는 체력단련장이 아니라 사설 골프장이 만들어진다는 것이었다. 이미 땅이 매각돼 진실 공방은 의미가 없어졌다. 주민들은 골프장 개발 과정에서 발생할 수 있는 일자리나 가계소득에 관심을 돌렸다.

하지만 화산리 주민들의 마을 발전과 가계소득 창출이라는 꿈은 헛된 것이었다. 골프장이 개발되면서 인근 일부 토지의 농약 살포로 인해 발생하는 피해는 그렇다손 치더라도 함바(건설현장에서 임시로 운영하는 식당)를 운영했던 주민들의 피해는 엄청났다.

당시 '민중의 당' 조사에 의하면 주민들이 벌목 인건비와 공사 인부들의 밥값을 제대로 받지 못했다고 한다. 오○준(밥값), 노○석(벌목 인건비)은 90만

원을, 오○희(밥값)는 60만 원을, 이○준, 노○준, 노○만은 밥값과 벌목 인건비 일부인 100만 원을 받지 못했다.

골프장 건설로 돈을 벌겠다는 기대에 한껏 들떴던 오창면 화산리 주민들의 꿈은 물거품이 됐다. 이 과정에서 공사업체로부터 돈을 받지 못한 어떤 주민은 청주로 이사하기도 했다. 함바를 운영하다가 사우디아라비아에서 벌어온 돈을 날렸기 때문이다.

그런데 골프장 건설에 따른 피해의 불씨가 화산리에 이웃해 있는 옥산면 호죽리로 튀었다. 청주개발이 화산리 임야를 매입하는 과정에서 몇몇 문중의 묘지가 포함되었다. 해당 문중에서는 보상 대신 대토(代土)를 요구했다. 이에 청주개발은 옥산면 호죽리 산 59번지의 임야(청원교육청 소유)를 임대 후 매입해 대토로 줬다. 1985년도의 일이다.

밤나무 심기=새마을운동

호죽 2구 주민들은 '마른하늘에 날벼락을 맞은' 꼴이 됐다. 왜냐하면 청주개발이 청원교육청으로부터 매입한 임야에 밤나무 700그루가 심어져 있었기 때문이다.

'새벽종이 울렸네. 새 아침이 밝았네 / 너도나도 일어나 새마을을 가꾸세~'

호죽리 이장 집에 있는 확성기에서는 〈새마을 노래〉가 요란하게 울렸다. 이어서 이장의 안내방송이 흘러나왔다.

"오늘은 밤나무 심는 날입니다. '화랑 4H 청년회' 회원들은 삽과 곡괭이를 지참하고 모이시기 바랍니다."

1972년 4월 7일 4H 회원들은 전날 파놓은 구덩이에 밤나무 묘목을 심었다. 이날 행사는 옥산면사무소와 청원군 농촌지도소의 전폭적인 지원과 협력하에 이뤄졌다. 당시 정권의 명운을 걸고 시행한 새마을운동의 일환이었기 때문이다. 이런 이유로 묘목은 정부의 무상지원 속에 행해졌다.

농가소득 증대라는 원대한 목표 아래 이루어진 밤나무 재배는 4H 회원들의 땀방울 그 자체였다. 수시로 거름과 비료를 주고 농약을 쳐야 했다. 호죽리 화랑4H가 작성한 〈유실수(밤나무) 공동 과제장〉에 보면 1972년 4월 6일 구덩이 파기, 7일 밤나무 심기를 시작으로 젓순 따기, 꽃따기, 밤송이 따기, 밤나무 복돋우기는 그해 9월 말까지 이어졌다. 월평균 2회씩 50가구 200여 주민들이 로테이션으로 농사를 지었다.

옥산면 호죽리 화랑4H 청년회가 작성한 밤나무 과제장. 50가구 200여 주민들이 돌아가며 농사를 지은 기록이다.

어린 묘목에서 밤이 수확될 수는 없는 법. 묘목을 심은 지 10년 되는 해인 1982년부터 밤을 수확하기 시작했다. 즉 밤나무 재배지가 골프장 개발로 인해 화산리 주민들의 대토용으로 매각되던 해인 1985년도에는 제법 굵은 밤알들이 열렸다. 4H 회원들의 농가소득에 대한 기대감이 한껏 부풀었다. 그런데 자신들과는 아무런 협의도 없이, 더군다나 밤나무 보상에 대한 어떤 합의도 없이 매각된 것이다.

주민들의 항의에 청주개발은 충분한 보상을 해주겠다고 구두로 약속했다. 하지만 이 약속은 지켜지지 않았다. 1987년 9월 2일 주민 대표가 청주개발에 약속이행을 촉구했다. 그러자 청주개발 측은 밤나무가 호죽리 주민들 것이라는 증거를 제시하라고 했다.

주민들은 밤나무를 심을 당시 업무일지와 옥산면사무소의 확인서, 청원군 농촌지도소의 인정서를 제출했다. 이에 청주개발 측은 1988년 4월 30

일까지 보상해주겠다고 각서를 써주었다.

6만원 vs 5000원

약속한 보상 시일이 다가옴에도 불굴하고 청주개발 측이 아무런 움직임이 없자 주민들은 본격적인 농사철이 되기 전에 보상 문제를 해결해야 한다고 입을 모았다.

1988년 3월 16일 주민 90명이 청주개발(청주골프장) 현장사무소에 갔다. 전무는 자기가 권한이 없다며 책임을 회피했다. 청주개발의 대표는 별도로 있었지만 청주개발의 최대 주주는 임광토건 회장이기도 한 임광수였다.

그런데 소문으로 흘러나오는 얘기로는 밤나무 한 그루당 5000원을 보상해주겠다는 것이었다. 주민들은 기가 막혔다. 아무리 식재(植栽) 당시 묘목을 정부에서 무상으로 제공한 것이라고는 하지만 호죽리 주민들이 밤나무를 14년간 애지중지 키운 경비가 1/10도 계산되지 않은 것에 주민들은 분개했다.

주민들이 한 그루당 보상비로 요구한 내역을 살펴보면 아래와 같다. 인건비로 연인원 50명의 일당 8600원을 14년(1972년~1986년)으로 쳐서 602만 원, 비료값 14년 치 420만 원(연 30만 원), 농약값 14년 치 420만 원, 밤나무 가격 1050만 원(그루당 15만 원), 밤나무 예상 수확으로 연 1만 5000원씩 700주를 4년으로 쳐서 4200만 원으로 계산했다. 총 배상 청구금액으로 6692만 원이 산정됐다.

백번 양보해서 밤나무 값을 뺀다 하더라도 5500만 원이 나온다. 한 그루당 7만 8000원꼴. 하지만 이후 주민들은 요구안을 낮췄다. 비슷한 시기에 정부에서 오창~독립기념관 구간 도로 확장 공사를 하는데 유실수 보상을 한 그루에 4만 5000원씩 해줬다. 그 보상가를 감안해서 보상가를 낮추어서 그루당 6만 원을 제시했다.

그런데 청주개발이 제시한 보상비는 그루당 5000원으로 700주를 계산하면 350만 원에 불과했다. 주민들은 보상가 5000원은 화목(나무 땔감)값에도 못 미친다며 강력하게 반발했다.

화를 억누른 주민들은 현금으로 보상을 해주지 못하면 마을 진입로 도로포장이라도 해달라고 요구했다. 개별보상이 아닌 마을 공동이익을 위해 요구안을 낮춘 것이다. 그럼에도 불구하고 청주개발 측은 도로 포장비용에 2400만 원이 소요된다며 거부했다. 현금 보상 4200만 원의 57% 금액 대인 2400만 원도 거부한 것이다.

방화(?)

1988년 2월 26일 호죽리 주민 50명이 청주도시산업선교회를 찾았다. 같은 옥산면 호죽리 출신 정진동의 명성은 오래전부터 호죽리 주민들에게 널리 알려진 터였다. 청주시청 청소노동자 문제, 신흥제분 문제부터 시작해 노동자, 농민, 도시 서민들의 문제를 자기 일처럼 나선다는 소문에 같은 고향 출신의 호죽리 주민들로서는 정진동을 찾는 것이 너무나 당연한 일이었다.

정진동은 찾아온 주민들과 반갑게 인사를 나누었다. 그는 진정서를 작성해줬다. 그해 3월 13일 12시에 제43회 노동절 기념행사가 청주산선에서 열렸다. 방용석 전 원풍모방 노동조합 위원장이 강연을 했다. 이 행사에 호죽리 주민 80여 명이 참여했다. 행사를 마친 호죽리 주민들은 상당공원에서 밤나무 값을 보상하라며 집회를 하고 2시간 동안 청주 시내 거리 시위를 벌였다. 그런데 거리 시위를 벌인 지 3일 후에 방화사건이 터졌다.

3월 16일 옥산면 호죽 2구 새마을 지도자 최영복과 3반 반장 박상철이 주민들과 함께 밤나무 보상 문제에 성의를 보이지 않는 청주개발에 항의하기 위해 70~80여 명의 주민들과 함께 오창면 화산리를 찾았다. 주민 대표 자격으로 청주개발 사무소에 들어간 최영복과 박상철은 화가 극도로 치솟았다. 청주개발 측이 밤나무 한 그루당 5000원 보상안만을 앵무새처럼 되뇌었기 때문이다. 그나마 그것도 자기 권한 밖의 일이라며 청주개발 전무는 오리발을 내밀었다.

골프장 건설 현장 사무실에 불을 낸 사건을 보도한 기사. 중앙일보 1988. 3. 17.

"14년간 자식처럼 키운 밤나무를 담벼락에 쌓여 있는 장작처럼 취급하냐!"

주민 대표가 홧김에 무의식중에 발로 찬 난로가 문제였다. 난로가 쓰러지면서 사무실에 불이 붙었고 사무실과 인근 창고 280평(924㎡)이 전소됐다. 창고에 있던 독일제 측량기계는 당시 5000만 원을 호가하는 것이었다.

평소에 순진하고 마을 일에 누구보다 앞장서서 활동했던 청년 일꾼 최영복·박상철이 우발적으로 벌인 행동은 큰 사고로 번졌다. 이로 인해 두 사람은 건조물방화죄로 구속됐다.

서울상호신용금고

예상치 못한 방화사건으로 인해 어려움이 있었지만 호죽리 주민들의 투쟁은 흔들리지 않았다. 호죽리 주민들은 사건이 완전히 종료될 때까지 매

호죽리 밤나무 보상 및 구속자 석방 촉구 대회.

선전물을 빼앗는 전투경찰과의 몸싸움.

주 일요일 청주산선에서 예배를 드린 후에 청주 시내에서 선전전을 하고 거리 시위를 벌였다.

3월 27일에는 주민 80여 명이 가두시위를 하는 중에 경찰이 최루탄을 발포했다. 이 과정에서 호죽리 여성이 최루탄에 맞아 부상당했고, 청주산선 회원 남지희는 보청기가 깨졌다. 경찰의 진압에 주민들과 청주산선 회원들의 저항은 거셌다. 전경 방패 5개를 빼앗기도 했다.

주민들은 밤나무 보상과 구속자 석방을 위한 투쟁을 동시에 벌였다. 끊임없이 선전전, 거리 시위, 탄원서 제출을 했다. 그해 4월 26일에는 제13대 국회의원 선거가 있는 날이었다. 투표에 앞서 4월 17일에는 서원초등학교에서 청주시 을구 합동연설회가 열렸다. 호죽리 주민들은 자신들의 선거구는 아니었지만 밤나무 문제에 관심을 쏟고 힘을 모아준 김재수 후보를 응원하기 위해 서원초등학교로 갔다.

청주 서울상호신용금고 앞에서의 시위.

답답한 상황에 파열구가 생긴 것은 청주시 대성동에 소재한 서울상호신용금고 앞 시위였다. 청주개발이 서울상호신용금고에서 대출을 받아 골프장 개발을 추진하고 있던 터였다. 주민들은 플래카드를 걸고 매일같이 선전전과 시위를 했다. 이렇게 되자 신용을 중시하는 금융기관의 발등에 불이 떨어졌다.

결국 청주개발이 백기를 들었다. 밤나무 보상금으로 2000만 원을 지급하고, 방화혐의로 구속된 두 사람에 대한 석방탄원서를 제출키로 했다. 당연히 방화로 인한 어떠한 민·형사상 책임을 묻지 않겠다고 했다. 8월 18일 선고공판에서 최영복·박상철은 징역 3년에 집행유예 5년을 언도받아 석방됐다. 하지만 그해 사면복권되었다.

마을 공동기금

애초의 보상요구안에는 한참 못 미치지만 주민들은 청주개발로부터 2000만 원을 밤나무 보상금으로 받았다. 주민들은 이 보상금 중 500만 원을 제외한 1500만 원을 호죽신용협동조합에 출자했다. 500만 원은 투쟁 경비로 지출됐다. 주민들은 보상금을 개인들이 나눠 갖지 않고 마을 공동기금으로 적립했다.

마을주민들의 생활 개선과 복지기금으로 적립을 한 것이다. 이 기금은 수십 년간 불어난 이자로 인해 주민들에게 유용하게 쓰였다. 말 그대로 효자효녀 노릇을 현재도 톡톡히 하고 있다. 주민들은 밤나무 보상 투쟁을 통해 더불어 사는 공동체의 꿈을 몸으로 익혔다.

농지정리 공사가 **돈벌이** 수단이라니

해평들·궁들 농민들의 배수로 투쟁

끝이 가물가물하게 보이는 해평뜰(해평들의 방언)에 서면 밥을 안 먹어도 배부른 느낌이 든다. 그만큼 옥산면 호죽리 농민들에게는 해평들이 주민들의 호구 수단이자 자긍심의 원천이었다. 1987년 이른 봄 해평들을 바라보는 주민들의 눈은 예전의 것이 아니었다. 해평들이 풍요로움의 상징이 아니라 재난의 상징으로 보였기 때문이다.

그렇게 바라보는 데에는 이유가 있었다. 그 전 해인 1986년 그곳에서의 농사는 사상 최악의 결과를 낳았다. 논에서 빠지는 물이 배수로로 나올 때, 마치 폭포수가 떨어지는 것처럼 되고, 배수로는 물이 하류로 원활하게 빠지지 않았다. 복토(覆土)해도 시원찮을 논에 바닥을 긁어내 일부 논에서는 생수가 치솟아 농사를 지을 수 없었다.

윤병로와 동래 정씨 문중 제사 비용을 마련하기 위해서 경작하던 토지인 위토(位土)를 농사짓던 정풍영은 농지정리 개발업체가 복토를 한다고 해, 논흙을 파가게 했다. 그런데 논바닥을 너무 깊게 파 생수가 치솟았고 폐농하기에 이르렀다.

더군다나 정작 윤병로와 정풍영의 논에서 파간 흙은 마을 논의 복토용으로 쓰인 것이 아니라 다른 곳에 팔아 개발업체가 이득을 취했다는 것이 밝혀졌다.

물바다

장마철에는 논물이 배수로로 빠져나가지 않아 모들이 둥둥 떠다녔다. 사정이 이렇다 보니 1986년 농사는 예년의 2/3에도 못 미치는 결과를 낳았다. 논농사에서는 치수가 제일 중요한데, 치수 실패로 옥산면 호죽리 해평들에서는 농사가 엉망이 됐다. 그런데 사태의 원인은 자연재해가 아닌 인재였다.

100세대 600여 주민들의 삶의 토대인 호죽리 해평들은 850마지기(17만 평, 56만 1000㎡)로 연 3100가마의 벼를 생산했다. 호죽리 농민들이 1년 동안 논농사를 지어 생활비와 자식들 교육비를 충당했다.

정부에서는 농촌 현대화와 농가소득 확대라는 목표 아래 1985년 해평들 농지정리 공사를 시작했다. 국비 2억2000만 원, 농민 자부담 5000만 원, 총 2억7000만 원을 들인 공사였다. 공사의 핵심은 농지정리와 배수로 공사였다. 공사는 1985년 10월부터 1986년 5월까지 진행됐다.

공사를 하다 보면 정확한 측량을 통해 배수로 직선화 공사가 이뤄진다. 배수로 공사를 하면서 편입되는 땅은 농민들의 손실로 이뤄진다. 이것을 감보율이라고 하는데, 전체 17만 평 중에서 2만 평이 여기에 속했다.

약 11%의 토지가 축소됨에도 불구하고 주민들은 정부 시책에 순순히 응했다. 이것이 결과론적으로는 농가소득 증대로 이어질 것이라는 믿음에서였다. 그런데 이 믿음은 결국 깨졌다.

인재의 핵심은 배수로 부실 공사였다. 배수로 수문의 콘크리트가 부서져 뚝뚝 떨어질 정도였다. 곳곳에서 철근이 노출되기도 했다. 논과 배수로의 연결통로인 수멍 공사도 마찬가지였다. 수멍 곳곳에 모래가 쌓여 원활

배수로 부실공사 모습.

한 배수를 막는 결과를 낳았다.

또한 수문을 조절할 수 있는 곳까지 가는 다리를 놓지 않아 인명사고의 위험성이 상존했다. 배수로와 논둑의 제방 공사가 제대로 이루어지지 않아, 논둑이 무너져 논이 물바다가 되었다. 배수로 공사 결과는 총체적 난국이었다.

그런데 감독기관인 청원군청은 제방 공사에 대해 준공 검사를 내줬다. 개발업체의 탐욕과 감독기관의 태만이 만들어 낸 농지정리 공사는 결국 자본의 돈벌이 수단이 돼버렸다. 1986년도의 인재를 경험한 주민들은 1987년 논농사를 앞두고 밤을 설쳐야 했다.

청와대

며칠간 밤을 설친 농민들은 자신들의 동향 출신인 청주도시산업선교회 정진동 목사를 찾았다. 농민들의 이야기를 묵묵히 들은 정진동은 진정서를 작성했다.

"농민 전체 서명을 받아 오세요."

다음 날인 1987년 3월 5일에 호죽리 농민대표 3명이 주민 전체의 서명을 받아왔다. 농민들의 상황은 그만큼 절박했다. 농번기가 시작되기 전에 이 문제가 해결되지 않으면 1987년도 농사도 망칠 것이 불 보듯 뻔했기 때문이다.

정진동은 3월 6일 호죽리 현지답사를 한 후 청원군수에게 진정서를 보냈다. 청원군수가 현장에 나와 실태 파악을 했지만, 관의 태도는 여전히 냉담했다. 3월 15일 농민 30여 명이 청주산선에 왔으나 청원군청 농지계장과 경찰들의 제지로 대표자 8명만 정진동을 면담했다.

농민들은 재차 청원군청에 진정서를 보냈다. 농민들의 요구 사항은 다음과 같았다.

1. 배수로 수문 공사를 다시 해달라.
2. 수문 조절할 수 있는 곳까지의 다리를 설치해달라.
3. 배수로를 깊이 파서 배수가 원활하게 해달라.
4. 배수로 옆에 제방을 쌓아달라.
5. 생수가 치솟은 논에 복토를 해달라.
6. 환지(換地)를 공평하게 해달라.
7. 1986년 농사 손실액을 보상해달라.

농민들이 청원군에 진정서를 보낸 다음 날인 3월 17일 청원군수로부터 회신이 왔다. '가능한 한 해결하겠다'는 것이다. 하지만 시정은 바로 되지 않았다.

농민들은 청주도시산업선교회를 '풀방구리에 쥐 드나들 듯'했다. 특히

옥산면 호죽리 해평들 농민들의 시위.

매주 일요일에는 청주산선에서 예배를 봤다. 정진동은 농민들에게 해평들 문제와 관련해 교육도 했다. '해결하겠다, 노력하겠다'는 회신 후에도 미동조차 없는 청원군청에 2차 건의서를 보냈다. 정진동은 '잘못된 곳은 고치고, 손해 본 것은 배상하고, 불공정 환지는 다시 공정하게 분배하라'고 썼다.

농민들은 여론의 공론화를 위해서 청원군청 이외에도 탄원서를 보내기로 했다. 4월 8일 충북도지사, 농림수산부장관, 문화방송사, 연합통신사와 청와대에 탄원서를 발송했다.

농민들의 싸움은 지칠 줄 몰랐다. 4월 16일 탄원서를 청원군수, 옥산면장, 우성건설, 대명건설(우성건설로부터 공사를 하청받은 업체)에 보냈다. 이런 노력의 결과 4월 18일 청와대로부터 회신을 받았다. 부실 농지정리 공사를 다시 하겠다는 내용이었다.

물론 전년도인 1986년도 농사 손실액 보상 문제를 포함한 일부 요구는 관철되지 못했다. 하지만 농민들의 완전한 승리나 마찬가지였다. 호죽리 농민들이 정진동을 찾아온 지 49일 만의 일이었다.

수세(水稅)

1989년 수세 통지서를 받은 청원군 미원면 내산리 주민들은 분통을 터뜨렸다. 1985년도 청원군청에서 농지정리 공사를 한 이래 한 번도 물을 제대로 공급받지 못했는데 물세(수세)를 내라니 황당하기만 했다.

더군다나 공사는 1985년도에 했는데, 수세가 1984년도분이 나오기도 했다. 이 황당함은 분노로 이어졌다. 내산리 2~3구 주민들은 1989년 1월 10일 청원군농민회에서 개최한 '수세 거부' 집회에 참석했다. 4년 치 수세를 돌려달라는 요구였다.

그런데 내산리 주민들의 답답함은 수세에만 국한되지 않았다. 부실 농지정리 공사로 인한 피해가 극심했다. 2년 전 옥산면 호죽리에서 있었던 일과 유사했다.

1월 10일 수세 거부 집회에서 신흥제분 노동자 김태안 사촌 형이 제안해 청주도시산업선교회 정진동 목사를 찾아갔다. 1970년대 청주의 대표적인 노동쟁의였던 신흥제분 투쟁 경험이 농민들에게 전파된 사유였다. 농민들이 정진동에게 털어놓은 내용은 다음과 같았다.

미원 궁뜰(궁들)도 옥산 호죽리 해평들과 마찬가지로 국가시책으로 농지정리 공사를 벌였다. 궁들 농민들이 자신들의 논 일부가 손실(감보)되는 것을 감수하고서도 말이다.

그런데 공사 결과는 허망했다. 공사 전에는 물을 마음대로 논에서 빼고, 배수로에서 끌어들일 수 있었는데, 공사 후에는 겨울철이 지난 후와 장마철이 지난 후에는 그럴 수가 없었다. 수멍이 모래와 흙으로 막혔기 때문이

미원면 궁들 배수로 공사 후 모습.

다. 또한 배수로가 무너져 논이 물바다가 되기도 했다.

  농지정리를 할 때 상류는 논바닥을 높게 하고 하류는 낮게 하는 것이 상식이다. 그런데 이런 기본적인 원칙이 무시된 공사 결과는 가뭄에 배수로에 흐르는 물을 보고도 망연자실하게 바라볼 수밖에 없는 결과를 초래했다. 일부 논은 물을 대지 못해 벼가 타들어 가고, 일부 논은 물바다가 됐다.

  개발업체의 부실 공사와 청원군청의 감독 소홀이 낳은 인재였다. 이런 와중에 주민 중 일부는 환지 과정에서 농사짓기 좋은 땅을 불하받고, 복토도 넉넉히 받았다. 토지 개발위원으로 참여한 이들이다. 하지만 절대다수의 농민은 피해를 고스란히 감수해야 했다.

  정진동과 농민들은 부실 농지정리와 수세 거부에 관한 탄원서를 청원군청과 청원농지개량조합 등에 보냈다. 1월 24일 청원농지개량조합으로부터 '긍정적으로 검토하겠다'는 회신을 받았으나, 공무원들은 여전히 복지부동이었다.

1월 26일에는 청주산선에서 옥산면 호죽리 출신 정상봉 목사의 '인간의 권리란 무엇인가?'라는 주제로 미원면 내산리 농민들을 대상으로 교육을 실시했다. 2월 26일에는 정진동이 농림수산부 장관에게 건의서를 보냈다.

3월 7일 농지개량조합이 정진동에게 회신을 보냈다. '미원면 궁들 보 구역의 용배수를 위한 시설물 공사를 금년(1987년) 봄에 실시하겠다. 다만 3~4년 치 수세를 반환해달라는 것은 농촌 근대화촉진법에 의거해 부과한 것이기에 반환이 불가능하다.'는 것이었다.

비록 지난 수세 문제는 해결되지 않았지만 농지정리 재공사를 이끌어낸 것이다. 그해 4월 재공사가 시행되었다. 다행히 농번기가 시작되기 전에 마무리됐다. 농민들의 승리였다. 내산리 농민들이 정진동을 찾아간 지 두 달도 안 돼 수세 문제까지 해결됐다.

소풍

"목사님, 한잔 받으세요."
"고맙습니다."
새마을모자를 쓴 내산리 주민이 정진동에게 소주를 따랐다.
"목사님, 한 말씀 하세요!"
내산리 궁들 변 냇가에 모인 주민들이 귀를 기울였다.
"올해 봄, 여러분의 투쟁으로 농지정리와 배수로 공사가 잘 마무리되었습니다. 앞으로 매년 풍년을 기대하며 건배합시다. 건배!"
참석자들의 박수 소리와 '건배' 소리가 어우러졌.
1989년 10월 29일 주일예배를 마친 정진동과 조순형은 미원면 내산리 궁들 냇가로 갔다. 주민들이 벼 수확을 마치고 천렵을 하는데 초청된 것이다. 이 자리는 사실상 그해 봄의 투쟁 승리를 축하하는 잔치였다. 남성들이

미원면 궁들 주민들의 천렵(사진 위). 내산리 주민들이 궁들 싸움에 큰 도움을 준 정진동에게 소주를 따라주고 있다.

족대로 물고기를 잡고 여성들은 어죽과 매운탕을 끓였다. 마을 사람 대부분이 모인 이날의 잔치는 흥겨움 그 자체였다. 이홉들이 소주병과 댓병(대꼬리, 대병) 빈병들이 넘쳐났다. 내산리 주민들이 농사를 지으며 가장 즐거운 소풍을 보낸 것은 1989년 10월 29일이었다.

"작업 속도 좀…" 건의에 무차별 **폭행**

여성 노동자 김경자, 그리고 청주산선의 대전 활동

컨베이어벨트는 무척이나 빨리 돌았다. 김경자가 처음 작업대에 섰을 때는 컨베이어 속도가 그렇게 빠른 줄 몰랐다. 하지만 그는 일한 지 얼마 안 돼서 파김치가 됐다.

페리오 치약의 튜브와 포장곽이 흐릿하게 보일 정도였다. 그러다 보니 치약을 종이 곽에 제때 넣지 못하는 경우도 비일비재했다. 럭키(주)가 1979년 국내 최초로 생산한 화이트 치약이 페리오 치약으로 이름이 바뀐 지 얼마 안 돼서다.

작업반장에게 두들겨 맞고 병원행

"컨베이어벨트 속도를 조금만 늦춰 주세요"

김경자(당시 21세)는 1981년 7월 28일 출근하자마자 반장에게 건의했다. 반장은 대뜸 김경자의 얼굴과 가슴을 손바닥과 주먹으로 사정없이 때렸다. 주변에 있는 여성 노동자들은 겁에 질려 얼굴이 하얗게 변했을 뿐 누구도 말릴 엄두를 내지 못했다.

김경자는 수없이 날아오는 주먹질과 발길질에 정신이 혼미해졌다. 이러다가 죽을 수도 있겠다는 생각에 사람 살리라고 외치며 3층 작업장에서 1층으로 달아났다. 1층의 경비노동자들은 이를 목격하고도 수수방관했다. 김경자는 뒤쫓아온 반장에게 또다시 폭행을 당해 기절했다. 그제서야 그는 청주의 한 병원으로 긴급 후송됐다.

병원에 입원한 김경자는 의식이 깨어나지 못하고 하혈하며 횡설수설했다. 사태의 심각성을 깨달은 회사 측은 이날 오후 7시 청원군 남일면 대머리(현재의 청주시 방서동) 김경자 집에 연락했다. 사건이 발생한 지 12시간 만이다.

몸이 여전히 회복되지 못하자 8월 12일 서울대학교병원으로 이송됐다. 그곳에서 치료를 받고 청주에 다시 내려왔을 때도 김경자의 몸은 온전하지 않았다. 회사 측은 개인의 폭행으로 처리하려고 했다. 청주도시산업선교회 정진동 목사를 만난 후 김경자의 아버지 김교영은 회사에 강하게 항의했다.

"컨베이어벨트 속도 때문에 발생한 폭행이 어떻게 개인적인 것입니까?"

회사 관리자의 지시를 고분고분 따르지 않으면 병원에 입원할 정도의 폭행을 당하는 일은 1950, 1960년대만의 일이 아니었다. 1980년대 초반 럭키 청주공장에서 있었던 일이다.

일감 없다고 해고해 놓고선… 100명 새로 뽑은 회사

회사로부터 폭행에 대한 보상금 85만 원을 받았지만 김경자는 럭키공장으로 다시 돌아갈 수 없었다.

1982년 4월 2일 출근한 새 직장은 튜브형 얼음과자 '아이차'를 생산하던 삼립식품. 김경자가 친구들과 청주산선에 놀러 간 것은 그해 6월이었다. 그곳에서 조순형 전도사에게 매듭과 꽃꽂이를 배웠다. 뭐를 배우든 신기하고 재미있던 20대 초반의 여성 노동자였다.

그렇게 몇 차례 청주산선에 다닌 뒤였다. 회사 관리자가 김경자 일행을 호출했다.

"어디 갔다 왔냐, 뭘 가르쳐 주더냐, 누가 가자고 했냐?"

질문이 속사포처럼 쏟아졌다. 회사 측에서는 '청주산선이 부산미문화원 방화 사건(1982.3.18.)을 일으킨 빨갱이와 연계된 세력'이라고 했다. 서부경찰서(현재 청주 흥덕경찰서) 정보과 형사들은 회사에 상주하다시피 하며 김경자에 관한 정보를 캐냈다.

'불황이라서 불가피하게 인원을 감축한다'며 김경자가 속한 부서를 포함해 2개 라인을 구조 조정했다. 사측은 불가피한 상황에서의 구조조정이라며, 해고가 아니라고 강변했다. 노동조합도 묵묵부답이었다. 일감이 없어 2개 라인을 폐쇄한 삼립식품은 김경자가 부당해고된 지 얼마 안 돼서 다시 신규사원 100명을 채용했다.

하루 벌어 하루 사는 입장이었던 김경자는 해고 후에 일손을 놓고 있을 수만은 없었다. 콘돔과 수술용 의료장갑을 생산하던 서흥산업에 1982년 10월 4일에 취직했다. 서흥산업의 작업환경도 녹록지 않았다. 의료용 수술 장갑이 눌어붙지 않게 하기 위해 돌가루를 뿌렸다. 노동자들이 제대로 된 보호장비 없이 돌가루에 노출됐다.

김경자는 돌가루와 씨름한 지 20일 만에 새로운 부서로 전출됐다. 2인이 작업하던 공정에 김경자 혼자 일하게 했다. 회사 관리자들은 김경자를 작업시간 내내 감시했다. 심지어 식당과 화장실에도 졸졸 따라다녔다. 피가 마르는 듯했다. 회사 측이 김경자의 이력을 눈치챈 것이었다.

"사표 써!"

"왜요?"

관리자의 지시에 김경자가 대꾸했다. 회사 관리자는 회사 종업원 226명이 전부 김경자를 싫어한다고 했다. 상식적으로 같은 생산부서에서 일하

복직기도회에서 발언하는 김경자.

는 노동자들이 싫어한다면 모를까, 얼굴도 모르는 이들이 전부 싫어한다는 것이 말이나 되는가?

김경자를 싫어한다는 226명의 명단이 공개된 것도 아니고, 정당한 절차를 통한 해고도 아니었다. 하지만 다음 날부터 김경자는 서흥산업 정문을 통과할 수 없었다. 회사 경비와 관리자들이 출근하려는 김경자의 몸을 밀쳤다. 그 과정에서 옷이 찢어지기도 했다.

몸싸움에 지친 그가 회사 담벼락에 서 있는 모습은 쓸쓸하기만 했다. 하지만 김경자는 그때 '노동자의 인권이 짓밟히는 상황을 깨뜨리기 위해 끝까지 싸우겠다'는 마음을 다졌다.

며칠 후 과장이 다방에서 이야기하자고 했다.

"이것 갖고 그만둬!"

과장이 건넨 흰 봉투를 열어보니 현금 200만 원. 당시에 노동자에게는 엄청난 액수였다. 자신의 약 20개월 치 월급을 과장의 얼굴에 던졌다. 자본

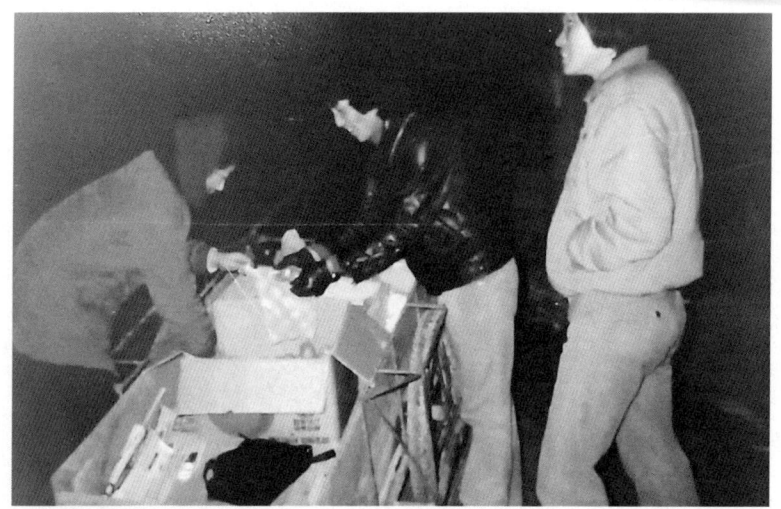
길거리에서 귤을 파는 김경자.

의 유혹을 전면 거부한 것이다.

결국 서흥산업에도 돌아갈 수 없었던 김경자는 리어카에 귤을 싣고 다니며 노점상을 했다. 이때 청주도시산업선교회 조순형 전도사의 호출이 있었다.

《씨알의 소리》를 읽던 청년

"경자야, 대전에 가자!"

정진동과 조순형이 머리를 맞대고 청주도시산업선교회 활동 영역을 대전 대화공단까지 넓히자고 이야기를 한 것은 1983년 3월이었다. 당시에 대전에는 도시산업선교회나 전문적인 노동운동 단체가 없었다. 그러다 보니 신탄진과 대전에서 노동 상담을 하러 청주도시산업선교회로 오는 형편이었다. 오는 이도 불편했고, 상담을 하는 이도 청주에서 대전의 상황을 실시간으로 파악하기에는 무리였다.

그렇게 해서 신탄진 주택 2층에 전세금 250만 원짜리 사무실을 얻은 것은 1983년 4월 18일이었다. 김경자는 충남방적에 입사했다. 김경자는 신탄진 사무실에서 숙식을 하며 회사로 출퇴근했다. 조순형은 청주에서 출퇴근을 하며 신탄진에서 활동했다.

그렇게 조순형이 새로운 활동 영역을 개척하기 위해 분주할 때, 청주도시산업선교회에서는 새로운 실무자를 물색했다. 정진동 혼자서 일을 할 수 없었기 때문이다. 새로운 실무자를 거론하면서 정진동의 머릿속에 금방 떠오른 청년이 있었다.

1978년 봄에 주례를 부탁하러 온 이유근이었다. 그 청년은 평소에 정진동을 존경했다며 주례를 부탁했고, 정진동은 흔쾌히 수락했다. 이것을 계기로 이유근은 청주산선을 다녔다. 함석헌, 문익환, 백기완 등 대한민국의 내로라하는 지식인들의 강연에도 빠짐없이 참석한 터였다.

청년 이유근이 청주도시산업선교회와 정진동에 흠뻑 빠진 데에는 이유가 있었다. 당시 청원군 북일면(현재의 청주시 내수읍) 정상리에 살던 이유근의 아버지 이규영은 마을에서 야학을 운영하며 《사상계》를 읽던, 깨어 있던 이였다. 시골 사는 농민이 《사상계》를 읽는다는 것은 당시에 상상조차 할 수 없는 일이었다.

이런 환경에서 자란 이유근은 젊은 시절부터 《동아일보》와 《씨알의 소리》를 구독했고, 청주의 중고책방을 다니며 지식의 목마름을 채웠다. 청주중학교와 청주농고를 졸업하고 시골에서 농사를 짓던 농민 이유근은 아버지의 대를 잇는 깨어있는 청년이었다.

《동아일보》와 백지 광고

"믿을 것이라곤 오직 동아뿐이군요."

500원짜리 동전 크기의 광고가 《동아일보》에 실린 것은 1974년 1월이었다. 충북 청원군 북일면 정상리 청년들의 계 모임인 '정우회'에서 《동아일보》 격려 광고에 참여한 것이다.

1972년 10월 박정희가 비상계엄령을 발포하고 국회 해산과 더불어 유신헌법을 발효하는 초유의 사태가 발생했다. 지식인·종교인들이 저항하자 박정희 정권은 1974년 여러 번의 '긴급조치'를 취했다. 수많은 지식인이 장기형을 받는 상황에서 언론은 침묵을 지켰다. 사방이 얼어붙은 '겨울공화국 시대'였다.

이러한 언론보도에 불만을 품은 학생들이 동아일보사 앞에서 동아일보를 불태우는 사건이 발발했다. 엄청난 충격에 빠진 《동아일보》 기자들은 1974년 10월 24일 '자유언론 수호대회'를 열었다.

그해 12월 20일부터 광고주들의 광고 해약이 붐을 이뤘다. 박정희 정권의 언론탄압이었다. 결국 광고란이 백지로 나가게 됐다. 그러자 전국의 시민들이 《동아일보》 격려 광고에 동참했다. 격려 문구와 더불어 후원금(격려금)을 보낸 것이다. 《동아일보》 광고면은 민주주의 회복을 염원하는 전국 시민들의 응원 글로 넘쳐났다.

"《동아일보》가 광고 탄압을 받고 있어. 격려금을 보내자!"

'정우회' 총무를 보던 이유근은 계원들에게 제안했다. 평소에 총무 일을 성실하게 수행하고, 지역에서 신뢰를 받고 있던 이유근의 제안에 이의를 다는 회원은 단 한

동아일보의 언론자유수호 운동에 격려금을 보낸 이유근에게 보낸 감사문.(사진=이유근)

맨 왼쪽이 이유근, 맨 오른쪽이 정진동, 그 옆이 김경자.

명도 없었다.

이 사건을 계기로 사회의식이 더욱 높아진 이유근에게 《씨알의 소리》와 《신동아》는 주요 정보 공급처였다. 특히 《씨알의 소리》에는 정치·사회·문화 등 각계의 진보적인 목소리가 실렸다. 노동자·농민의 생존권 투쟁도 생생히 전했는데, 청주에서 민중의 목소리에 응답하는 이가 청주도시산업선교회 정진동 목사라는 것을 그제야 알았다.

이렇게 신문과 잡지를 통해서 접했던 정진동을 직접 대면한 것은 자신의 결혼식 주례를 부탁하기 위해서였다. 그때부터 청주도시산업선교회 열성 신도가 된 이유근은 1983년 조순형의 빈자리에 새로운 일꾼으로 채용됐다.

소가죽을 구워 먹는 현실

도시산업선교회 실무자로 채용되면 노동 현장에 취업하는 게 필수 과정이다. 이유근은 조광피혁에 입사했다. 이유근의 북일초등학교 선배이자 청원군 북일면 오동리(현재의 청주시 오동동)에 살던 서부경찰서 정보과 조○○ 형사가 이유근의 조광피혁 입사 정보를 수집했다.

그때부터 이유근은 조광피혁에서도 모두가 꺼리는 부서로 뺑뺑이를 돌았다. 가죽을 깎아내는 부서, 수입한 원가죽을 대형 화학통에 담아 부드럽게 한 후 털을 벗겨내는 원피반, 가죽을 말리는 건조반 등이었다.

마스크도 쓰지 않은 채로 일하는 노동자들은 가죽을 생산하는 과정에서 발생하는 고열과 악취에 고스란히 노출됐다. 그런 과정에서 일부 노동자들은 소가죽 원단을 구워 먹으며 배고픔을 달래기도 했다. 1980년대라고는 하지만 배고픈 노동자들이 비일비재했던 대한민국의 현실이었다.

이런 최악의 노동환경에서 이유근은 1년간 공장 생활을 했다. 1987년까지 실무자로 정력적으로 활동을 하던 이유근은 청주시 내덕동·운천동·송정동 3개 지역 주민 싸움에 심혈을 기울였다. 그 결과 수 차례의 연행과 구속을 당했다. 그는 1988년도부터 충북 기독교농민회로 활동 공간을 옮겼다.

신발로 뺨 때리고, 보안사가 사표 강요

주식회사 한우 노동자 탄압, 그리고 깨어난 노동자들

짝짝 하는 소리에 뒤를 돌아본 김태평은 기겁하는 줄 알았다. 반장이 신발 밑창으로 조 아무개 뺨을 때리는 소리였기 때문이다.

그런데 김태평을 더욱 당혹스럽게 한 것은 아무도 반장을 말리려 하지 않은 것이었다.

"반장님 왜 이러세요."

"너는 뭐야 이 XX야."

되돌오오는 악담에 신입사원인 그로서는 더이상 뭐라 할 수 없었다.

폭언·폭행은 일상적 풍경

1985년 2월 22일 주식회사 '한우'에 입사한 김태평은 입사 초기에 황당한 장면을 여러 번 목격했다. 작업속도가 늦다며, 불량품이 나왔다며, 출근이 늦다는 등의 이유로 생산과장이 신발 밑창과 빗자루로 노동자의 뺨과 몸을 때리는 것이 다반사였다.

한 여성은 생산과장의 발길질에 엉덩이가 차여 2~3일 동안 제대로 걷지도 못했다. 폭언과 폭행은 1980년대 중반까지 (주)한우의 일상적인 풍경

(?)이었다. 근무시간 내에 그날의 생산량을 다 채우지 못하면 2~3시간 초과근무를 해야 했다. 잔업수당 없이 말이다.

1일 12시간 교대였지만 12시간 근무하는 날은 '하늘의 별 따기'였다. 초과근무가 밥 먹듯이 행해졌다. 30분 일찍 출근하는 것은 거의 불문율처럼 되었다. 출근 시간 수십 분 전에 현장에 있지 않으면 관리자들은 집에 가서 애나 보라며 폭언을 일삼았다.

휴식 시간이라고는 겨우 10분 주어졌는데, 국수가 나왔다. 국수를 10분 동안 먹어야 하니, 후루룩 들이켜야 했다. 갑자기 무슨 일이 생기면 국수 그릇을 들고 다니는 웃지 못할 상황이 연출되기도 했다.

일을 못 한다는 트집을 잡아 감봉시키고, 물건이 없어지면 도둑 취급을 했다. 작업 중 산재를 당해 2~3일 출근하지 못하는 노동자와 몸이 아파 하루만 쉬게 해달라는 노동자에게 먹고살고 싶으면 출근하라고 협박하거나 함부로 해고시켰다. 도란스(트랜스=변압기)가 고장 나면 네 돈으로 고쳐 오라며 억지를 부리기 일쑤였다.

거꾸로 관리자의 맘에 든 노동자에게는 180도 다른 처우를 했다. 퇴직한 지 며칠 지난 노동자에게 병가처리를 해주고 다시 취업시켰다. 노동자들은 월차수당과 생리 수당이라는 말조차 들어보지 못했다. 2~3평의 사글세 방에서 생활하는 노동자들에게는 공장이 그야말로 지옥이었다. 이러한 노동환경으로 인해 1971년 4월 5일 설립한 (주)한우는 1년에 100여 명이나 이직을 했다.

김태평은 입사한 지 한 달 뒤 관리자에게 여성들의 생리수당을 지급할 것을 건의했다. 관리자는 햇병아리가 까분다는 조롱조의 눈빛을 하며, 김태평을 해고했다. 김태평은 그날 신탄진에 있던 청주도시산업선교회에서 조순형에게 조언을 받았다.

"그렇게 해서 해고당하면 공장 노동환경이 개선되냐? 잘못했다고 하고 다시 취업해!"

조순형의 말을 듣고 나서야 김태평은 자신이 성급했다고 판단했다. 조순형의 권고대로 김태평이 (주)한우에 다시 입사한 것은 1985년 4월이었다.

공돌이·공순이, '노동자'로 깨어나다

(주)한우 노동자들이 그해 4월 말부터 하나둘 신탄진 청주산선에 놀러왔다. 조순형은 그들에게 음식을 사주기도 했다. 5월에는 소풍을 갔다. 신탄진 강가 모래밭에서 기타를 치며 종일 깔깔깔 웃으며 즐겁게 보냈다.

"공부 좀 해볼까?"

조순형의 제안에 노동자들이 선뜻 고개를 끄덕인 것은 자연스러운 일이었다.

근로기준법과 노동법, 노동가요를 배우고 '실질임금이란 무엇인가', '기업의 사회적 책임', '노동자의 사회적 역할과 자세' 등의 내용을 함께 공부했다. 1일 12시간 맞교대였기에 오전과 오후에 퇴근 노동자 5~6명을 대상으로 교육이 진행됐다.

노동자들의 의식은 먹을 빨아들이는 습자지와 같았다. 교육은 주로 조순형이 맡았지만 청원군 미원면 옥화대에서 '하나의 집'을 운영하고 있던 조지송 목사와 청주도시산업선교회 정진동 목사가 특강을 해주기도 했다.

교육을 통해 노동자의 권리의식이 눈에 띄게 높아졌다. 무엇보다도 노동자들의 자존감이 높아졌다. 이전까지는 공돌이·공순이로 서로를 부르던 것이 '노동자도 인간이다'라는 생각으로 바뀌었다. 동료들이 관리자들에게 신발과 싸리 빗자루로 맞아도 '나 몰라라' 했던 노동자들이 함께 분노했다.

생산량으로 인해 무급 잔업이 빈번할 때는 서로를 불신하고 '저 XX 때문에 우리도 퇴근이 늦는다'라고 원망하는 마음을 품었다면, 교육을 통해 회사의 횡포가 문제의 핵심이라는 것을 뒤늦게 깨달았다.

이런 과정을 통해 노동자들의 관계는 현격히 변화했다. 서로를 감시하고 미워하던 마음에서 따뜻한 동지애로 바뀐 것이다.

"우리끼리 분위기 좋아진 것만도 너무 좋아요."

신억균은 조순형을 보며 울먹였다. 동료 의식을 통해 회사 측의 성과급제 도입을 물리쳤다.

블랙리스트가 만들어지다

현장 분위기가 좋아지면서 생산능률이 향상됐다. 노동자들 사이에서 '노동자의 권리는 단결된 힘만으로 가능하다'는 생각이 자연스럽게 형성됐다. 50여 명이 모여 친목 모임 '한마음회'를 결성했다. 강장식이 회장을

청주산선 한마음회.

맡았고 김태평이 총무를 맡았다. 현장의 애로사항을 수렴하기 위해 부서마다 운영위원을 뒀다.

'한마음회'는 현장의 노동환경 실태를 조사해 다음 사항을 사측에 건의했다. 관리자의 폭행과 폭언 금지, 환풍기를 설치해달라, 남녀 화장실을 분리시켜라, 생리휴가·월차수당·잔업수당을 지급하라, 잔업과 특근을 노동자 자유의사에 맡겨라 등이었다. 너무나 당연한 요구였지만 사측에서는 '빨갱이들의 선동에 의한 행위'로 간주했다.

회사 노무관리팀에서는 발 빠르게 움직였다. 핵심 주동자와 배후조종자를 조사했다. 회사 내의 친목 모임 '한마음회'의 실체를 파악하고 블랙리스트를 작성했다. 사측이 작성한 블랙리스트 장부 중 김태평에 관한 사항은 다음과 같았다.

부산의 화물차를 동원해 한우의 생산품(신발 밑창)을 밀반출하려는 걸 저지하려는 노동자들이 화물차 기사와 몸싸움을 벌이고 있다.

김태평. 1957년생으로 본적은 충남 금산군 진산면 행정리, 주소는 충남 대덕군 신탄진읍 석봉리, 한성고등학교 졸업(1977년), 1985년 2월 22일 (주)한우 입사……

　　그리고 가족관계가 기록되어 있다. '한마음회' 회원 전체가 블랙리스트에 올랐다.

보안사가 나서다

　　문제는 사측의 노동 감시에만 그치지 않았다는 점이다. 보안사(국군보안사령부, 현재 국군방첩사령부)가 전면에 나선 것이다. 원래 보안사는 대한민국의 군내 방첩 업무 및 군인과 군사기밀에 대한 보안 감시를 하는 국방부 직할부대이다. 그런데 보안사는 1990년대 초반까지 국내 민간인 사찰을 했으며, 이를 통해 정치, 노동 문제에 깊숙이 개입했다. 이러한 행태 속에서 (주)한우 노동 문제에도 불법적으로 개입했다.

　　1986년 3월 20일 야간에 출근한 김태평에게 검은 그림자가 다가왔다.

　　"김태평 씨, 잠시 같이 갑시다."

　　누구인지 물어봐도 대답이 없었다. 시내를 빙빙 돌더니 눈가리개를 풀었는데, 그곳은 대전 보안사였다.

　　김태평에겐 예비군복이 입혀졌다.

　　"한마음회 주동자가 너냐?, 도시산업선교회는 언제부터 나갔냐?, 근로기준법은 그냥 법일 뿐 회사의 사칙이 우선이다.……."

　　강압적인 분위기에서 구타와 조사가 진행됐다. 이어서 강장식, 권태보, 이철훈, 방기문이 끌려왔다. 보안사의 핵심 요구는 '한마음회 해체'였다.

　　3월 24일 대전 보안사와 회사 관리자들이 보는 앞에서 '한마음회'는 해체됐다. 회사는 처음에 '한마음회'를 해체하면 아무일도 없는 것으로 해주겠다는 약속을 뒤집었다. 사표를 종용했다. 김태평을 위시로 몇 명이 거부하자 보안사가 다시 한번 나섰다. 4월 2일 보안사에 끌려간 김태평은 본격적인 고문을 당했다.

보안사 요원들은 김태평의 무릎 사이에 각목을 끼워 짓밟았다. 천장에 거꾸로 매달아 몽둥이찜질을 가했다. 밤새 내내 고문이 가해졌다. 고문 사실을 세상에 알리면 복수하겠다는 보안사의 협박이 뒤따랐다. 김태평은 고문에 못 이겨 사표를 썼다.

해고된 김태평은 보광금속에 입사했다. 이러한 과정에서 대전산선의 활동 입지는 더욱 위축됐다. 신탄진에서도 산업선교회 간판을 달지 못했지만 1986년 4월 대전 와동으로, 1987년 4월 대전역 삼성동으로 이사해서도 마찬가지였다. 특히 86년 '한마음회'가 해체된 후에는 대전산선 사무실에서 모일 수조차 없었다. 그렇게 해서 조순형이 짜낸 묘안이 시내에서 만

(주)한우 민주노조운동을 추진했던 한마음회 회원들.

나는 것이었다. 칼국수 집에서 만나고 이후에는 노동자 자취방에서 모임을 했다.

서너 살 아이들도 투쟁

1987년 6월 항쟁은 오랜 군부독재를 종식시키고 노동자의 가슴에 불을 질렀다. 6월 민주화운동을 경험한 노동자는 그해 7~9월 노동자 대투쟁에 참여한다. (주)한우에서도 마찬가지였다.

8월 12일 노동자들은 1일 8시간 노동제, 임금인상, 퇴직금 누진제 실시, 상여금 차등제를 폐지하고 연간 400% 지급, 작업 환경·식사 개선, 블랙리스트 철폐와 해고노동자 복직을 주장하며 농성에 돌입했다. 농성 나흘째인 8월 15일 사측은 관리자와 구사대를 동원해 농성자들을 해산시키고 18명(1공장 5명, 2공장 13명)의 노동자를 해고했다.

한우 정문에서 북을 치며 농성하는 가족들. 아이도 참여했다.

8월 17일부터 노동자와 가족들은 회사 정문에 텐트를 치고 농성에 들어갔다. 회사 정문은 쇠로 된 체인으로 둘둘 감아 출입할 수조차 없었다. 사측은 다시 농성단에 폭력을 저질렀다. 8월 19일 3~8세의 어린이와 여성들의 목을 조르고 머리채를 잡고 끌고 갔다. 농성단 해체에는 대전경찰서 대공계도 참여했다. 8월 15일에는 부산의 납품업체 트럭을 동원해 아이들이 자고 있는 천막을 밀어붙이겠다고 협박했다.

대전경찰서와 관내 파출소는 순식간에 난장판이 됐다. 3~4세 아이들은 대공과와 정보과 책상 위를 뛰어다니고, 심지어 책상 위에 오줌을 싸기도 했다.

〈사노라면〉 노래 한 곡 때문에 벌어진 일

(주)한우 2공장에서 근무하던 민경준(1963년생)은 졸지 않기 위해서 〈나는 행복한 사람〉, 〈보고 싶은 여인〉을 불렀다. 작업 도중 노동자들이 노래를 부르는 것은 관행이었다. 심지어 사측은 노동자들의 졸음 방지를 위해 라디오를 크게 틀기도 했다.

그런데 민경준이 당시 금지곡이었던 〈사노라면〉을 불렀다. 상황은 달라졌다. 사측은 사규 위반이라며 열흘간 출근 정지라는 중징계를 내렸다. 민경준은 이에 불복해 매일 출근투쟁을 벌였다. 그런데 회사는 징계 기간이 끝났는데도 원직에 복직시키지 않았다. 민경준은 오랜 기간 원직 복직 투쟁을 벌여 목표를 이룰 수 있었다.

(주)한우 투쟁은 1987년 18명의 해고노동자를 남기고 마무리됐다. 투쟁의 상처는 깊었다. 해고노동자와 가족들의 아픔도 아픔이려니와 김태평과 조순형 전도사가 '제3자 개입금지법' 위반으로 구속됐다.

그렇지만 투쟁이 상처만을 남긴 것은 아니었다. 투쟁에 참여했던 강장식·김태평이 충남노동자협의회 설립에 참여했고, 일부 노동자들은 이후

부평 등지의 노동운동에 관여했다. 투쟁 속에 의식이 성장하고 노동운동이 발전한다는 진실이 (주)한우에서도 발현됐다. 조순형은 1988년 1월 대전 활동을 마무리하고 청주로 돌아왔다.

일제 **부역**했어도 그림만 잘 그리면 되나?

운보 김기창 기념관 건립 논란과 역사정의실천협의회 활동

1993년 봄 충북 청주에서는 '친일 화가 논쟁'이 거세게 불었다. 청원군 북일면(현재의 청주시 내수읍) 형동리 산 30번지 일대에 김기창 기념관을 건립하겠다는 계획이 발표됐기 때문이다.

화가 김기창은 북일면 형동리 산 30번지 일대 임야 2만2000평에 청원군의 행정지원과 본인 부담 6억 원을 들여 기념관 및 위락 시설을 건립하겠다고 밝혔다.

천재 화가 그리고 친일 화가

이에 신경득(경상대학교 국어국문학과) 교수는 친일 화가 김기창이 기념관을 짓는 행위는 있을 수 없다고 못 박았다. 뜻을 같이하는 이들이 모였다.

김기창은 어떤 인물인가? 1913년 서울 종로구 운니동에서 태어난 김기창은 1920년 승동보통학교에 입학했다. 그런데 그는 이때 장티푸스에 걸려 후천성 청각장애인이 돼 평생 장애를 안고 살았다. 하지만 그는 김은호의 문하에 들어가 1931년 제10회 조선미술전람회에서 입선했다. 1937년 제16회 선전에 「고담」을 출품해 최고상인 창덕궁상을, 이듬해에 「하일(日)」로 총독상을 수상했으며 제18회와 제19회 선전에서 연이어 특선을 수상했다.(민족문제연구소, 《친일인명사전》)

1946년 우향 박래현과 결혼 후 1947년 '운보-우향 부부전'을 시작으로 부부 작가로 전시 활동을 시작했다. 1947년 《자유신문》 미술기자, 국립민속박물관 미술부장 등을 지냈다. 1960년 홍익대학교 미술과 교수를 시작으로 화

툇마루에 앉아 곰방대로 담배를 피우는 운보 화백. 연합뉴스 1984. 5. 22.

단과 교육계에서 활동했다. 1989년 예술원 정회원이 됐다. 장애를 극복한 천재 화가로 명성을 날렸다.

그런데 그의 명성 이면에는 친일 화가라는 어두운 그림자가 있었다. 김기창의 친일 행위는 1942년부터 1944년 사이로 집중됐다. 이 기간에 김기창은 총독부 전시 문예 정책에 부역했다.

즉 1943년 「님의 부르심을 받들고서」에서는 학도병 자원을 부추기고, 1944년 완전군장의 「총후병사」에서는 결전 의지를 고취하는가 하면, 「모임」에서는 후방의 전시지원을 선동했다.(정연승, 〈충북역사정의실천협의회의 활동과 성과 보고서〉, 2009)

'역사 정의 훼손, 친일' vs '상황에 따라 작품활동, 친일 아냐'

김기창 기념관 건립은 역사 정의를 훼손시킨다는 인식에 따라 지역의 인사들이 모였다. 1993년 6월 5일 청주시 북문로 조선면옥에서 뜻있는 인사들이 모여 '충북역사정의실천협의회' 발기 준비모임을 가졌다.

청주도시산업선교회 정진동 목사와 허창두(삼항교회 목사), 신경득(경상대 교수), 지용주, 김창규, 윤만용, 정연승, 신동명이 모였다. 이 자리에서는 김기창 기념관 건립반대와 더불어 향후 사업으로 정춘수 동상 철거와 단재 신채호 동상 건립 문제도 논의됐다.

1993년 7월 13일, 문화공간 '너름새'에서 200여 명의 시민들이 참석한 가운데 '역사정의실천협의회(아래 역실협)'를 발족했다. 이날 같은 장소에서 공청회가 열렸는데, 역실협 측과 김기창 측의 열띤 공방이 벌어졌다.

역실협에서는 충북지역 역사 왜곡과 예술계 친일의 실상, 김기창의 친

역사정의실천협의회 주요 대표자. 왼쪽부터 정진동, 신경득, 허창두.

일 행각, 기념관 건립에 따른 충청북도와 청주시 태도의 부당함을 주장했다.

김기창 측에서는 그의 아들 김완이 나와 당시의 상황론을 들어 친일 문제를 희석시키려고 했지만, 반민족문제연구소 연구원 이태호(전남대 교수)가 자료화면으로 김기창의 친일 그림을 조목조목 제시했다. 김완 측은 동원했던 청각장애인들을 이끌고 중도에 퇴장했다.

이후 언론매체를 통한 공방은 지속됐다. 역실협에서는 일제강점기 말 김기창의 미술을 통한 친일 행위를 주장했고, 김기창 측은 상황론에 따라 김기창이 확고한 사상에 따라 그림을 그린 것이 아니라고 했다.

그런데 싸움의 불씨가 엉뚱하게 튀었다. 김기창 측이 역실협의 주장이 장애인 비하라고 한 것. 김기창은 청각장애인으로 살면서 청각장애인들에게 많은 도움을 줬다. 그렇기에 청각장애인을 포함한 장애인들에게 꿈을 주는 입지전적인 인물인 것은 사실이었다.

좌절된 사죄, 좌절된 기념관

역실협 대표 신경득 교수는 김기창이 장애를 극복한 천재적인 화가임을 부정하지는 않았다. 하지만 "친일 했어도 그림만 잘 그리면 되는가?"라고 반문했다. 역실협에서는 김기창이 자신의 친일 행위에 대해 사과를 하면 기념관 건립에 반대하지 않겠다는 입장을 밝혔다. 하지만 김기창 측은 명확한 입장을 표명하지 않았다.

역실협은 언론 기고를 통해 자신들의 주장을 적극적으로 펼쳤다. 《중부매일》, 《충청일보》, 《대전일보》 등 지역신문과 《한겨레신문》에 기고를 했다. 《조선일보》와 지역의 D일보에서는 김기창의 생애 중 장애를 극복한 천재 화가라는 점과 대한민국을 대표하는 화가라는 점을 부각시켰다.

이 시기에 '역실협'의 김기창 기념관 건립 반대운동은 친일 잔재 청산의 전국적인 핫이슈로 등장했다. 대부분 언론에서 다뤘으며 미술계에도 친일 화가 논쟁이 벌어졌다.

'역실협'은 한편으로는 언론 기고와 행정기관에 대한 서면 질의를 벌였다. 다른 한편으로는 김기창 기념관 건립 저지를 위한 1만인 서명운동을 전개했

친일파 관련 기사. 한겨레 1994. 9. 13.

다. 1993년 8월 7일부터 9월 11일까지 세 차례에 걸쳐 청주우체국 앞에서 시민을 상대로 서명운동을 전개했다. '역실협'은 1만인 서명지와 건의서를 관계 부처에 발송했다.

1993년 7월 5일 김기창 측이 동원한 한국농아복지회 소속의 청각장애인 100여 명이 청주 상당공원에서 집회를 열고 가두시위를 벌였다. 이들은 '역실협' 준비위원장 신경득 교수의 사창동 자택 대문에 온갖 욕설이 담긴 벽보를 부착했다.

사실 당시 김기창은 역사적 사죄를 하려고 했다고 한다. 신경득 교수의 증언에 의하면 '김기창이 자신의 화집에 사죄문을 수록하려고 했는데, K 시인이 만류해 좌절됐'고 한다. K 시인은 '선생님이 사죄하면 많은 사람들이 뒤를 이어야 한다'라며 만류한 것으로 알려졌다.

만일 김기창이 자신의 친일 행위를 사죄했으면 김기창 기념관은 정상적으로 만들어졌을 것이다. 그보다도 친일 행위에 대한 당사자의 사죄가 사회적 문화로 정착될 수 있었을 것이다. 결국 김기창 기념관은 좌절됐다.

목에 일장기 걸린 동상의 최후

1996년 2월 8일 오후 2시 청주 3.1공원에는 청주시청 공무원 600여 명과 시민·대학생 200여 명이 모였다. 충북민주사회단체연대회의(상임의장 정진동) 주관으로 정춘수 동상 철거식을 거행하기 위해서였다. 2월 8일은 1919년 일본 동경 유학생들의 2.8 독립선언 기념일을 상징하는 날이었다.

정춘수 동상의 목에 일장기가 걸렸다. 이어서 목에 밧줄이 걸렸다.

"정춘수 동상 철거를 진행하겠습니다. 하나 둘 셋 하면 밧줄을 잡아당겨 주세요."

사회자 신동명이 셋을 외친 순간 밧줄이 당겨졌다. 동상의 목이 떨어졌다. 뒤늦었지만 친일 잔재 청산이 시민들의 힘으로 이루어진 역사적 순간이었다.

쓰러진 정춘수 동상.(사진=충북인뉴스)

그렇다면 정춘수는 어떤 인물이기에 이러한 불명예(?)를 당했을까? 청원군 남일면 출신의 정춘수(1873~1953)는 1920년대 중반부터 일제강점기 말까지 친일행위를 한 인물이다. 그는 일제강점기 말 조선 청년들을 일본 군대로 내모는 연설과 언론 기고를 앞장서서 했다.

《동양지광》1942년 1월호에 「응징의 이유 세 가지」라는 글을 실어 영국과 미국은 '그리스도 정신을 모독하고 있고, 우리 제국(日本)을 모독하고 있으며, 인도상(上) 전 인류의 적이기 때문에 응징해야 한다'고 주장했다. 1942년 2월 감리교 각 교구장에게 〈황군 위문 및 철물헌납 건〉이라는 공문을 보내 철문과 철책은 물론 교회 종도 헌납하여 성전 완수에 협력한 것을 요구했다.(민족문제연구소, 《친일인명사전》)

보안부대 수사관도 끄덕인 친일파

1996년 2월 8일 3·1공원에서의 동상 철거 운동은 원래 1995년 3월 1일 정춘수 동상 목에 일장기를 걸면서 세상에 널리 알려졌다. 이후 공청회를 진행하고 충청북도와 청주시에 동상 철거를 요구했다. 청주시와 충청북도는 철거 책임을 서로에게 전가했다.

결국 충북도지사가 철거에 원칙적으로 동의한다는 입장을 피력했지만 철거 약속은 이행되지 않았다. 충북민주사회단체연대회의는 1996년 2월 8일 3.1 공원에서의 철거식 때 청주시와 충청북도에 다시 한번 철거에 대한 입장을 확인하려고 했다.

그런데 막상 행사가 시작되면서 동상 철거로 분위기가 급변했다. 학생과 시민들이 동상에 걸린 밧줄을 잡아당기는 순간 동상 목이 쉽게 떨어졌다. 결국 이 문제는 연대회의 지도부와 철거식을 주도한 단체 간의 불화로 이어졌다.

철거 후 청주시는 정진동과 박영호(연대회의 집행위원장), 신동명(충북사회발전연구소 부소장), 신영교·박완희·박선규·박형백 학생을 공익건조물 손괴 혐의로 고소했다. 정진동을 포함한 피고소인은 징역 8개월에 집행유예 2년을 선고받았다.

1995년도에 충북대 총학생회장을 한 박완희는 1996년 정춘수 동상 철거 운동에도 적극 참여했다. 그는 충북총련(충북지역총학생회연합) 활동과 관련해 국가보안법 위반 등으로 수배를 받게 됐다. 거기에 정춘수 동상 철거 문제로 공공기물 파손죄가 추가됐다. 총 6개 항목의 혐의를 받고 수배됐다. 1996년 10월 검거된 그는 국군기무사령부(현재의 국군방첩사령부)로 연행됐다.

'정춘수 동상 철거는 왜 했냐?'는 질문에 박완희는 정춘수의 일제강점기 행적을 이야기했다. 이야기를 한참 듣던 수사관이 고개를 끄덕이며 한마디 했다.

"친일파 맞구만!"

더 이상 정춘수 문제는 거론되지 않았다. 보안부대 수사관도 정춘수가 친일파이고, 동상 철거는 당연하다는 생각을 한 것이다.

시민 성금으로 역사 정의 세워

'역실협'은 신채호 동상 건립 운동에 적극 참여했다. 친일 잔재 청산과 더불어 민족정기를 바로잡자는 취지였다. 1995년 5월 13일 충북대학교에서 200여 명이 모여 발기인대회를 열었다.

추진위원회에서는 1만인 상을 만들겠다는 포부를 밝혔다. 즉 시민 1만 명에게 1만 원씩을 모금해 동상을 건립한다는 계획이었다. 기금 모금에는 전국의 수많은 시민이 동참했다. 특히 청주에서는 가족 단위로 참여한 시민도 많았다. 8개월 만에 8148명이 참여해 9750만 1750원이 모금됐다. 그런데 이 과정에서 의견 차이가 노정됐다.

순수하게 시민들의 성금으로만 하자는 측과 충청북도와 청주시의 기부를 받자는 측의 의견 충돌이었다. 정진동과 역실협 측은 추진위원에 반역사적인 인물이 포함됐음을 지적하고 원래의 정신으로 돌아가야 한다고 주장했다.

결국 시민들의 성금과 지자체의 후원으로 1997년 2월 21일 청주예술

청주예술의전당에 건립된 단재 신채호 동상. 전국 8천여 시민의 성금으로 건립됐다.(사진=박만순)

의 전당 광장에 신채호 동상이 세워졌다. 정진동은 '역실협' 제5대 회장으로 활동했다. 역실협 실무공간은 청주산선이었다.

목사·전도사·주민 둘러앉아 밥 먹는 교회
충북 민주화운동의 산실, 청주도시산업선교회와 정진동

청주산선에 발을 들여놓은 대학 초년생은 깜짝 놀랐다. 보통 교회라면 목사님만 올라갈 수 있는 성스러운 강대상에 머리띠를 한 아저씨가 올라가서 열변을 토하고 있는 것이 아닌가!

예배당도 마찬가지였다. 보통은 긴 나무 의자에서 조용히 찬송을 부르고 목사의 설교를 듣는 게 일반적이라고 생각했다. 그런데 청주산선의 의자는 모두 접이식 철제의자였다. '얼마나 가난하면 철제의자를 쓸까?'라는 생각을 했다. 초짜 대학생 유수남(청주대 83학번)의 청주도시산업선교회에 대한 첫인상은 '거칠다'였다.

"목사일 리가 없어"

교회 안에 가득 차 있던 주민들은 청주시 내덕동 안덕벌 주민들이었다. 청주대학교가 시설부지로 사용한다며 안덕벌 주택을 헐값에 매입하려는 것에 분노한 주민들이었다. 유수남은 주민들의 투쟁에 함께하기 위해 방문한 학생단의 일원이었다.

주민들의 성토와 구호가 끝난 뒤 철제의자가 모두 치워졌다. 학생들이 주민들에게 노가바(노래 가사 바꿔 부르기)와 해방춤을 가르쳤다. 대학교 안에서 해방춤을 출 때는 자연스러웠는데, 교회 안에서 해방춤을 춘다는 게 유수남으로선 너무나 어색했다.

한바탕 땀을 흘린 후에 밥상이 차려졌다. 밥상이라고는 하지만 공기밥에 김치, 콩나물국이 전부였다. 교회 바닥에 차려진 밥상에는 목사와 전도사, 주민, 대학생이 구분 없이 앉았다. 찬거리가 빈약한 것보다는 목사와 성도(교인과 주민)가 스스럼없이 한자리에 앉아 밥을 먹는다는 것이 놀라울 뿐이었다.

학교에서 출발할 때만 하더라도 연대투쟁에 함께 한다는 신념과 자긍심으로 가득했는데, 막상 청주산선에서 목격한 장면은 유수남에게 충격 그 자체였다. 그 낯설음은 유수남이 1983년과 1984년에 청주산선에 수 차례 다니면서 외경심으로 바뀌었다. 청주도시산업선교회 목사 정진동은 어떠한 권위도 내세우지 않았다. 교회를 찾아오는 가난한 자, 약한 자들에게 밥과 용기를 줬다.

충북 지역 민주화운동의 산실 청주도시산업선교회에서 정진동 목사와 조순형 전도사.

그들에게 단순히 밥과 물고기를 준 것만이 아니라 물고기를 잡을 수 있는 낚시 기술을 가르쳤다. 함께 먹고살 수 있는 길을 제시했던 것이다. 그것은 초대 교회의 모습이었다. 모두가 평등하고 사랑을 나누는 모습 말이다.

유수남이 1985~1986년 징역살이할 때였다. 가족들이 친구와 지인들의 면회를 일체 허락하지 않았다. 아들이 더이상 '빨갱이 물'이 들지 않길 바라는 마음에서였다. 그런 정황을 몰랐던 정진동이 청주교도소로 유수남 면회를 갔다. 면회를 할 수 없었던 정진동은 발길을 돌릴 수밖에 없었다. 마침 그때 자식을 면회하러 온 유수남 부모를 만났다.

"얼마나 마음고생이 많으십니까? 힘내세요."

봉투(영치금)를 건네고 정진동이 사라진 뒤 유수남의 아버지는 봉투를 바닥에 내던졌다.

"저 양반이 목사일 리가 없어!"

반공주의가 기승을 부릴 때 자식을 애틋하게 사랑하는 아버지의 일반적 모습이었다.

청주산선은 유수남과 기독 청년들에게 초대교회의 모습으로 비쳐졌다. 만일 유수남과 많은 기독 청년들이 정진동을 만나지 않았다면 교회를 떠났을지도 모른다. 민주화운동을 접하면서 기성교회에 실망을 했기 때문이다. 하지만 정진동을 만나고 나서는 '저런 삶이 초대교회의 모습이고, 참예수의 모습이겠구나'라고 생각한 것이다.

솟값 파동

1985년 4월 21일 서형석(청원군 북일면)이 "우리 농민도 사람이다. 더이상 가슴속에 감추지 말고 떳떳이 주장하면서 살자"는 내용의 유언을 남긴 채, 솟값 폭락에 항의해 극약을 마시고 목숨을 끊었다.

그는 지난 1983년 4월 초순 논을 팔아 320만 원을 주고 6개월 된 '샤로레' 암송아지 한 마리와 5개월 된 한우 암송아지 두 마리 등 모두 3마리의 소를 사들였다. 소를 산 지 10여 일도 못 돼서 소값이 떨어지기 시작했다.

2년 만에 126만 원을 주고 산 '샤로레'는 어미소가 되었는데도 70만 원, 194만 원을 준 한우 두 마리는 160만 원도 안 나갔다. 그동안의 노력과 사료 구입비 등을 제외하고도 90여만 원의 손해를 봤다.(《동아일보》 1985.4.25. 보도)

소값 폭락에 항의하면서 서형석이 세상을 떠나자 충북기농 회원들은 1985년 4월 23일 외국 농산물 수입 중단을 요구하며 미 대사관에 들어가 구호와 〈농민가〉를 부르며 시위했다. 소값 폭락으로 전국의 농민들은 1985~1986년 전국에서 시위를 벌였다.

이런 상황에서 또 하나의 사건이 발생했다. 최종철 열사 추모 참배가 있던 날이다. 최종철은 청주 출신으로 1977년도에 부산대학교에 입학했다. 그는 1980년 광주민중항쟁 당시 청주에서 시위를 주도하다 구속됐다. 그는 고문 후유증으로 1981년에 사망했다.

충북지역의 농민, EYC 회원, 학생운동가, 재야인사들이 청주시 용암동 용박골 청주제일교회 묘지에 안장된 최종철 묘 앞에서 추모식을 했다. 그들은 시내로 오는 버스에서 〈농민가〉 등 민중가요를 불렀다. 충북도청에서 내린 그들을 기다리고 있던 것은 경찰이었다. 경찰은 이들을 모두 청주경찰서로 연행했다. 1986년 8월 31일이었다.

이 두 사건을 계기로 1986년 9월 12일 오후 4시 충민협(충북민주운동협의회) 사무실에서 '충북 민주화운동 탄압 저지 공동투쟁위원회'를 결성했다.

최루탄 파장

결성식 후 육거리시장에는 전운이 감돌았다. 소값 폭락으로 분노한 충북지역 농민들이 장날을 맞이해 속속 모여들었다. 육거리시장은 충북 최대의 재래시장으로 청주·청원지역 시민들이 애용하는 곳이었다. 사전에 시위 때 부를 구호와 관련해 농민회와 학생들 간의 이견이 있었다.

반미(反美) 구호를 넣느냐의 문제였다. 수입 개방으로 인한 농민들의 피해가 이슈의 본질이었기에 학생들은 강력하게 반미 구호를 넣어야 한다고 주장했다. 하지만 농민회는 농민들의 정서와 의식 수준을 감안해 반미 구호 삽입에 부정적이었다. 논란 속에서 반미 구호가 채택됐다.

"천만 농민 피땀 짜는 수입 개방 저지하자!"
"경제침략 자행하는 미국놈들 몰아내자!"
"양담배 수입하는 군부독재 타도하자!"

피켓과 현수막을 든 시위대가 행진을 시작했다. 민주화 운동가들과 청주·청원, 괴산, 영동군 농민 150명이 참석했다.(민주화운동기념사업회, 『충북민주화운동사』)

사무실에서 나온 이들이 구호를 외치며 육거리시장 입구로 향할 때였다. 빠바방 하며 최루탄이 터졌다. 콜록이는 기침 소리가 사방에서 터졌다. 장을 보러 온 시민들이 눈물 콧물을 흘리며 뜀박질을 했다. 추석(9월 18일)을 앞둔 시장은 썰물 빠진 듯했다. '혹시나 경찰이 최루탄을 쏘면 어떻게 하지?'라는 우려가 현실이 됐다.

대목을 앞둔 육거리시장은 경찰이 쏜 최루탄으로 파장(罷場)이 됐다. 장 보러 온 이들이 최루탄 때문에 모두 빠져나갔기 때문이다. 충북민협, 충북EYC, 충북기독교농민회 사무실에 각목을 든 상인들이 들이닥쳤다.

"네 X들 때문에 장사 망쳤다."

화풀이로 기물을 부수고 회원들에게 각목을 휘두르는 등 상인들의 분탕질에 이어 경찰이 들이닥쳤다. 당시 충북EYC 사무실에 있던 이주형(상임총무)이 시위 배후조종 혐의로 연행됐다. 김형근(충민협), 이주형(영동농민회) 등 20명도 연행됐다. 그중 이주형, 김형근, 이주형(영동농민회) 3인이 구속됐다.

그중 충북EYC 이주형은 결혼식을 3주 앞둔 예비 신랑이었다. 예비 신부는 임신을 한 상태였다. 검사가 "반성문을 쓰면 내보내 주겠다"고 했지만

노동계 문제로 기자회견하는 정진동. 충청리뷰 1999. 6. 18.

일언지하에 거부했다. 3인은 집시법 위반으로 집행유예를 받았는데, 판사 이름이 공교롭게도 이주형과 비슷한 이주영이었다.

집회가 끝난 후에 학생들과 농민회 간의 서먹함이 존재했다. 준비 과정에서 노정된 슬로건에 대한 이견 때문이었다. 하지만 이후 정진동이 중재 역할을 하면서 이들 간의 갈등은 해소됐다.

길 위의 목사

1985년에는 민통련(민주통일 민중운동연합)이 출범했다. 충북에서는 그해 4월 15일 '충북민주운동협의회'가 출범했다. 청주산선, 카톨릭농민회 청주교구 연합회, 충북기독교농민회, 충북EYC, 청주교구 카톨릭대학생연합회, 충북민주청년회, 재경충북 민주향우회, 문화운동단체협의회(가칭)이 참여했다.

단체의 면면을 보면 대중운동을 담보할 수 있는 곳은 청주산선과 농민회뿐이었다. 공동대표에는 박용래(덕촌교회 목사)와 허종연(성공회 신부)이 맡았다. 지역 민주화운동의 역사성을 보면 정진동이 대표를 맡는 것이 당연했으나, 운동의 외연을 확장하는 의미에서 농민과 종교계 대표로 위의 인물들을 추대했다.

87년 6월항쟁을 통해 분출한 민주화의 열기가 민자당 창당으로 찬물을 끼얹은 듯했다. 하지만 민주화운동 세력은 '민자당 일당독재와 민중기본권 쟁취를 위한 국민연합(아래 국민연합)'을 출범시켰다. 국민연합 충북본부는 1990~1991년 대학과 거리에서 연일 시위를 주도했다.

충북대 총학생회장 염형철은 '민중생존권 탄압하는 민자당을 분쇄하자!'는 구호를 선창했다. 1990년 9월 22일 오후 2시 청주대학교 민주광장에서 열린 집회에서였다. 1990년 1월 22일 민자당(민주자유당) 창당과 더불어 민주화운동 세력은 연일 시위에 나섰다.

당시 연설은 정진동이 주도했다. 전국농민회총연맹 충북도연맹 의장 장문식과 충북민주교수협의회 유초하 교수 등도 마이크를 잡았다. 1990년 9월 22일 청주대학교 집회와 1991년 5월 14일 장글제과 앞에서 열린 '살인정권 규탄 및 고 강경대 추모대회'와 관련해 정진동, 차덕봉(차윤재), 고홍수, 김재수, 유수남, 유초하, 김형근, 정태옥이 불구속 재판을 받았다. 차덕봉(국민연합 충북본부 공동대표), 고홍

재야 운동가 이부영이 정진동에게 보낸 연하장. 이부영은 후일 국회의원에 당선되어 활동했다.

수(전교조), 김재수(집행위원장)는 징역 8월에 집행유예 2년을 선고받았고, 나머지는 각각 벌금 70만 원을 받았다.

정진동은 1985년 충민협 시절부터 국민운동본부(국본), 충민연, 국민연합과 충북연합(민주주의 민족통일 충북연합) 시기까지 지역 민주화운동의 한복판에 섰다. 그는 자리에 연연해하지 않고 투쟁이 있는 곳에는 항상 최일선에 섰다. 거리의 투사, 길 위의 목사였다.

'통합의 지도자'

충민협과 충북민족민주운동연합(충민연) 시절에는 대중운동이 중심을 이루기보다는 성직자와 개별 인사 및 소수단체 중심의 운동이었다. 1990년 이후 국민연합과 충북연합 시절에는 각 대학 총학생회, 농민회, 전교조, 민교협 등 대중조직이 중심을 이루었다.

대중운동의 성장과 더불어 기독교계 인사와 민중운동 진영 간의 갈등, NL과 PD의 정파 대립이 본격화했다. 연합(전선체)운동의 직책과 사업 방향, 투쟁노선에 대한 의견 차이가 상존했다.

그 속에서 정진동은 자신의 삶을 토대로 민중지향적(노동·농민·주민) 운동

윤보선 전 대통령과 공덕귀 여사 부부 명의로 정진동에게 보낸 연하장.

금강산에서. 왼쪽이 정진동.

에 친화성을 가졌다. 그렇지만 정진동은 자신의 삶과는 다른 길을 걸어온 기독교계 인사와 지식인(대학생·청년)들에 대한 존중을 기반으로 좌우 통합의 중심을 이뤘다. 정진동은 충북지역 민주화운동에서 '통합의 지도자'였다.

"전쟁은 안 된다"… **평화**를 외친 목사

평화·통일 운동의 발자국들

충북 청주 상당공원에 연단이 설치됐다. 무대 뒤편에는 '민중생존권 보장, 국가보안법 철폐, 양심수 전원 석방, 민중운동 탄압 중지'라는 현수막이 걸렸다. 지나가는 시민들은 행사를 준비하는 청년들을 유심히 쳐다보기도 하고 현수막과 피켓 내용을 보기도 했다.

완연한 봄기운이 느껴지는 4월 12일이었다. 날씨도 날씨니만치 준비하는 이들도 에너지가 넘쳤다. '민중의 기본권 보장과 양심수 석방을 위한 충북대책위원회(아래 충북민권공대위)'가 결성되는 날이다.

마이크를 잡은 장민경은 본행사 전에 있는 문화공연팀을 소개했다. 청년·학생들의 재기발랄한 율동과 노래는 행사장의 분위기를 한껏 밝게 해 줬다. 연단에 등장한 청주도시산업선교회 정진동 목사는 1998년 취임한 김대중 정부를 신랄하게 비판했다.

130만 실업자 시대

"오늘 노동자가 구조조정이라는 명목으로 노동자 200만 명 이상이 직장에서 쫓겨나 거리를 방황하고 있다. 이들의 가족을 합친 숫자는 근 1000만

99 민중대회. 맨 앞줄 오른쪽에서 두 번째가 정진동.

명은 될 것이다. 그 1000만 명이 김대중 정권에 등을 돌렸다."

IMF 체제하에서 민중에게 고통을 전가하는 '국민의 정부' 경제정책과 노동정책을 비판했다. 그 시절 실업자 수가 정진동이 말한 대로 200만 명은 되지 않았다. 통계청에 따르면 외환위기 사태가 터진 지 2년이 채 안 된 1999년 8월 실업자 수는 136만 명까지 증가했다.

이날의 연설은 정진동을 착잡한 심경에 젖게 했다. 그도 그럴 것이 정진동은 1970년대부터 김대중과 교유(交遊)를 하면서 열광적 지지와 비판적 지지 사이의 관계를 유지해왔기 때문이다. (정진동, 『격동의 30년』, 2002)

IMF 한파는 비단 노동자에게만 국한된 것이 아니었다. 농가 부채가 눈덩이처럼 불어나 500만 농민들이 아우성을 쳤다. 길거리에는 노숙자가 넘쳐났다. 드라마에서도 길거리 노숙자의 애환을 그려 시청자의 눈물샘을 자극했다. 국민의 정부는 IMF 체제에 순응하며 노동 유연화(구조조정), 자본시장 자유화, 공기업 민영화 등 신자유주의 경제정책을 공격적으로 펼쳤다. 그 결과 노동자, 농민, 중소 자영업자의 삶은 질곡에 빠졌다.

정진동은 개회사 말미에 '민중의 힘으로 민중 기본권을 사수하자'라고 목청을 높였다. 이날 상당공원에서 결성된 충북민권공대위에는 청주도시산업선교회, 전농 충북도연맹, 청년진보당, 충북총련(충북지역 총학생회연합)과 좌파학생그룹인 충북학협(충북학생회협의회)이 참여했다. 참석자들은 결성식 후 서원대학교까지 행진을 했다. 서울에서 전국 민권공대위가 결성된 것은 그해 12월 28일이었다.

2000년 6월 13일 오전 9시, 김대중 대통령 일행을 태운 공군 1호기가 성남 서울 비행장을 출발했다. 공군 1호기는 9시 45분에 북위 38도선을 넘어 북한영공으로 진입했다. 백령도가 오른편 옆구리 쪽으로 내려다보였고, 그 위쪽으로 북한 장산곶이 펼쳐지기 시작했다.

북한 땅이 구름 사이로 언뜻언뜻 보였다. 오전 10시 27분, 비행기가 평양 순안공항을 선회하며 활주로 위에 사뿐히 착륙했다. 서울에서 평양까지는 참으로 가까운 거리였다. 그때 일행 가운데 누군가가 외쳤다.

"김정일 위원장이 보인다!"(박선욱, 「6.15 공동선언」, 민주화운동기념사업회 누리집)

비전향장기수 환송식

김대중 대통령과 김정일 국방위원장은 역사적 만남을 통해 '6.15 공동선언'을 이끌었다. 선언의 핵심 내용은 남북의 자주적 통일, 남측의 연합제안과 북측의 낮은 연방제안의 공통점 속에서 통일운동 추진, 이산가족 방문단 교환과 비전향장기수 문제의 인도적 해결, 남북 경제 협력을 추진한다는 것이었다.

'6.15 공동선언'은 남북관계의 획기적 전환을 이루는 조치였다. 이 선언에 따라 비전향장기수 송환이 구체적으로 논의됐다. 사실 비전향장기수 송환 문제는 이전부터 제기됐다.

남북제정당사회단체연석회의 53주년 기념 행사. 연설자가 정진동.

　전 인민군 출신 장기수였던 김영태, 김인서, 함세환은 1995년 4월 18일 기독교회관에서 공동 기자회견을 가졌다.
　"우리는 엄연한 전쟁포로로 제네바협정과 정전협정에 따라 이미 지난 1953년 북송됐어야 했다. 남북화해의 장을 여는 차원에서나 인도적 견지에서라도 죽기 전에 가족과 친지들이 살아 있는 북녘땅으로 갈 수 있도록 해달라."(한국역사연구회 현대사증언반, 「끝나지 않은 여정」)
　비전향장기수와 통일운동 단체의 오랜 염원이었던 비전향장기수 송환이 구체적 결실을 맺게 됐다. 비전향장기수 63명이 송환되기 8일 전인 2000년 8월 25일 청주도시산업선교회에서는 '비전향장기수 환송식'이 열렸다.
　비전향장기수 김영태, 함세환, 박순천, 정순택이 초대됐다. 청주지역 활동가들에게 익숙한 김영태가 소개됐다. 평안북도 정주 출신의 김영태(1930

충북 평화통일 한마당. 연설자가 정진동.

년생)는 1951년 낙동강 전투 후퇴 중 지리산에 입산해 이현상 부대인 남부군에서 활동했다. 이현상 사령관 호위대에 속해 있던 그는 1952년 2월 탄환이 왼쪽 눈을 관통하며 체포됐다.

징역 20년의 선고를 받아 1971년 대전교도소에서 만기 출소했다. 하지만 세기의 악법인 사회안전법으로 1975년 청주보안감호소에 수감됐다. 1989년 사회안전법 폐지로 출감해 청주양로원에 머물렀다. 그는 노년에 청주에서 목수 일을 하고 광주 '빛고을 탕제원'에서 일하기도 했다. 참석자 중 김영태와 함세환의 얼굴과는 다르게 박순천과 정순택의 얼굴에는 그림자가 짙게 드리웠다. 전향서를 썼다는 이유로 북송 대상에서 제외됐기 때문이다.

충북 진천 출신으로 청주상고를 졸업한 비전향장기수 정순택(1926년생)은 상공부 공무원으로 재직하다 1949년에 월북했다. 1958년 남한으로 내려왔다가 간첩 혐의로 체포돼 31년 5개월을 복역했다. 그는 전향서를 썼다는 이유로 북한에 아내와 아들 4명을 두고 있음에도 송환대상에서 제외된 것. 이런 분위기 탓인지 정진동의 목소리는 높았다.

"이제 화해라는 대명제를 놓고 남과 북이 손을 잡고 있다. 소가 북한으로 가고, 북쪽에 경제특구 지역이 생겨나는가 하면… 이 마당에 이제 더이상 국가보안법이 존재해서는 안 된다."

참석자들은 한결같이 김영태와 함세환의 북송을 축하했다.

"전쟁 OUT"

2002년 6월 13일 조양중학교 2학년 신효순·심미선이 미군 장갑차에 깔려 목숨을 잃었다. 두 여학생은 경기도 양주군 광적면 효촌리 갓길을 걷다 주한 미군 미 보병 2사단 대대 전투력 훈련을 위해 이동 중이던 부교 운반용 장갑차에 깔려 현장에서 숨졌다.

사고 직후 유족들은 차량 운전병과 관제병, 미2사단장 등 미군 책임자 6명을 업무상 과실치사 혐의로 의정부지청에 고소했다. 또한 미군의 재판권 포기를 요청했다. 하지만 미군 측은 신변 위협을 이유로 검찰의 소환조사에 응하지 않았다. 재판권 포기에도 응하지 않았다. 재판 결과 가해자들이 무죄를 선고받았다.

그러자 전국의 시민들이 들끓었다. 그해 11월 26일 드디어 국민들이 촛불을 들고 추모를 하기 시작했다. 청주에서는 7월 31일 시내 성안길 철당간에서 미선이 효순이 49제 추모행사를 했다. 정진동은 여중생의 죽음을 안타까워하며 추모사를 했다. 정진동은 그해 11월 22일 서울에서 열린 심미선·신효순 살인 미군 무죄 반대 집회에 참여하기도 했다.

정진동이 여중생의 죽음을 누구보다 슬퍼한 것은 한국전쟁의 기억이 되살아났기 때문이다. 미군에 의해 충북 영동 노근리와 단양 곡계굴 등지에서 발생한 민간인 학살 사건이 그것이다. 정진동은 한국전쟁이 발발한 지 53년 만인 2003년 1월 14일 단양군 영춘면 상2리 느티마을 곡계굴을 찾았다. 1951년 1월 19일 난리를 피해 곡계굴에 피난해 있던 인근 주민과 강원도에서 내려온 피난민 약 300명이 미군 폭격과 기총소사에 의해 죽임을 당한 현장이었다. 고인들을 추모하는 합동위령제에는 생존자와 유족들이 곳곳에서 울음을 터뜨렸다. 정진동은 50여 년 전의 비극이 현재까지 지속되고 있음을 느꼈다. 전쟁의 참상과 미군의 만행이 제대로 반성되지 못함으로 인해 역사의 비극이 반복되고 있다는 생각이었다.

파병·국가보안법

1970~80년대 노동·농민운동과 주민들의 생존권 문제에 주력했던 정진동은 1990년대 들어 새로운 영역의 운동을 전개했다. 1993년 창립된 '역실협(역사정의실천협의회)' 활동에 심혈을 기울였고, 1990년대 후반부터 작고하기까지는 통일운동에 온몸을 바쳤다. 그가 운동 영역을 전환한 것은 시대변화에 따른 당연한 것이었다.

1980년대 말부터 활성화되기 시작한 노동운동과 농민운동 진영은 자신의 조직을 만들었다. 충북에서는 AMK, 코리안마이트, 한주전자, 충북전자, 뉴맥스, 한국야금 등의 민주노조운동이 태동됐다. 청주노동문제상담소(1989.1.28)와 청주노동자의 집(1991.12.2)이 노동조합 지원단체로 출범했다. 전국농민회 총연맹 충북도연맹도 1990년 6월 10일 출범했다.

정진동이 1999년에 출범한 민권공대위와 2003년에 출범한 통일연대(서울은 2001.3.15.)에 적극 참여한 것은 위와 같은 배경에 기인한다. 이러한 상황에서 2003년 11월 노무현 정부가 이라크 파병을 결정하는 사건이 발생했다. 미국의 파병 요구에 보수-진보 진영의 찬·반 양론이 격렬했지만, 결국 참여정부는 '국익'이라는 명분하에 파병을 결정했다.

이라크 파병 반대 도보 순례단 청주 도착. 앞줄 가운데가 정진동.

전국의 시민단체와 민주화운동 단체들이 명분 없는 침략 전쟁인 이라크 파병 반대를 외쳤다. 정부의 최종 입장이 확정되기 전 2003년 10월 10일 목포역 광장에서 파병 반대 천리 길 도보 행진 발대식이 열렸다. 고령의 성직자와 지식인들이 목숨을 건 천리(400km) 길 걷기를 결정한 것이다. 그만큼 그들에게는 전쟁 반대·이라크 파병 반대가 중요했다.

충북에서는 정진동 목사와 김창규 목사가 참여했다. 강희남 목사와 전 한겨레신문 기자 박해전 등이 함께했다. 목포에서 출발한 도보행진단은 무안과 광주, 전주, 논산, 계룡, 대전을 거쳐 10월 23일 청주에 도착했다.

'이라크 파병 반대 비상충북 도민행동'은 청주 성안길 철당간에서 '민중 도보 순례단 환영식 및 충북 결의대회'를 했다. 전교조 충북지부장 성방환은 고령의 도보행진단을 환영하고 파병 반대의 목소리를 높였다. 이후 청주에서 조치원을 경유해 서울에 도착했는데, 총 20일간의 도보행진 이었

이라크 파병 반대 도보 행진단. 한가운데 흰옷 입은 이가 강희남 목사, 그 옆 동그라미 안이 정진동.

다. 70세의 나이에 천리 길 행진에 참여한 정진동에게는 사실상 목숨을 건 일이었다.

결국 통일운동은 전쟁 반대와 연결될 수밖에 없는 일이다. 또한 한반도에 항구적인 평화 체제 수립을 위해서는 국가보안법 폐지와 맞물린 일이다.

충북 도내 38개 시민사회단체로 구성된 '국가보안법 폐지 충북대책위원회'는 2004년 12월 1일 상당공원에서 천막농성에 돌입했다. 천막농성은 사회당과 장민경, 이은규 등이 주동이 됐다. 당시 대중 가수 '거미', '거북이' 등이 초대됐다. 문화 프로그램 중심의 천막농성은 시민들에게 국가보안법 폐지라는 공감대를 확산하는데 적지 않은 기여를 했다.

어떤 '정치 목사'의 선거 **출마**가 남긴 것

정진동, 청주시장 민중 후보

 충북 음성 무극 중학교 때 서울로 유학을 한 권오철은 동국대학교 1학년 때 '농어촌연구회' 서클(동아리)에 가입했다. 농촌 출신이라 자연스럽게 가입한 것인데 알고 보니 이념 서클이었다.

따뜻한 손길

 1986년 발생한 애학투(전국 반외세 반독재 애국학생투쟁연합) 사건 때, 그가 속한 학생운동 조직은 '신길동 가두 투쟁'을 벌였다.
 "군사독재 타도하자!"
 "제헌의회 소집하자!"
 그가 속한 조직은 CA(제헌의회 소집)파였다. 이 시위로 권오철은 집시법(집회 및 시위에 관한 법률)으로 구속됐다.
 1990년도에는 수배 중이었음에도 총학생회장에 당선됐다. 1992년 대통령선거 때는 백기완 선거운동본부에서 일했다. 그가 속한 조직이 1993년도에 안기부(현재의 국정원)에 의해 침탈됐다. ○○○재건위에서 간부들의 지역 하방(下方)이 추진되자, 그는 1994년도에 충북 청주로 내려왔다. 청주에 내려와 속한 조직은 민정추(민중진영 단일정당 추진위원회)였다.

그가 청주에 내려온 지 얼마 안 돼 커다란 시련이 닥쳤다. 경찰에 의해 민정추 청주지부장 권○○과 회원 홍○○가 국가보안법 위반 혐의로 구속됐다. 가족대책위원회가 구성되고 구속자 구명운동이 시작되었다. 하지만 지역에서 관심을 갖는 사회단체는 아예 없었다.

서부경찰서(현재의 흥덕경찰서) 정문에서 항의 집회를 할 때였다. 구부정한 모습으로 뚜벅뚜벅 걸어오는 이가 있었다. 누군가 외쳤다.

"목사님이다!"

청주도시산업선교회 정진동 목사가 가까이 다가오자 경찰서 정문에 외롭게 서 있던 이들의 입이 함박만 해졌다.

1987년 민주화 투쟁이 발발한 지 7년이 지난 시점이었지만 여전히 국가보안법 위반자에 대한 사회적 터부는 극심했다. 민주화운동진영도 큰 차이는 없었다. 이런 시기에 정진동은 정파를 가리지 않고 탄압받는 단체와 개인에게 연대의 손길을 내밀었다. 권오철이 정진동 시장선거 캠프에 합류한 것은 지난 가을 정진동의 따뜻한 손길을 잊지 못해서다.

정치(?) 목사

"한반도의 역사 아니 더 작게 청주지역사회의 불의한 역사를 정의롭게 만들어 보려는 밑거름으로 살아오면서 그리고 민중과 더불어 민중의 태반에 나의 삶을 전부 던지고 살아온 본인은 1995년 6월 27일 단체장 선거를 앞두고 시민의 참된 일꾼에 대한 표상을 고민한 끝에 출마할 것을 결심한다."(정진동, 『끌 수 없는 정의에 불꽃』, 1997)

1995년, 5.16 군사쿠데타 이후 이루어지는 첫 동시지방선거에서 정진동이 청주시장에 출마하겠다고 선언했다. 1961년 이후 처음 뽑는 청주시장 선거에 청주시민들의 관심이 쏠린 판국에 정진동의 출마 선언은 논란을 불러일으켰다. 보수적인 기독교계와 지역 보수층은 '그럴 줄 알았다'면서 냉소적인 시선을 보냈다.

즉 이제까지 정진동의 활동이 정치적인 것이었고 시장 출마는 본격적인 정치 목사의 길을 걷는 것이라고 폄하했다. 정진동은 '모든 운동은 정치적인 것'이며, '문제는 누구의 편에서 정치를 하느냐'가 중요한 것이라고 했다. 지방자치 시대를 맞이해 노동자-서민을 위한 정치를 하겠다고 선언한 것. 정진동의 결심에 보수진영의 공격은 아무런 의미가 없었다. 오히려 문제가 된 것은 다른 각도에서 제기된 내부 비판이었다.

정진동은 애초에 자신의 출마 결정을 연대회의(충북민주사회단체 연대회의)에 넘겼다.

"만장일치로 동의하지 않으면 출마하지 않겠습니다."

연대회의에서의 논의는 처음부터 삐거덕거렸다.

"우리 민주진보진영은 청주시장 선거에 나가 유의미한 득표를 얻을 만큼의 역량이 부족합니다. 저희는 반대합니다."

일부 단체도 우려를 표명했지만 앞의 단체만큼 분명한 의사 표현은 하지 않았다. 진보정당을 추진하는 진정추(진보정당추진위원회), 민정추는 시장 출마를 적극 지지했다.

C단체의 반대와 일부 단체의 소극적 입장에도 불구하고 정진동은 출마 의사를 굽히지 않았다. 결국 정진동은 애초의 입장이었던 '만장일치가 되지 않으면 출마하지 않겠다'던 입장을 번복했다. 이 일로 C단체는 연대회의를 탈퇴했다.

정진동이 출마를 결심한 데에는 진보적인 기독교계의 흐름도 일조했다. 민주화운동 결과 성취한 지방자치제도가 지역 토호 세력들의 권력 놀음의 마당으로 전락돼선 안 된다는 의견이 팽배했다. 그런 이유로 한평생을 노동자, 농민, 도시 서민을 위해 일해온 정진동의 출마를 적극 환영했다.

한일장신대 김용복 총장이 가장 적극적이었다. 평소 도시산업선교회 목사들의 정치활동에 부정적이었던 조지송 목사도 정진동의 출마를 반대하지 않았다. 재야인사 이창복도 적극 찬성했다. 이런 진통 끝에 1995년 5월 9일 정진동은 청주시장 출마 기자회견을 했다.

자원봉사

정진동은 기존 선거가 금권선거였다고 비판하며 돈 안 쓰는 선거를 치르겠다고 선언했다. 당시 통합선거법의 '돈은 묶고 말은 푼다'는 취지에 부합하는 것이었다. 가난한 자, 소외된 자들을 위해 민중 선교를 해온 정진동에게는 금권선거를 치를 돈이 없기도 했다.

청주도시산업선교회 내에 차려진 선거캠프의 총지휘는 김재수가 맡았다. 조직 박영호, 홍보 이광희, 정책 권오철, 사무장 김태평, 교회 한사석이 맡았다. 홍보팀 내에 전화 홍보반이 만들어졌다. 청주산선 1층에 전화기가 여러 대 설치됐다.

"안녕하세요. 여기는 청주시장 무소속 정진동 선거운동 사무실입니다."

정진동 후보의 인지도를 높이고 정책을 홍보하기 위해 마련된 전화 홍보반은 별도의 칸막이도 없이 운영됐다. 아침부터 초저녁까지 전화기는 쉴 틈이 없었다. 통화 중간중간에 아이들의 울음소리가 들렸다. 전화 홍보를 하는 이들 대부분이 아이를 둔 엄마였기 때문이다.

아이가 운다고 해서 먼저 건 전화를 끊을 수는 없는 법. 옆에서 아이는 울고, 정진동 후보의 정책은 알려야겠고 죽을 맛이었다. 하루종일 아이와 전화기와 씨름을 한 전화 홍보반원들에게 주어지는 보수는 하나도 없었다. 순전히 자원봉사이기 때문이다.

청주산선 앞의 중앙여고 정문에는 작은 팻말을 꽂은 10여 대의 자전거가 있었다. '시민후보 정진동' '참일꾼 정진동' '청주를 푸르게' 홍보팀장

청주시내 지하상가 앞에서 홍보물을 나눠주는 선거운동원.

이광희의 얼굴은 새카맣게 탔다.

"충북대학교와 복대초등학교를 거쳐 가경동까지 갔다 오겠습니다. 즐거운 마음으로 한 바퀴 돕시다."

이광희가 탄 자전거가 움직이면서 10여 대의 자전거가 뒤를 이었다. 이광희가 "시민후보!"라고 외치면 뒤따르는 이들이 "정진동!"을 연호했다. 자전거 유세단은 가는 곳마다 시민들의 눈길을 끌었다.

기존 후보들이 정장과 한복을 입은 유급 선거운동원 십여 명을 대동하고 거리를 휩쓸 때 정진동은 수행하는 이가 고작 1명이었다. 대신 누구도 생각하지 못한 자전거 유세단을 운영했다. 작은 팻말을 꽂은 자전거 10여 대가 움직이면 누구나 '정진동 후보구나'라고 인식했다. 자전거 유세단원 역시 무급이긴 마찬가지였다.

충북여성민우회 최미애 대표는 열성적인 자원봉사자였다. 팔을 걷어붙

청주시내 지하상가 앞에서 홍보물을 나눠주는 선거운동원.

이고 피켓을 만들었다. 선거 홍보 회의를 할 때는 적극적으로 의견을 개진했다. 주어진 일은 뭐든지 열성이었다. 아니 주어진 일이 아니더라도 정진동 목사를 존경하는 마음으로 매사에 혼신의 힘을 다했다.

준비된 원고는 '무용지물'

청주 실내체육관 앞 계단에는 수백 명의 정진동 지지자가 운집했다. '청주시장 후보 정진동 선거 출정식' 현수막이 걸리고 무대가 설치됐다. 계단에 앉아 있는 참석자들의 얼굴은 상기됐다. 노동자-민중의 후보가 청주시장 선거에 도전장을 내밀었음을 시민들에게 공개적으로 선포하는 자리였기 때문이다. 내빈의 축사에 이어 이날의 주인공 정진동이 소개됐다.

"존경하는 청주시민 여러분!"

이렇게 시작된 정진동의 출사표는 장중했다. 자신의 정견을 발표하는 정진동의 머릿속에는 청주시청 청소부들의 투쟁과 1988년도 택시 총파업이 스쳐 갔다. 그리고 민주화운동의 제단에 바쳐진 장남 법영의 해맑은 웃음도 이어졌다.

투쟁 장면이 파노라마처럼 스쳐 가면서 정진동은 '민중을 위한 청주시장'이 되겠다고 말을 맺었다. "정진동"을 연호하는 지지자들의 목소리는 시간이 갈수록 커졌다. 땅거미가 어둑어둑해지는 초저녁 청주실내체육관 앞 계단에는 민중후보 출마라는 흥분과 감동이 어우러졌다.

6월 13일과 17일에는 각각 청주시민회관(현재의 청주아트홀)과 중앙공원에서 개인 연설회를 했다. 중앙공원에서는 충북여성민우회 최미애 대표가 찬조 연설을 했다. 최미애는 정진동 목사의 활동을 조근조근 설명하며 "노동자와 서민을 내 몸 같이 생각하는 정진동 후보를 지지해달라"고 말을 맺었다. 차분한 그의 연설은 중앙공원에 쉬러 온 시민들에게 울림을 줬다.

6월 18일 한벌국민학교에서 열린 합동연설회는 선거운동의 절정이었다. 여섯 후보가 동원한 지지자뿐만 아니라 관심있는 시민들이 운동장을 꽉 채웠다. 후보들이 입장을 했을 때였다.

후보 연설문을 작성한 권오철은 정진동이 자리에 앉을 때까지 근접 수행했다. 그런데 먼저 와 있던 김현수(1937년생) 후보가 꾸벅 인사를 했다.

"목사님. 잘 지내셨어요?"

1970~80년대 야당투사이자 1995년 당시에는 자민련(자유민주연합)으로 출마한 김현수는 존경의 마음을 담아 정진동에게 인사를 했다.

연단에 오른 정진동은 준비된 유세문 원고를 읽어나갔다. 출마 이유와 10대 출마 공약이 이어질 상황이었다. 행정청문회 개최, 경제정의 실현에 이어 사회복지예산 대폭 확대가 말해질 차례였다.

하지만 정진동의 연설은 원고대로 진행되지 않았다. 그의 평소 지론이 거칠고 투박하게 표현됐다. 유세문을 작성한 권오철의 얼굴은 붉어졌지만 운동장에 앉아 있던 청중들의 반응은 뜨거웠다. 정진동의 진심이 다른 후보 지지자들에게도 전해지는 순간이었다.

밥상공동체

자전거 유세단이 다리를 절뚝이며 청주산선 철문을 열자 구수한 냄새가 진동했다. 큰 가마솥에서 밥 익는 냄새였다.

"아이고, 고생했어요!"

자전거 유세단을 반기는 이들은 취사반장 김영애였다. 김영애와 청주산선 교인들은 선거운동 기간 점심과 저녁을 준비했다. 밥, 김치, 국이 전부였지만 세상에서 가장 맛난 밥상이었다. 등나무 아래 나무 의자에서 동태국과 밥을 받아든 자전거 유세단은 순식간에 그릇을 비웠다.

정진동 선거캠프는 전부 자원봉사로 운영됐는데, 유일하게 제공되는 것

청주도시산업선교회 안에 걸린 양은솥.

밥상공동체 선거운동원들이 식사하는 모습.

이 있었다. 하루에 밥 두 끼였다. 60~70명이 청주산선 1층과 2층, 그리고 마당에서 밥을 먹으며 그날 있었던 일화를 이야기했다.

투표 결과 정진동은 1만 1614표를 얻었다. 사실 선거 목표는 애초부터 당선이 아니었다. 선거를 민중의 목소리를 대변하는 공간으로 활용하자는 것이었다. 그렇더라도 정진동이 얻은 표는 함께한 이들에게 서운한 수치였다. 하지만 정진동은 긍정적으로 자평했다.

"민중을 위한 정치가 어떠해야 하는지에 대해 할말을 다했기에 후회가 없다."

어느 건물주의 **갑질**이 낳은 엄청난 변화

영세상인 백상기와 정진동… 상가임대차보호법 탄생 비화

　백상기는 몇주 동안 내덕동과 우암동, 청주시청 부근을 걸어 다니며 상가 건물을 유심히 살폈다. 삼겹살집, 치킨 가게, 미용실, 세탁소 등이 가장 많았다.
　청주 북부지역 일대를 샅샅이 뒤지며 어떤 업종의 가게들이 영업을 하고 있는지를 분석한 백상기는 자신이 창업할 업종을 최종 결정했다. 횟집이었다. 물론 그는 처음부터 횟집을 차릴 생각이었지만 시장분석을 통해 다른 음식점, 더 나아가 다른 업종의 자영업이라도 할 생각이었다.
　사실 그는 지난 몇 년간 포장마차를 통해 돈을 쏠쏠히 벌었다. 큰 자본을 들이지 않고 할 수 있는 포장마차는 좋은 점도 있지만 안정적이지 못하다는 게 단점이었다. 불법 단속 문제였지만 자기 점포가 없다 보니 떠도는 부나방 같았다.
　생계를 위한 방편으로 안정적인 장사를 하려면 상가가 필수라는 생각이 들었다. 그런 이유로 잘 나가는 포장마차를 접고 상가를 구해 음식점을 차릴 결심을 한 것이다.
　다음 순서는 상가를 구하는 일이었다. '상가임대'라고 쓰인 곳을 찾아다녔다. 보증금과 월세가 얼마인지를 물어봤다. 신축 건물은 임대료가 비쌌고 기존에 영업을 하고 있던 상가가 가게를 내놓으면 권리금이 반드시 뒤따랐다. 권리금이 없는 곳도 있었지만 그곳은 누가 보아도 장사가 허탕을 칠 만한 위치였다.

또한 청주시청 근방은 엄두가 나지 않았다. 상가 임대료가 너무 비쌌기 때문이다. 결국 청주의 외곽인 내덕동과 우암동으로 상가임대 대상지를 좁혔다.

몇 달간의 고생 끝에 우암동 청주MBC 근처의 15평(49.5㎡) 점포를 구했다. 백상기가 보증금 300만 원에 월세 30만 원, 권리금 1400만 원짜리 점포를 계약했다. 1992년이었다.

1년 만에 임대료 100% 인상

"아나고 한 접시요~"

"네!"

홀서빙과 카운터를 담당하는 아내 윤영화가 주문하고 주방에서 일하는 남편 백상기가 큰소리로 답했다. 부부가 성실하게 일하는 횟집은 항상 만원이었다. 사방을 둘러봐도 바다가 없는 충북지역에서는 회가 시민들이 자주 찾는 음식은 아니었다. '시오야끼'라고 불리는 삼겹살집이 가장 큰 사랑을 받았다.

그런데 청주에도 1980년대 후반 들어 횟집이 들어서기 시작했다. 바다회로는 아나고가 가장 일반적이고 고급 회로는 광어가 최고의 인기였다. 민물회로는 향어, 송어가 가장 대중적이었다. 이런 상황이다 보니 백상기가 1992년도에 차린 횟집은 별미로 소문이 나면서 손님들의 발길이 끊이지 않았다.

포장마차에 이어 횟집도 문전성시를 이루자 백상기·윤영화 부부의 벌어진 입은 다물어지지 않았다. 그런데 횟집에 갑자기 먹구름이 드리웠다. 백상기 부부가 횟집을 차린 지 1년 만이었다.

당시에는 상가 임대 계약 기간이 1년이었다. 재계약을 하려는 데 건물주가 청천벽력 같은 소리를 했다.

"인근 가게들과 형평성을 맞추기 위해 임대료를 인상해야겠어요."

"네."

건물주의 임대료 인상 발언에 백상기는 으레 그럴 줄 알았다는 듯이 답했다.

"보증금 600만 원에 월세 60만 원입니다. 다음 달부터 시행하겠습니다."

건물주의 폭탄 발언에 백상기의 눈이 휘둥그레졌다. 건물주의 얼굴이 두세 개로 보이다가 귓속에서 윙하는 소리가 들렸다. 다음은 생각이 나지 않았다. 남편의 이야기를 들은 윤영화는 울음을 터뜨렸다.

1년 만에 임대료 100% 인상이라니 기가 찰 노릇이었다. 백상기는 고민을 했다. '장사를 계속해야 하나 마나?' 계속하자니 월세가 부담되고 그만두자니 시설비와 권리금을 날릴 판이었다. 일주일간의 고민 끝에 그는 울며 겨자 먹기로 장사를 계속하기로 결심했다. 건물주를 만나 재계약을 하려는 데, 지뢰(?)가 터졌다.

임차인인 백상기가 임대료 100% 인상에 도장을 찍겠다고 하자 이번에는 월세 10만 원을 더 올리겠다고 한 것이다. 생각 같아서는 '이런 미친XX'라며 욕을 하고 싶었지만 임차인은 영원한 을(乙)의 시대였기에 눈물을 머금고 한 마디도 대꾸하지 못했다.

백상기는 횟집 운영을 단념하고 횟집 가게를 이어받아 장사할 사람을 물색했다. 그렇게 해야 시설비와 권리금을 보전받을 수 있기 때문이다. 어렵사리 적임자를 구했다. 자기 가게를 인수할 사람을 데리고 건물주를 만났다.

이번에는 건물주의 핵폭탄 발언이 터졌다.

"아무래도 내가 직접 건물을 써야겠소"

다시 말해 '나가라'는 말이었다. 사정을 했지만 허사였다. 결국 백상기는 시설비와 권리금 일체를 받지 못한 채 짐을 싸야 했다.

변호사, 민주당 모두 허탕… 결국 정진동

빈털터리로 쫓겨나다시피 한 백상기는 화병이 생겼다. 자신의 억울함을 호소하기 위해 변호사 사무실을 찾았다. 백상기의 말을 한참 들은 변호사는 잘라 말했다.

"이 문제는 어쩔 수 없습니다."

"왜요?"

"임차인이 보호받을 수 있는 관련 법이 없기 때문입니다."

변호사 사무실을 나온 백상기의 어깨는 축 쳐졌다.

다음에는 민주당사를 찾았다. 어렵지 않게 국회의원도 만날 수 있었다. 그런데 국회의원과 당직자의 반응도 변호사와 크게 다르지 않았다. 관련 법령이 없기 때문에 어쩔 수 없다는 것이었다.

한동안 실의에 빠진 그에게 실낱같은 희망의 불빛이 비쳤다.

"그런 문제라면 정진동 목사를 찾아가 보세요."

정진동 목사가 누구냐고 하니, 충북지역의 민생문제를 척척 해결해주는 청주도시산업선교회 목사란다.

그렇게 해서 백상기가 정진동을 찾아간 것은 1993년 10월이었다. 그의 한숨 섞인 이야기를 들은 정진동은 입을 열었다.

"법을 만듭시다."

"예?"

백상기는 전혀 예상치 못한 답변을 듣고 당황했다.

"당신 같은 피해자가 청주뿐만 아니라 전국에 숱하게 있을 겁니다. 이런 문제가 근원적으로 해결되기 위해서는 상가임대차보호법을 제정해야 합니다."

백상기는 무릎을 탁쳤다. 자기 개인의 문제는 변호사도 국회의원도 해결할 수 없는 것이다. 즉 나라도 구제를 못하는 것이다. 그런데 관련 법을 만든다면 자기 개인 문제는 소급적용해서 해결할 수 없는 일이라 하더라도 제2, 제3의 피해자를 없앨 수 있는 것이다.

"그런데 법을 어떻게 만듭니까?"

"우선 서명을 받아서 정치권에 보냅시다."

정진동은 국회의원들이 알아서 저절로 움직이지 않는다고 했다. 결국 '목마른 자가 우물을 파는 법이다.'

서명운동

청주 성안길 제일은행 앞에서 '영세상가 임대차보호법 제정 서명운동'이 시작됐다. 백상기, 정진동이 책상과 서명판을 준비해 외롭게 서명운동을 시작한 날은 1993년 10월 23일. 처음 들어보는 법률제정 서명운동에 지나가는 시민들의 첫 반응은 뜨악했다.

그런데 성안길의 상인들이 귀를 기울이기 시작했다.

"이게 되면(제정되면) 어떻게 되는 겁니까?"

"상가 재계약 기간을 2년 이상으로 하고 인상 상한선을 두자는 겁니다"

정진동의 설명을 들은 상인의 얼굴이 활짝 펴졌다. 그 상인은 주저하지 않고 용지에 서명을 했다.

그렇게 시작된 서명운동은 세 차례 만에 1000명의 서명을 받는 놀라운 결과를 낳았다. 서명운동은 계속하되 서명 용지 1차분을 12월 국회 법사위원회와 언론사에 발송했다. 청주시민 2109명의 서명 용지가 국회에 전달됐다. 해를 넘겨서도 서명은 계속됐다. 1994년 2월 21일에는 정진동, 백상기와 박영호가 함께했다.

시간이 갈수록 성안길 서명운동은 분위기가 달아올랐다. 성안길 상인들과 육거리시장, 중앙시장 상인들이 열성이었다. 아무래도 남의 건물을 빌려 장사하는 이들이 직접적 이해당사자였기 때문이다. 물론 장사는 하지 않지만 중소자영업자들의 경제적 보호장치가 필요하다는 주장에 성안길을 지나는 시민들도 우호적이었다.

2단계 서명운동은 집단적인 서명이었다. 당시 청주도시산업선교회가 관여하고 있던 주민운동 관련 사람들을 만나기 시작했다. '뉴청주골프장' 건설을 반대하고 있던 청원군 옥산면·강외면 주민들 수백 명이 서명에 흔쾌히 동참했다.

분평동 택지개발 반대 투쟁 주민과 충주 연수동 택지개발 반대 주민, 청주 사천동 동아건설 피해 주민, 오창 과학단지 개발 반대 주민들이 서명에 참여했다. 청주·청원·충주 등지에 서명 용지를 들고 다닌 것은 백상기와 청주도시산업선교회 정진동 목사, 조순형 전도사였다.

"형석아파트 상가에 가 보세요."

제보를 접하고 가보니 청주 복대동 형석아파트 상가에도 임대차계약이 문제가 되고 있었다. 그러니 상인들이 '상가 임대차보호법 제정' 서명운동을 반길 수밖에 없었다. 백상기·정진동이 서명 용지 2차분 탄원서를 국회 법사위원회에 제출했다. 1995년 2월 22일이다.

삼발이 오토바이

백상기가 국회에 서명 용지를 처음 전달한 게 1993년 12월이다. 하지만 이 법률은 국회 본회의에 올라가지도 못하고 국회 법사위원회 심사소위원

상가 임차인 권리찾기 '제자리걸음'

청주 장애인부부 법제정 청원…국회서 2년째 심의 '대기'

청주/황순구 기자

상가 건물주들의 횡포에 맞서 한 장애인 부부가 2년여 동안 가칭 '상가 임대차보호법' 제정을 위해 애쓰고 있지만 '칼자루'를 쥔 국회의원들의 무성의로 제자리걸음 상태이다.

소아마비 장애인인 백상기(44·충북 청주시 내덕동)·윤영화(40)씨 부부가 청주지역 상가 세입자 2천1백9명의 서명을 받아 국회에 법 제정을 청원한 것은 지난 93년 12월이다.

그러나 이 청원은 현재 국회 법사위 청원심사소위에서 1년5개월째 심의를 기다리는 중이다. 이 민생 청원이 언제 심의를 거쳐 법안으로 만들어지고 법사위와 본회의에 상정될지는 법사위 관계자들도 모른다.

백씨 부부가 상가 임대차보호법 제정운동을 벌이는 것은 그들 자신이 2년전 건물주의 보증금과 임대료 인상 요구에 지쳐 이에 응하지 않았다가, 건물주의 명도소송으로 권리금 한푼 받지 못하고 쫓겨난 경험이 있기 때문이다.

현행 주택 임대차보호법은 무주택 서민을 위해 임대계약 최저기간(2년), 임대료 인상률 상한선(5%), 소유권 변동시 임차인의 지위 승계, 소액 전세금 우선 변제 등을 정하고 있지만 이는 주택에만 적용될 뿐이다.

"악덕 상가주들은 물가인상 또는 이웃 건물과의 형평 등을 요구하며 툭하면 보증금과 임대료를 인상합니다. 이에 응하지 않으면 직접 점포를 운영하겠다며 건물을 비워달라고 요구하거나 명도소송으로 내쫓아버리고 권리금은 한푼도 안 줍니다. 임대계약서도 늘 두장이죠. 임대 수입에 대한 세금을 적게 내려고 남세용 계약서에는 임대료가 반값으로 기록되기 일쑵니다. 하자 보수 비용도 통상 세입자 부담이구요."

백씨는 그동안 국회·법무부·정부합동민원실·경제기획원·민자당·민주당 등을 들락거리며 법제정에 애썼지만 아직 아무런 성과가 없다며 긴 한숨을 내쉬었다.

상가 임대차보호법 제정이 제자리걸음을 하고 있다는 신문 기사. 한겨레 1995. 4. 22.

회에서 심의를 무한정 기다려야 했다. 국회의원들의 관심 밖이었기 때문이다.

백상기는 '이래선 어느 세월에 법이 통과될 지 모른다'고 판단했다. 그는 1995년 6월 27일 치러지는 청주시장 선거에 정진동이 출마하자 두 팔 걷고 선거운동에 뛰어들었다. 그는 개조한 삼발이 오토바이에 "청주시장 정진동" "상가임대차 보호법 제정" 소형 푯말을 꽂았다. 자신의 인생에 커다란 계기점을 준 정진동 목사 선거를 돕는 동시에 상가임대차 보호법 제정의 대의를 알리는 운동을 벌인 것이다.

선거가 끝나고 백상기는 서명을 전국으로 확산하기로 했다. 몇 년이 걸릴지 모르는 일에 생계를 내팽개치고 할 수는 없는 법이다. 그는 삼발이 오

상가 임대차보호법 제정에 앞장선 백상기 인터뷰 기사. 충청매일 1996. 3. 3.

토바이에 두부를 실었다. 두부 장사를 하면서 동시에 서명을 받았다.

그는 선천적으로 소아마비가 있어서 불편한 다리로 오토바이를 타고 전국의 재래시장을 다녔다. 그 결과 만 5년 동안 12만 명의 서명을 받았다. 특정 법을 제정하기 위해 혼자서 서명을 받은 숫자로는 기네스북에 오를 만한 일이었다.

결국 법은 국회에서 처리돼야 했다. 그런 이유로 그는 본격적인 서명운동을 시작하면서부터 진정추(진보정당추진위원회)에 매달렸다. 2000년 1월 30일 민주노동당이 창당되자 백상기는 민주노동당 중앙당사에서 잠을 잤다. 국회 앞에서 상복을 입고 십자가 시위도 벌이고 민주당 당사에서 단식투쟁도 했다.

청주의 정기호 변호사가 법률 초안을 만들고 김문수·이재오 국회의원이 발의한 '상가임대차 보호법'이 2001년 12월 7일 국회 본회의에서 통과됐다. 재계약시 기존 보증금과 임대료의 12% 이상 인상할 수 없다는 게 핵심내용이었다.

자신은 혜택을 받지 못하지만 전국의 자영업자들에게 복된 소식을 준 데에는 백상기의 땀과 열정이 일등공신으로 작용했다. 그런데 여기서 잊지 말아야 할 것이 있다. 백상기에게 법제정운동의 필요성에 자극을 주고 그가 힘들어 포기하려 할 때마다 격려를 해 준 이가 정진동이라는 점 말이다.

31평 분양받았는데 21평이라고?

1990~1991년 옥산빌라 불법·사기 분양

'쾌적한 환경 최신식 시설, 옥산빌라'

1990년 10월, 충북 청주 옥산면사무소 정문과 옥산면 마을 곳곳에 빌라 분양 광고 현수막이 내걸렸다. 평생을 단독주택에서 살아온 이들에게는 관심을 끌 만한 일이었다. 총천연색 광고지도 주민들의 관심을 증폭시켰다. '옥산빌라 44세대 분양 마감 임박! KS(Korean Standards) 제품만을 사용했습니다'라는 문구가 돋보였다.

'KS 제품'이라는 것

당시 KS(한국공업표준규격) 제품이라면 신뢰도 0순위였다. 좋은 제품을 사용한 연립주택이 옥산면 소재지인 가락 2구에 들어선다니 주민들의 가슴은 한껏 부풀어 올랐다. 광고지에는 4층 건물 3개 동의 옥산빌라 조감도가 있었다. 옥산면에서는 옥산빌라 분양이 주민들의 추석 밥상에 올랐다. 너도나도 옥산빌라 문제로 이야기꽃을 피웠다.

청원군 옥산면 오산리에 사는 정 아무개는 아이들이 크면서 살고 있던 집이 협소해 불편을 느끼고 있었다. 그러던 차에 옥산빌라 분양 광고가 나자 뛸 듯이 기뻤다. 아내와 함께 분양을 전담한 복덕방(공인중개사 사무실)으로 갔다.

"사장님, 잘 오셨습니다. 이제 미분양이 31평형, 21평형 각각 한 채씩밖에 남지 않았습니다."

"그래요?"

18평형도 분양대상이었으나 이왕 이사하는데, 21평형을 염두에 뒀던 정 아무개는 '다행'이라며 안심했다. 그렇지만 경제적 형편을 고려하면 흔쾌히 계약서에 도장을 찍을 수는 없었다. 면소재지에서 자전거포를 운영하는 그는 하루 벌어 하루 사는 형편이었기 때문이다.

정씨가 주저하자 복덕방 사장은 '지금 계약했다가 되팔아도 프리미엄 500만 원을 벌 수 있다'고 설명했다. 프리미엄에는 관심이 없었지만 옥산빌라가 그만큼 인기가 있다는 말에 더 마음이 끌렸다. 그렇지만 매사에 신중한 정 아무개는 내일 다시 오겠다고 말하고 분양 사무실을 나왔다. 그날 밤 정 아무개는 가족회의를 열었다. 분양 받자는 것에 만장일치 의견을 봤다.

계약금 500만 원은 매일 5000원씩 옥산신협에 저금한 적금통장을 해약해 해결하기로 했다. 문제는 중도금과 잔금. 21평형 분양가는 3100만 원이었다. 계약금 500만 원을 제하면 중도금과 잔금이 2600만 원이었다. 현재 사는 집은 팔아도 돈을 받을 수 없는 상황이었다.

결국 집의 땅값이 전부였다. 땅값 시세가 2000만 원이기에 결국 600만 원은 빚을 내야 했다. 적금 깨고 땅 팔고 빚내야 내 집 마련을 할 수 있었던 것. 그렇게 전체 소요 비용과 충당할 방법을 강구한 정 아무개는 다음 날 아내와 함께 복덕방에서 계약을 했다. 복덕방비(부동산 중개 수수료)는 15만 원이었다.

사실 옥산빌라 44세대 분양 계약자 대다수가 정 아무개와 형편이 비슷했다. 평생을 농사짓거나 건축 현장에서 막일을 하거나 면소재지에서 영세자영업을 했다. 이들의 경제적 형편은 숨 쉴 여유가 없었으나 옥산빌라 입주를 앞둔 그들의 꿈은 누구보다 작지 않았다.

31평 분양받고 입주했더니 10평이 좁았다

31평형에 입주하기로 한 가락리 최 아무개는 당황했다. 1990년 11월에 착공한 빌라가 원래 계약한 대로 1991년 4월 말에 입주할 상황이 아니었기 때문이다. 공사가 마무리되지 않았다고 했다. 자신이 살고 있던 집에 새 주인이 이사 오기로 한 것은 5월 1일이었다.

본의 아니게 거짓말쟁이가 돼버린 그는 상대편에게 거듭 사과를 했다. 건축주 측이 다시 약속한 6월 말에 이사하는 것으로 양해를 구했다. 44세대 모두가 최씨마냥 혼란에 놓였고, 순진한 입주자들은 약속을 위반한 건축주에게 손해배상을 청구하지도 않았다.

우여곡절 끝에 최씨는 손 없는 날을 택해 이삿짐을 옥산빌라에 풀었다. 31평형이면 지금 살고 있는 집 면적의 2배에 달했기에 김칫독 하나 버리지 않았다. 그런데 현관문을 들어선 최씨 가족은 어리둥절했다. 먼저 앞 베란다가 없었다. 뒤 베란다도 없고 다용도실이 부엌 한 귀퉁이에 있었다. 누가 봐도 31평(102.3㎡)은 어림도 없었다.

창틀에는 시멘트가 덕지덕지 붙어 있었다. 연립주택 복도 벽도 마찬가지. 도배는 전문업자가 했다고는 믿을 수 없을 정도로 엉망진창이었다. 천연색 광고지에 그려져 있던 조감도는 장밋빛 청사진에 불과했다. 그렇다고 그 시간부로 다시 이삿짐을 쌀 수도 없는 일이었다.

최씨를 포함한 입주자들이 이삿짐을 푼 때는 장마철이 막 끝날 때였다. 그런데 어처구니없게도 이 집 저 집에서 빗물이 샌다고 아우성이었다. 연립주택 마당은 빗물이 한강(?)을 이뤘다. 배수로가 부실공사 된 탓이다. 폭우도 아닌 장마에 담장도 흔들거렸다. 총체적 난국이었다.

장마가 끝나고 햇빛이 내리쬐던 날 입주자들이 빌라 마당에 모였다. 한결같이 입이 댓발만큼 나왔다. 노가다(건설노동자)하는 사람이 실측한 결과 31평형(4세대)은 21평형(전용면적 59.56㎡+공용면적 10.8㎡)에 불과했다. 즉 계약서보다 10평(33㎡)이 좁았다. 21평형(8세대)은 실제 14평형으로 7평이 줄었고, 18평형(32세대)은 12.4평으로 5.5평이 줄었다.

부실공사의 '끝판왕'

공사과정을 유심히 지켜본 입주자들의 부실공사 증언이 이어졌다.

"기초공사로 공구리(콘크리트) 치기(붓기) 전에 구리스(호박돌)를 넣어야(깔아야) 하는데 그러지 않았어유."

"슬라브(콘크리트)를 치고 기와를 이어야 하는데, 나무(서까래) 위에 기와를 이었다."

그래서 그런지 기와가 밀려나 있었다. 계약서상의 면적보다 실제 공간이 5~10평이 줄어든 것과 온갖 부실공사는 며칠 뒤 밝혀진 것에 비하면 새발의 피였다. 부실공사의 끝판왕은 '44세대가 입주한 옥산빌라의 준공검사가 나지 않은 것'이었다. 건축주가 입주해도 된다고 해서 이사했는데, 준공검사가 나지 않은 건물이었던 것이다. 즉 불법 건조물에 입주했으니 불법행위를 저지른 격이었다.(옥산빌라 대책위원회, 진정서, 1991)

1991년 7월 3일 청주MBC가 옥산빌라 사기 분양 사건을 취재했다. 문제의 핵심은 사기 분양이었다. 이 과정에서 준공검사가 나지 않은 문제도 공론화됐다. 지역뉴스에 방송되자 다급해진 것은 감독권이 있는 청원군청이었다. 청원군청은 분양면적이 축소된 것과 설계도대로 건축하지 않은 것에 시정조치 명령을 내렸다.

행정관청의 시정명령을 따르지 않을 수는 없는 법. 옥산빌라 건축주들

옥산빌라 불법·사기분양 문제를 보도한 기사들.

은 입주민들에게 '시정 명령대로 공사를 해야 하니 집을 비워달라'고 했다. 공사 불편의 대가로 300만~500만 원을 지급하겠다고 했다.

하지만 주민들은 당장 거주할 공간이 없기에 응할 수가 없었다. 그러자 건축주들은 '입주민들 때문에 공사를 할 수 없다'며 부실공사의 향후 대책에 대한 책임을 입주자들에게 떠넘겼다. 더욱 황당한 일은 '준공검사도 끝나지 않은 빌라에 입주한 주민들 때문에 문제가 됐다'며 일부 입주민을 고소하기까지 했다. 방귀 뀐 놈이 성내는 격이었다.

결국 옥산빌라 문제는 입주민 개개인이 해결할 수 있는 문제가 아니라는 게 확인됐다. 주민들은 1991년 7월 9일 '옥산빌라 사기 분양 피해주민 추진위원회(아래 추진위원회)'를 구성했다. 주민들이 청주시 사창동 소재 청주도시산업선교회를 방문한 직후였다.

똘똘 뭉친 입주민들

추진위원회는 청주도시산업선교회 정진동 목사 조언대로 각 동별로 2명씩의 추진위원을 선임했다. 가동(31평형 4세대, 21평형 8세대), 나동(18평형 16세대), 다동(18평형 16세대)에서 각각 2명이 추진위원회 심부름꾼에 선임됐다. 이들은 44세대 약 200명의 주거공간 문제해결 책임에 막중한 임무를 맡게 됐다. 1991년 7월 9일이었다.

추진위원들은 입주자 전체회의를 열어 문제 해결 방안에 대해 토론했다. 논의 초기에는 울분에 찬 이들의 건축주 성토대회장을 방불케 했다. 하지만 시간이 흐른 후에는 현실적인 대안이 주로 논의됐다. 몇 차례의 논의 과정을 통해 추진위원회의 요구는 다음과 같이 정리됐다.

계약서상에 명기된 분양 평수에서 모자라는 평수만큼의 분양가를 반환하라. 즉 31평으로 알고 입주한 이들은 실제 21평에 입주했기에 1550만 원(평당 분양가 155만 원×10평)을 반환하라는 것이다.

또한 부실공사를 속히 해결하라는 것과 복덕방비(부동산 중개 수수료) 15만~20만 원을 돌려달라. 만약에 위의 요구 사항이 받아들이기 어려우면 위약금(계약금의 두 배)과 중도금을 물어내라.

옥산빌라 문제 해결을 위한 기도회에 참석한 주민들.

하지만 가~다동의 건축주 3인은 입주자들의 요구에 귀를 닫았다. 다만 청원군청의 시정명령에 현실성 없는 보완 공사를 하겠다고 했다. 그러면서 입주민들에게 공사 기간에 집을 비워달라고 억지를 썼다. 추진위원회는 이를 '돌부처가 박장대소할 일'이라고 규정했다.

추진위원회는 정진동의 도움을 받아 진정서를 작성해 충북도청, 청원군청, 청주지방검찰청에 발송했다. 주민탄원서를 작성해 관계기관에 보내기도 했다. 매주 일요일 오전에는 주민들이 청주도시산업선교회에서 예배를 보고 오후에는 청주와 옥산면에서 선전전을 했다.

이런 과정을 통해 한겨레신문, 기독교신문, 새누리신문, 청주신문 등에 옥산빌라 사기 분양 사건이 보도됐다. 그해 8월 14일 정진동은 '옥산빌라 사기 분양문제에 대한 청주도시산업선교회의 공개서한'을 관내 지역구 국회의원, 청원군의원, 충북도의원, 청원군수, 충북도지사에게 발송했다. 4.19혁명 이후 부활한 지방의회선거가 치러진 해였다.

청주도시산업선교회 담벼락에 게시한 옥산빌라 사기분양 항의 현수막.

옥산빌라 주민들과 청주도시산업선교회는 문제가 해결될 때까지 일심동체였다. 추진위를 구성해 합의할 때까지 약 80일간 매주 일요일 청주산선에서는 옥산빌라 주민들이 예배를 드렸다. 단순한 예배가 아니라 추진위원회 활동 보고와 향후 대책에 대한 토론의 장이었다. 9월 3일에 청주산선 교인들은 주민들에게 격려편지를 보냈다. 편지를 받은 주민들의 눈시울이 붉어졌다.

'완전한 승리'

추진위원회 활동이 이어지고 언론에서 사기 분양 사건을 공론화하자 관련자들이 사법 처리됐다. 건축주 3명 중 2명이 구속됐고, 건축사 사무실이 6개월간 영업 정지를 당했다.

싸움 두 달 만인 9월 6일 옥산면장이 정진동을 찾아와 문제를 속히 해결하겠다고 약속했다. 그러나 옥산면장한테 행정적인 권한이 없었기에 축포를 터트리기에는 일렀다. 그런데 9월 17일에 사건 해결의 서광이 비쳤다. 청원군청 담당 과장과 계장이 청주산선을 찾아왔다.

드디어 9월 28일에 건축주와 추진위원회 임원들이 만나 합의를 봤다. 계약해지의 귀책 사유가 건축주에게 100% 있음을 확인했다. 그 결과 계약금 500만 원의 2배인 1000만 원을 배상하고, 중개수수료를 반환하며, 세대당 이사비용 50만 원을 지급하기로 했다. 주민들의 완전한 승리였다.

옥산빌라 주민들은 9월 29일 청주산선에서 '승리예배'를 드렸다. 정진동과 주민들은 서로를 얼싸안았다. 세상의 변화는 민중의 힘에서 이뤄진다는 정진동의 신념이 다시 한번 확인된 순간이었다.

비리에 진심이었던 **교육자**의 말로

교사·시민사회와 함께 한 김영세 교육감 퇴진 운동

합동 연설회가 열리는 청주공고 인근 건물의 전국교직원노동조합(아래 전교조) 충북지부 임시사무실은 청주·청원지역 교사들로 꽉 차 있었다. 전교조 충북지부장 청주 합동 연설회가 열리기 때문이다.

정부가 1989년 창립 직후부터 불법으로 규정했기에 전교조는 10년간을 법외노조로 활동해야 했다. 그러다가 1999년 1월 6일 '교원의 노동조합 설립 및 운영 등에 관한 법률'이 국회를 통과하면서 전교조가 합법화됐다. 전교조 합법화 이후 첫 충북지부장 선거가 2000년 12월에 치러졌다.

그런데 합법화 이후 조합원들의 관심을 높이기 위해서는 특단의 대책이 필요했다. 그래서 강구된 것이 지부장 경선이었다. 영동부터 단양까지 시·군을 순회하면서 합동 연설회를 진행했다.

청주 영운중학교에 근무 중이었던 김수열(1957년생)은 마이크를 잡았다.

"전교조는 민족·민주·인간화 교육을 표방하며 출범했습니다. 그런데 우리의 지향점과 정반대의 인물이 충북교육의 수장을 맡고 있습니다. 제가 지부장에 당선된다면 김영세 교육감 퇴진 운동에 전력을 다하겠습니다!"

우레와 같은 박수가 터졌다.

사실 김영세 교육감 비리가 터지면서 교사들은 얼굴을 들고 다닐 수 없었다. '학교 선생이 시정잡배와 다를 것이 없다'는 말들이 떠돌아다녔기 때문이다. 그러던 차에 김수열의 공약은 교사의 존엄성을 되찾자는 선언으로 비쳤다. 2000년 9월부터 제기된 김영세 교육감 비리 문제는 김수열이 전교조 충북지부 10대 위원장에 취임하면서 새로운 국면을 맞게 됐다.

'성매매 여인숙'

2000년 10월 31일 국회 교육위원회의 충북도교육청 국정감사에서 야당 의원들이 충북지역 시민사회단체들이 제기하고 있던 김 교육감의 매춘여인숙 소유 등에 대해 집중추궁했다. 권철현 한나라당 의원은 "학교 주변 유해업소를 적극 관리 감독해야 할 교육감이 매춘여인숙을 소유하고 있었다는 것은 도덕적 이중성을 드러내는 것"이라고 꼬집었다.(《한겨레》, 2000.11.01. 보도)

김영세 교육감의 '성매매 여인숙 문제'가 국정감사의 도마 위에 오른 것이다. 김수열이 김영세 교육감을 민족·민주·인간화 교육에 정반대되는 인물이라고 꼬집은 핵심 이유였다.

김영세는 D여상 교장 재직 시절인 1985년 12월에 청주시 북문로 은하여인숙을 매입했다. 당시 은하여인숙은 '성매매 여인숙'이었고, 중앙시장 일대의 여인숙은 성매매가 횡행한 곳으로 널리 알려져 있었다. 그런데 이런 건물을 매입해 1997년 철거 때까지 임대료를 받은 것이다.

이에 대해 김영세 교육감은, 건물 매입 당시 단순한 숙박업소로 알았고 매입 이후에는 아들이 관리해 매춘업소로 이용됐는지 전혀 몰랐다고 답변했다. 또 1993년도에 은하여인숙이 성매매 업소로 이용되는 것을 알고 나가라고 했으나 세입자가 강력히 거부해 어쩔 수 없었다고 덧붙였다.

그렇지만 매입 시 은하여인숙이 성매매 업소인 줄 몰랐다는 것은 말이

성매매 여인숙 뇌물 수수 의혹 해명을 요구하는 시민사회단체 기자회견. 충청리뷰 2002. 6. 16.

되지 않으며 세입자는 '건물주가 자기들에게 나가 달라고 한 적이 없다'고 폭로했다. 가장 큰 문제는 10년간 성매매 업소로부터 임대료를 받았다는 점이었다. 1997년 철거 당시 문제의 여인숙 소유주는 김영세임이 밝혀졌다.

1997년 성매매 여인숙 철거과정에서 또 다른 문제가 불거졌다. 당시 철거를 맡았던 S씨는 충북도교육청 교육감실에서 여인숙 철거공사를 400만 원에 구두로 합의했다. 그런데 S씨는 그 공사를 담당 직원의 권유로 헐값에 계약했다고 했다. 실제 공사비는 1000만 원이 더 소요됐으나 돈을 받지 못했다고 했다. 그런 와중에 그는 1998년 C중학교 철거공사 수탁 대가로 200만 원을 뇌물로 건넸다.

하지만 김영세는 이 돈에 대해 은하여인숙 철거비용이 과다하게 계산돼 200만 원이 남았다며 S씨가 돌려준 것이라고 했다.(《충청리뷰》 2000.9.25. 보도) 앞뒤가 맞지 않는 김영세의 변명은 S씨가 언론사에 구체적 내용을 제보함으로써 진실 공방이 격화했다.

교장 1000만원, 교감은 500만원

S씨의 성매매 여인숙 폭로 이후 전직 교장·교감 출신으로 구성된 사도회(충청북도사도회)에서 김영세 비리를 공개적으로 제기했다. 사도회가 제기한 내용은 성매매 여인숙 임대와 1998년 12월 S씨가 준 뇌물 200만 원 건 이외에도 여럿 있었다.

우선 재산형성과 관련한 의혹이 제기됐다. 보통 평생 교직에 몸담은 사람이 모을 수 있는 돈이 2억~3억 원이라면 김영세는 2000년 당시 천문학적 수준이었다. 2000년도에 김영세 재산으로 제기된 것은 1985년에 구입한 북문로 2가 은하여인숙 건물(1997년 철거)이 대표적이다.

1989년 우암동의 대지 102평을 매입해 1991년 지하 1층 지상 4층, 연건평 410평(약 1357㎡)의 건물을 지어 교연학원에 임대했다. 1996~1997년에는 5층으로 증축했다. 공교육 강화에 심혈을 기울여야 할 교육지도자가 현직 교장과 교육감(1995.12.4.~2002.4.2.) 재직시절에 대형 사립학원에 자신의 건물을 임대해 임대료를 받은 것이다.(충청북도사도회, '성명서', 2000.11.22.)

위의 북문로 여인숙(70평)이나 우암동 교연학원 대지(102평)는 당시 평당 약 1000만 원대로 시가가 각각 7억 원과 9억 원을 호가하는 것으로 알려졌다. 또한 1996년 상당구 수동 60평 I빌라는 장남 명의로, 1998년 금천동 59평 N아파트는 차남 명의로 구매했다. 이외에도 김영세와 그의 장남과 차남 명의의 재산목록은 여럿이 있다. (충북사도회 외, '공개청원서', 2000.11.23.)

성매매 여인숙 파문 이후 가장 크게 문제 된 것은 인사채용과 관련한 뇌물 문제였다. 김영세 교육감 당시 교육계에서 떠도는 말이 있었다. '장천감오(長千監五)'였다. 즉 교장이 되려면 1000만 원을, 교감이 되려면 500만 원을 뇌물로 바쳐야 한다는 것이다.

당시 충북도교육청 소속 교사들의 인사권은 교육감에게, 직원들의 인사권은 부교육감에게 있었다. 그런데 직원들 인사권마저 김영세 교육감이

행세했다는 불만이 도교육청 간부로부터 터져 나왔다.

이외에도 김영세 교육감 비리에 대한 제보는 사도회와 현직교사, 교육청 관련 건설업자, 납품업자들로부터 봇물 터지듯이 이어졌다. 심지어 충청북도교육청 산하의 과학연구원장이 뇌물 1200만 원을 김교육감에게 줬다는 양심고백을 하기도 했다. 김영세는 비리의 온상처럼 인식되었다.

상장 반납 운동도 전개

김영세 교육감의 비리가 언론에 공개되고 국회 국정감사에서 도마에 오르자 시민사회단체가 움직였다. 청주도시산업선교회와 참교육학부모회 충북지부, 청주KYC, 천주교 청주교구 정의평화위원회가 앞장섰다.

이 단체들은 충청북도 교육의 수장인 교육감이 매춘여인숙을 소유한 점과 인사 비리, 뇌물수수에 대한 의혹을 제기하며 김영세 교육감 퇴진 운동의 목소리를 높였다. 특히 청주도시산업선교회 정진동 목사와 참교육학부모회 진옥경 지부장이 총대를 맨 격이었다.

한편, 사도회에서는 김영세 교육감 비리에 대한 자료와 정보를 수집해 '공개 질문서'를 발표하기도 했다. 사도회에서는 정진동에게 김영세 교육감 개인 비리뿐만 아니라 기존의 교육계에서 관행적으로 있었던 뇌물수수, 인사 비리, 납품 비리 등의 고질적 문제에 대해서 자기 고백했다.

정진동은 앞의 단체들과 함께 2000년 11월 22일 충북도청 기자실에서 '김영세 교육감 퇴진을 위한 기자회견'을 했고, 12월 2일에는 《노동일보》에 성명서를 기고했다. 12월에는 충북도교육청 앞에서 퇴진 시위를 벌였으며 충북여성민우회 사무실에서 퇴진 대책회의를 진행했다.

퇴진 운동에 불이 붙기 시작한 것은 2001년 들어서다. 전교조 충북지부와 민주노총 충북본부가 퇴진 운동에 합류하면서부터다. 김수열이 전교조 충북지부장에 취임하면서 경선 때 자신이 공약으로 내세웠던 '김영세 교

김영세 교육감 퇴진 집회를 알리는 전교조 소식지.(사진=전교조 충북지부)

김영세 교육감 퇴진 집회.(사진=전교조 충북지부)

육감 퇴진 운동'을 이행하면서부터다.

퇴진 운동 조직은 청주시민행동(21개 단체)을 포함해 충청북도 전역으로 확대됐다. '김영세 교육감 퇴진을 위한 도민행동'이 꾸려졌다. 청주에서는 매주 화요일마다 집회를 가졌고, 한 달에 한 번 개최한 토요집회는 대규모로 진행했다.

충북도교육청 정문에서 약 500명이 참석한 가운데 퇴진 촉구대회가 열렸다. 대회사를 맡은 정진동은 나라의 근간인 교육의 중요성에 대해 사자후를 토했다. 김영세 비리에 대해 조목조목 열거하다가 갑자기 엉뚱한 이야기가 튀어 나왔다.

"교육감이 뽀얀 다리만 좋아한다."

정진동의 풍자에 집회 참석자들이 배꼽을 잡았다. 2001년 2월 1일 〈추적 60분〉이 김영세 교육감에게 성상납을 했다고 양심 선언한 C씨를 취재한 것을 놓고 이야기한 것임을 알았기 때문이다.(김수열 증언) 퇴진 운동 집회 때마다 정진동의 연설은 거칠 것이 없었다. 그만큼 교육자의 도덕성을 중요시한 탓이다.

퇴진 운동은 여러 각도에서 이뤄졌다. 퇴진 서명부터 차량용 스티커 부착, 대학교 안 홍보와 충북의 각 시군에서의 홍보전까지였다. 전교조 충북지부의 독자적인 운동도 다양했다. 대표적인 것이 '상장 반납 운동'이었다. 교사들이 김영세 교육감으로부터 받은 상장을 반납한 것이다. 교육감 퇴진 선언도 진행되었다.

가장 큰 활동은 단양부터 영동까지 진행된 '김영세 퇴진 교사 행진'이었다. 단양 북부지회 교사 7명이 시작한 행진은 각 시·군에서 행진할 때 현지 교사들이 합류했다. 초등학교 운동장에서 밥을 해 먹고 텐트를 쳐 잠을 잤다. 조끼를 맞춰 입은 이들의 배낭에는 '김영세 퇴진'이라는 작은 팻말을 꽂았다. 이 행진에 참여한 교사는 연인원 수백 명이었다.

"신변 정리하시오"

퇴진 운동이 장기화되자 전교조 김수열 지부장이 교육감실 농성에 돌입했다. 교육청 정문에서는 전교조 교사들과 도민행동 회원들이 교육감 출입을 막았다. 교육감이 출근할 때는 교육청 직원들이 출동해 정문의 인간 바리게이트를 돌파해야 했다. 그렇지만 정작 교육감실에서 집무를 보지는 못했다. 김수열이 농성을 하고 있었기 때문이다. 교육감실 점거 농성은 38일간 이어졌다.

드디어 김영세 교육감 비리 문제가 사법부의 심판대에 올랐다. 정진동은 2001년 5월~6월에 개최된 3, 4차 공판에서 검찰 측 증인으로 참석해 김

김영세 교육감 비리 의혹 사태를 정리한 기사. 충청일보 2002. 3. 11.

영세 비리에 대해 증언했다. 김영세는 자신에게 제기된 비리 혐의에 대해 일관되게 전면 부인했다. 하지만 그해 12월 10일 불구속 상태에서 진행된 청주지방법원에서 판사는 김영세에게 징역 2년 6개월, 추징금 2300만 원을 선고했다. 김영세가 항소해 심판대는 대전지방법원으로 옮겨졌다.

 2002년 2월 20일 열린 대전지방법원 1차 공판에서 판사는 피고 김영세에게 '다음 선고 공판까지 신변 정리해 오라'고 주문했다. 이는 교육감직에서 사퇴하지 않으면 법정구속하겠다는 의미였다.

 판사는 김 교육감의 재판 지연을 질타하고 피고 측의 증인 신청을 기각한 바 있다. 법의 심판을 피할 수 없다고 판단한 김영세는 3월 9일 사퇴 입장을 공식 표명했다. 3월 13일 선고 공판 있기 나흘 전이었다. 이로 인해 김영세 교육감 퇴진 운동은 종막을 고했다.

제6장

공동체

주민 운동

아이들 뛰놀고 의대생 **봉사**까지

골목유아원 운영과 치아 진료 활동

2005년 정진동이 쓰러지면서 청주도시산업선교회는 새로운 보금자리를 모색해야 했다. 하나의 집 조지송 목사가 청주도시산업선교회 전체 교인들 앞에서 무거운 입을 열었다. "이 교회를 파세요"라고.

청주산선 매각을 제안하다

조지송은 교회를 팔아 그 일부를 정진동 목사 치료비로 충당해야 한다고 했다. 또한 30여 년간 청주산선 활동에 대한 최소한의 보상도 해야 한다고 제안했다. 교인들은 모두 고개를 끄덕였다.

사실 정진동이 쓰러지기 전인 1990년대에도 청주도시산업선교회의 사회적 위상은 변화했다. 청주산선은 일반적인 선교 활동을 하는 교회라기보다는 도시산업선교, 민중 선교를 하는 사회운동단체였다. 그런데 1987년 민주화 투쟁을 거치면서 한국 사회 전 영역의 민주화가 촉진됐다. 특히 전노협(전국노동조합협의회), 전농(전국농민회총연맹)이 출범하면서 노동운동과 농민운동이 비약적으로 발전하기 시작했다.

충북 지역에서는 1980년대 말부터 1990년 초반에는 청주시민회, 청주경실련(청주경제정의실천시민연합), 청주환경운동연합 등이 출범하면서 본격적인 시민운동 시대가 도래했다. 결국 민중운동과 시민운동이 활성화되면서 청주산선의 입지는 축소될 수밖에 없었다. 이는 시민사회 발전의 자연스러운 경로였다.

그런 상황에서 정진동은 청주산선의 활동 영역을 충북역실협(충북역사정의실천협의회)을 통한 역사정의운동, 통일운동, 주민운동으로 전환했다. 이런 상황에서 2005년 1월 1일 뇌졸중으로 쓰러졌다. 다시 이전의 활동을 수행하기는 불가능했다. 이런 연유로 조지송은 청주산선의 활동 영역의 조정과 정진동의 입원비 등의 이유로 청주산선의 매각을 언급한 것이다.

목욕탕에서 들은 말

하지만 청주산선의 매각은 쉽게 이뤄지지 않았다. 2년여 만인 2007년에 매각됐다. 새로운 보금자리는 기존 교회에서 멀지 않은 곳의 일반 주택가로 정했다. 2007년 봄 새로운 보금자리로 이사하기 전 조순형은 동네 목욕탕을 찾았다.

"그동안 민폐를 끼쳐서 죄송합니다."

사실 사창동 청주산선은 청주지역 민주화운동의 요람이었다. 그러다 보니 하루가 멀다하고 노동자, 농민, 도시 서민들이 기도회와 농성을 벌였다. 경찰은 시위대와 대치한 중앙여고 정문에서 교회를 향해 무차별적으로 최루탄을 쏴댔다. 최루탄이 교회로만 간 것이 아니라 근처 주택가에도 향했음은 당연한 일이다. 데모가 있는 날은 청주산선 인근 주민들도 눈물 콧물을 흘리는 날이었다.

더군다나 1988년 택시파업 때는 택시기사들이 청주산선에서 장기농성을 하면서 인근 주민들에게 본의 아니게 민폐를 끼쳤다. 야간에 음주를 한 이들이 때로는 고성을 지르며 동료들끼리 싸움을 벌이기도 했다.

그런데 청주산선이 사창동에 입주한 1980년 12월부터 이사를 앞둔 2007년까지 26년 동안 주민들의 항의가 한 번도 없었다. 그렇지만 조순형은 인근 주민들의 불만이 가득할 것으로 생각했다. 그래서 이사를 앞두고 동네 목욕탕에서 만난 주민들에게 정중하게 사과를 한 것이다. 그런데 뜻하지 않은 반응이 돌아왔다.

"그렇지 않아요. 우리는 한 번도 교회를 남이라고 생각하지 않았어요."

이야기를 들은 조순형은 자신의 귀를 의심했다. 동네 주민들이 청주산선을 이토록 애틋하게 생각할 줄은 미처 몰랐기 때문이다. 사실 동네 주민들이 그렇게 이야기한 데에는 다 이유가 있었다. 청주산선이 노동·농민·도시빈민 문제에만 매달린 것이 아니기 때문이었다. 청주산선이 교회가 위치한 사창동과 청주시민 모두를 대상으로 한 '주민들과 꿈을 나누는' 운동을 펼쳤기 때문이다.

골목유아원

"아이들이 놀 수 있도록 도와주세요."

동네 아줌마들이 정진동을 찾아온 것은 1981년 새해 벽두였다. 청주시가 골목에 방치되고 있는 미취학 아동들의 돌봄을 위해 '골목유아원'을 만들 때였다. 당시 사립 유치원은 숫자가 극소수였고 학교 병설 유치원은 입학하기가 '하늘의 별 따기'였다.

어린이집은 가뭄에 콩나듯 하던 시절이었기에 대부분의 미취학 아동들은 방치되기 일쑤였다. 그렇다고 맞벌이를 해야만 입에 풀칠할 수 있었던 서민들이 직장을 내팽개칠 수도 없는 형편이었다. 그런 찰나에 청주시가 일정 공간만 있으면 돌봄 교사 2명을 파견해 '골목유아원'을 운영한다니 엄마들 입장으로서는 대환영이었다.

문제는 공간이었다. 청주시가 공간을 확보하는 책임을 민간에게 떠넘

겼기 때문이다. 청주산선이 서민들의 고통과 애환을 해결해주는 곳이라는 소문을 들은 주민들이 정진동을 찾은 이유다.

아줌마들의 이야기를 들은 정진동은 흔쾌히 동의했다. 그렇게 해서 청주산선 지하 20평(66.6㎡)이 '사창동 골목유아원'으로 변신했다. 1981년 3월 아동 38명으로 개원을 했다. 교사는 정광옥, 김계숙이 채용됐다. 정진동은 골목유아원을 개원하면서 일반적인 유아원처럼 운영하면 안 된다고 생각했다. 아이들을 진심으로 사랑하고 아이들이 즐겁게 놀 수 있는 환경 조성과 프로그램을 운영해야 한다고 판단했다.

정광옥과 김계숙은 정진동의 기대에 전적으로 부응했다. 매일 '보육일지'를 작성하고 아이들을 위한 프로그램 개발에 머리를 싸맸다. 정광옥은 1년여 동안 '사창동 골목유아원'의 기틀을 마련하고 퇴사했다. 그 빈자리를 차재남이 채웠다.

실내에서 놀이를 하고 있는 아이들.

무궁화꽃이 피었습니다

'사창동 골목유아원'은 1984년 '꿈나무 어린이동산'으로 명칭을 변경했다. 교사들은 아이들에게 꿈을 심어주기 위해 동분서주했다. 동화구연과 노래를 가르치고 사방치기와 '무궁화꽃이 피었습니다' 같은 전래놀이를 했다.

봄·가을 소풍은 기본이고 매년 어린이날 기념행사를 진행했다. 아이들이 받는 용돈 중 일부를 저금하게 해 아이들 이름으로 통장을 만들었다. 이른바 경제교육을 한 것이다. 이외에도 그림 그리기, 악기연주, 노래 부르기, 한글 교육, 학예 발표회를 통해 아이들이 다양한 경험을 하고 즐겁게 뛰어놀 수 있는 분위기를 만들었다.

일반 유치원에서 하는 프로그램 못지않게 운영할 수 있었던 것은 정진동의 교육 철학과 전문성 있는 정광옥, 김계숙, 차재남, 박애경, 김홍미 교사들의 자질과 열정 덕분이었다.

야외 소풍을 즐기는 아이들.

사창유아원 제3회 졸업식.

1981년 5월 4일 '보육일지'에 의하면 아이들 간식으로 '빠다빵(버터빵)과 보리차'를 줬음을 알 수 있다. 당시 청주시는 교사 인건비만 책임지고 운영비, 프로그램비, 간식비 일체를 지원하지 않았다. 그나마 인건비조차 1981년도에 2개월만 지원했을 뿐이다. 다행히도 1982년도에 KNCC 인권위원회 권호경 목사의 주선으로 독일에서 운영비를 지원받았다.

이러한 상황에서 청주교육지원청은 1984년도에 동네 골목유아원에 '무인가 교육기관 양성화 촉구' 공문을 내려보냈다. 학교 시설 설비 기준령에 근거해 시설과 교구를 갖추라는 것이다. 사실 교육청이 공문을 보낸 것은 1984년에 있었던 내덕동·운천동·송정동 주민싸움에 청주산선이 깊숙이 개입했기에 보복 차원에서 한 것이다.

학부모회장과 조순형은 청주교육지원청을 항의 방문했다.

"우리는 그만두겠다. 대신 우리 아이들이 기존에 했던 것처럼(프로그램 등)

똑같이 운영해라."

　청주시의 지원 실태를 잘 알고 있던 청주교육지원청은 입을 닫을 수밖에 없었다. 청주시 지원이 전무했기 때문이다. 결국 1987년까지 운영한 '꿈나무 어린이동산'은 꿈을 접고 폐원할 수밖에 없었다.

　"아~ 하세요"
　엄마의 손을 잡은 꼬마가 진료실 앞에서 주춤거렸다. 엄마의 노크에 '들어 오세요'라는 말이 돌아왔다.
　"재원아. 들어가자"
　"싫어!"
　엄마가 아들을 번쩍 들어 안으려고 하자 발버둥을 쳤다. 엄마는 눈을 부릅떴다가 이내 온화한 표정으로 진료 잘 받으면 짜장면 사준다고 달랬다. 짜장면 소리에 아이의 표정이 180도 바뀌었다.
　흰 가운을 입은 의사가 재원이를 반갑게 맞이했다. 이내 진료 의자에 앉은 재원이는 긴장했다. 어른들도 치과 진료를 하면 긴장하게 마련이니 5세에 불과한 재원이는 말할 것도 없었다.
　"아~ 하세요."
　입을 꾹 다문 재원이에게 의사가 말했다.
　"충치네요."
　"재원아. 앞으로 하루에 세 번 꼭 양치질 해야돼."
　의사가 치아 모형에 양치질 방법을 시범을 보였다. 모든 진료가 끝나자 재원이 엄마가 엉거주춤하게 서 있었다. 사전에 진료가 무료라는 이야기를 듣긴 했지만 이대로 가도 되는지 몰라서다.
　그러자 눈치를 챈 의사가 얼른 가시라고 했다.
　"이렇게 치료해 주셨는데, 그냥 가기 죄송해서유."

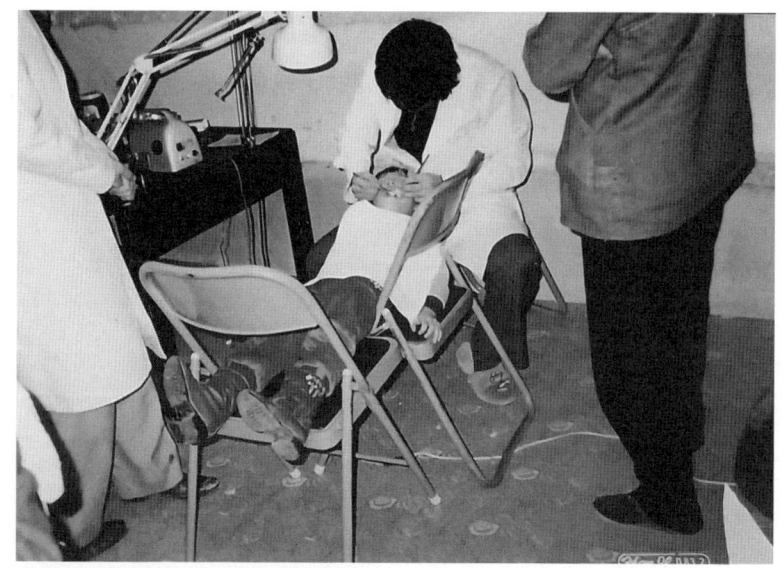

접이의자 두 개를 놓고 치과 치료를 받는 아이.

치과 기기를 정리하고 있는 의대생.

의사는 재원이 엄마의 등을 떠밀듯이 했다. 청원군 북일면(현재의 내수읍) 정하리 장재원(당시 5세)이 청주도시산업선교회에서 치과 진료를 받은 것은 1980년대 초반이었다.

청주도시산업선교회에서 치아 진료를 하게 된 계기는 1982년 서울대학교 치대생들이 교수들의 지도를 받아 행해진 여름방학 의료봉사였다. 당시 서울지역의 의대생들은 영등포도시산업선교회 의료봉사에 이어 청주산선에서도 의료봉사를 시작했다. 진료는 발치, 충치, 치석 치료였다. 땀을 삐질삐질 흘리면서 여름방학 내내 진료 봉사를 한 학생은 김현덕(현재 서울대학교 교수), 김영희, 김형돈 등이었다.

1983년에는 정진동이 대전으로 가 치과 진료기기를 구입했다. 주민들에게 무료진료를 하는 마당에 보다 높은 진료서비스를 하기 위해서다. 1980년대 초반만 하더라도 의료보험(건강보험)이 전국민에게 실시되지 않아 치과 진료 비용은 무척 비쌌다. 그러다 보니 웬만큼 아파서는 병원에 갈 엄두를 내지 못했다. 양치질을 포함한 치아 관리도 엉망인 게 당시의 세태였다.

그런 상황에서 청주도시산업선교회에서 무료 치과 진료를 한다는 소식은 복음(福音)이었다. 청주산선 인근의 사창동 주민뿐만 아니라 청주시 일원과 심지어 청원군에서도 청주산선을 찾았다. 청주산선이 노동선교, 민중선교에서 주민들에게 가까이 가 그들의 어려움을 공유하고 해결 해주는 '공동체 운동'으로까지 나선 것이다. '사창동 골목 유아원'에 이은 주민 공동체 운동의 실천이었다.

단국대학교 의대생

청주산선 인근 주민들은 매년 여름과 겨울만 목타게 기다렸다. 방학 때만 치과 의료봉사가 이뤄졌기 때문이다. 방학 중에 청주산선을 찾는 이들이 줄을 이었다. 그러자 1984년부터는 방학 중 봉사와 월말 봉사를 병행하기 시작했다.

  1993년도부터는 단국대학교 천안캠퍼스 의대생들이 주말 의료봉사의 배턴을 이어받았다. 의료 봉사에 참가한 의대생들이 노동현장에서 산업재해와 직업병 문제에 관심을 가졌다. 이들은 이후 사문화된 산재와 직업병이 근로복지공단에서 현실화되는 데 일익을 담당하기도 했다. 1998년 김대중 정부 때 국민건강보험법이 시행이 되자 청주산선에서의 무료 치아 진료 활동은 문을 닫았다.

수양원을 굳이 **북향**으로 지은 뜻은

조지송과 '하나의 집'

1980년대 들어 조지송은 심한 편두통에 시달렸다. 그러던 어느 날 머리가 띵하며 하늘과 땅의 위치가 뒤바뀌는 느낌을 받았다. 순간 의식을 잃었다. 그가 눈을 떴을 때 응급실의 하얀 천이 보이고 가족들의 초조한 눈망울이 자신을 향했음을 알았다.

입이 돌아간 목사

"목사님이 깨어났어요!"

"어어어……."

가족들의 반가운 목소리에 조지송이 난 괜찮다고 답변한다는 것이 '어어어'로 발음된 것이다. 그렇게 얘기한 조지송은 무엇이 문제인지 몰랐지만 가족들은 눈이 화등잔만 해졌다. 발음이 이상해서 조지송의 얼굴을 자세히 보니 입이 돌아갔던 것이다. 와사풍이 온 것이다.

편두통이 심해져서 세브란스병원, 한강성심병원, 성모병원에서 진료도 받고 한의원에서 침도 맞았다. 또한 일본에서 한 달 동안 입원까지 했지만 결국 와사풍이 온 것이다.

그에게 갑자기 병마가 닥친 것은 1960, 1970년대 고난의 도시산업선교 십자가를 진 것이 그 이유 중 하나다. 그런데 사실 그것은 주된 원인이 아니었다. 병마의 가장 큰 이유는 1980년대 초반에 발생했다. 1983년 제68회 예수교장로회 통합총회 결정이 그것이었다.

산업선교를 눈엣가시처럼 생각하던 예장 통합 주류 세력이 총회에서 6개 항의 반산업선교 대책을 제시했다. 그 내용은 산업선교라는 명칭을 산업전도로 바꾸고, 외국의 원조를 일체 받지 않으며, 영등포산업선교위원회를 해체하고, 실무자는 전원 교체한다였다. 산업선교 정책을 20년 전으로 되돌리려는 시도였다.

예장 통합 교단의 개혁, 진보 세력은 산업선교를 포기하라는 움직임이라면서 강하게 반발했다. 이듬해 9월에 영락교회에서 열린 제69회 총회장에서 소장 목회자들과 신학생들이 시위를 벌이고 영등포산업선교위원회 관계자들이 결사반대한 결과 1항만 겨우 통과되었다. 결의된 1항은 '산업선교'라는 명칭을 '산업전도'로 변경한다는 것이었다.

이러한 과정을 지켜본 조지송 목사는 허탈하기가 그지없었다. 이제 산업선교를 떠날 때가 됐다고 생각했다. 하지만 그는 바로 자리를 뜰 수가 없었다. 한국사회선교협의회(사선협) 회장 권호경 목사가 산업선교 실무자 교육을 맡아 달라고 간청했기 때문이다. 1983년과 1984년 2년간의 사선협 활동을 하면서 본격적인 제2의 삶을 준비했다.(영등포도시산업선교회 기획, 서덕석 지음, 『조지송 평전』)

북쪽으로 향한 집

조지송이 제2의 삶의 보금자리를 물색한 것은 1983년 여름부터였다. 개인 별장이나 전원주택 자리를 찾는 것이 아니었다. 민중선교에 종사하는 이들과 노동자들의 쉼터이자 회원들의 수양처 역할을 할 공간이었다.

운영은 뜻을 함께 하는 조지송, 정진동, 조순형, 김용복(한일장신대 총장), 이삼열(숭실대 교수), 한완상(서울대 교수), 손덕수(이화여대 교수), 박영해(어린이집 원장), 고애신(기독여성민우회 회장) 등이 협동조합 방식으로 운영하기로 했다.

제일 먼저 청주도시산업선교회 정진동 목사를 찾았다.

"목사님, 수양원 자리 좀 알아봐 주세요."

그날부터 정진동은 충청 지역의 물 좋고 공기 좋기로 소문난 곳을 찾아다녔다.

1983년 6월 16일 청원군 문의면 강가의 외진 곳을 답사했다. 회원 모두 좋다고 해서 공인중개사 사무실로 계약을 하러 갔다. 상담을 하던 중개사가 난색을 표했다.

"청남대 때문에 안 돼요."

'하나의 집' 원두막 건축 모습.

개축을 하려 한다고 하니, 공인중개사가 대통령 별장인 청남대 때문에 개축이 안 된다고 한 것이다. 그냥 땅 매매만 가능하다고 것이다.

1983년 8월 8일 청주 봉명교회 한사석 목사의 소개로 청원군 미원면 옥화리로 답사를 갔다. 이후 충남 연기군 남면 양화리 땅도 봤으나 청주에서 가까운 옥화리를 택했다.

1984년 7월 17일 옥화리 141-4번지를 구입했다. 계약은 청주도시산업선교회 조순형 전도사 명의로 했다. 조지송은 수양원을 지을 옥화리의 자연경관이 너무 마음에 들었다. 그렇지만 더욱 마음이 든든했던 것은 정진동과 가까이 지낼 수 있다는 점이었다.

건축이 시작되면서 기초공사를 하는 이들의 눈이 휘둥그레졌다.

"목사님, 집 방향을 잘못 그린 거 아니에요?"

"아닙니다."

묻는 이의 의도를 짐작한 조지송이 시원스레 답변했다. 보통 집은 남향이나 남동향으로 짓는 것이 상식이었다. 그런데 조지송이 직접 설계한 집은 북향이었다. 집의 현관 출입구가 마을로 향한 게 아니라 정반대였다. 외지인이 시골에 새집을 짓고 그곳에 여러 사람이 드나드는 모습이 자칫 원주민에게 위화감을 줄 수도 있겠다는 생각이 들었기 때문이다.

전문적인 기술이 필요한 일은 기술자에게 일당을 주고 맡겼지만 나머지는 주로 청주도시산업선교회 교인들이 자원봉사로 했다. 1985년 7월 완공된 수양원은 강희남 목사의 서체로 만든 '하나의 집'이라는 현판이 걸렸다.

'하나의 집'은 조지송 개인 별장이 아니었다. 민중선교에 종사하는 이들과 노동자들의 쉼터이자 회원들의 수양처로 출범한 '하나의 집'은 원래의 목표를 이루기 위해 머리를 맞댔다. 월회비로 각종 공과금을 해결했다. 이용자들이 내는 자발적인 이용료는 실제 운영비에 턱없이 모자랐다. 더군다나 '하나의 집' 원장(?)이자 집사 역할을 한 조지송의 월급은 전혀 없었

'하나의 집' 현판식. 간판 아래 올라선 이가 정진동.

'하나의 집' 입주식.

다. 하지만 옥화리 '하나의 집'에는 언제나 웃음과 꿈이 넘쳤다.

비밀스러운 투쟁의 수신호

"코를 만지면?"

"일을 천천히 해라."

강사 방용석이 묻고 수강생들이 큰 목소리로 답했다. 방용석의 얼굴이 활짝 폈고 수강생들은 폭소를 터트렸다. 1970년대 대한민국의 대표적인 민주노조였던 원풍모방 노동조합의 투쟁사례를 듣는 자리였다.

당시 지부장이었던 방용석은 구체적인 사례 중심으로 이해하기 쉽게 강의를 했다. 노동자들이 파업을 할 때는 죽음도 불사한다는 각오로 임했다. 하지만 모든 투쟁을 그렇게 할 수는 없는 법이다. 휘어지지 않는 나무는 꺾어지기 마련이다. 자본가에 대항하는 노동자들의 가장 강력한 투쟁 수단은 파업이지만 태업을 포함한 준법투쟁도 그에 못지않게 중요한 것이다.

방용석은 현장을 순회하면서 각종 준법투쟁을 진두지휘했다. '코를 만지면 일을 천천히 해라!'도 사전에 조합원들과 입을 맞춘 것이다. 방용석이 현장을 순회할 때마다 새로운 전술과 지침이 떨어졌다. 그가 입도 뻥긋하지 않았지만 그 효과는 확성기를 켜놓고 동네방네 떠드는 것보다 수백 배였다.

원풍모방 노동조합의 투쟁사례는 민주노조운동의 시금석이나 마찬가지였다. 후일 김대중 정부 때 노동부장관을 하게 되는 방용석은 1992년 봄 정진동의 요청으로 '하나의 집'에서 배이산업 노동자들을 대상으로 열정적인 강의를 했다. 스포츠 공을 생산하던 배이산업은 충주에 소재한 중소기업체였다.

이날 교육에 참여한 노동자들은 예닐곱 명에 불과했지만 방용석의 강의에 감동했다. 노동운동의 전설이라 불리는 조지송을 1박 2일 동안 접하면서 그의 성품에 절로 감탄이 일기도 했다. 1980년대 말과 1990년대 초에는 충청지역의 민주노조들이 '하나의 집'을 주로 이용했다.

"정 목사 나오슈"

정진동과 조지송의 첫 만남은 1961년에 이뤄졌다. 장로교신학대학(장신대) 동기생이었다. 하지만 이때는 특별한 교유가 없었다. 장신대 졸업 후 두 사람은 각자의 길을 걸었다. 정진동은 농촌선교의 길을, 조지송은 예수교장로회 국내전도부 산업전도국에서 일을 했다. 그러다가 이들이 다시 만난 것은 1972년 청주에서였다. 조지송의 특강 자리였다. 이 강의를 계기로 정진동은 도시산업선교의 길을 걷기로 작정했다.

1980년 청주도시산업선교회 회관을 신축하는데 독일재단의 지원금을 이끌어내는 데 일등공신 역할을 한 이도 조지송이었다. 1970년대 청주시청 청소노동자들의 문제를 해결하고, 보수적인 교단에서 일자리를 잃은 후 넝마주이를 하고, 유신시대 내내 고난의 십자가를 스스로 진 정진동을 지켜봤다. 조지송은 정진동과 청주도시산업선교회에 대한 무한한 신뢰를 보냈다. 이러한 관계가 '하나의 집'에 정진동과 조순형이 적극적으로 참여하게 된 이유이다.

'하나의 집'이 완공된 후 회원들은 자주 그곳을 이용했다. 봄에는 진달래와 철쭉이 피는 뒷동산을 산책하고, 여름에는 옥수수를 쪄 먹고, 가을에는 밤을 줍고, 겨울에는 고구마를 구워 먹었다. 계절과 상관없이 밤에는 삼겹살 잔치를 벌였다. 그럴 때마다 조지송이 직접 담은 자두술과 솔잎주가 나왔다.

삼겹살 파티는 한편으로 즐거우면서 다른 한편으로는 진지했다. 노동운동의 전망과 방향에 대한 의견 개진이 이뤄졌다.

"노동자 속에서 지도자가 나와야 한다. 위로 갈수록 사람이 없고 아래로

'하나의 집' 원두막에서 휴식. 왼쪽부터 조지송, 조순형, 정진동.

갈수록 사람이 있다. 그렇기에 항상 민중 속으로 들어가 활동해야 한다."

조지송의 주장은, 시간이 걸리더라도 노동자와 민중 속에서 생활하며 그들을 교육하고 조직하는 길만이 민주주의를 진전시키는 길이라는 뜻이었다. 조지송의 의견에 모두가 고개를 끄덕였다.

김용복은 '미국은 지는 해'라며 천민자본주의를 비판하고 산업선교회가 제 역할을 해야 한다고 주장했다. 회원들은 한결같이 교회의 개혁과 거듭남을 강조했다. 결론은 가난한 자, 소외된 자, 핍박받는 자들을 위한 선교와 활동을 해야 한다는 것이었다. 열띤 토론은 밤새 이어졌다. 꼬박 밤을 지새웠다.

조지송은 미원면 옥화리에 내려와 있을 때 주일예배는 항상 청주도시산업선교회에서 드렸다. 이렇게 끈끈한 관계가 청주산선 교인들이 '하나의 집' 건축에 전념한 이유다. 청주산선 교인들이 '하나의 집'으로 여름 수련회를 갔을 때이다.

앞의 개천에서 올갱이를 잡아와 국을 끓였다. 그때 조지송이 큰소리로 말했다.

"정 목사 나오슈!"

조지송과 정진동은 사이 좋은 친구처럼 손으로 빚은 수제비를 솥에 넣었다. 올갱이국 요리를 조지송과 정진동이 도맡았다. 양성평등의 시각은 조지송이 정진동보다 한 수 위였다.

'하나의 집'은 애초에 기대한 만큼의 성과를 거두지 못했다. 노동자의 재충천을 위한 쉼터이자 교육장으로서의 역할 말이다. 그렇게 된 데에는 '하나의 집'이 지리적으로 외진 곳이고 공간이 협소한 탓이다. 물론 더욱 큰 이유는 1987년 이후 성장한 민주노조운동이 새로운 그릇을 필요해서 일 것이다. 어쨌든 수십 년을 도시산업선교 활동에 몸바친 조지송과 정진동에게 '하나의 집'은 정서적 위로의 공간이었다. 조지송이 정진동에게 1986년 가을에 보낸 시「새벽」은 그것을 확인케 한다.

> 어두움이 먹물처럼 드리운 밤
> 새벽을 보며 이 밤을 걷는다
> 천년을 두고 기다려도
> 기다림은 오지 않는 것
> 오히려 너와 내가 기다림에로 가자
> 한 알의 씨앗을 심고
> 백배의 열매를 거두는 농부의 땀으로
> 새벽을 보며 이 밤을 걷는다
>
> ― 1986년 가을 밤, 옥화리에서 조지송

아들의 의문사 후에 달라진 **엄마**

정동진 아내 조정숙의 삶

"손 시려울 텐디 사모님은 들어가셔유."
"아니유. 뭔 말이래유."
덕산교회 여성 교인들의 '들어가라'는 말에 조정숙은 화들짝 놀라며 손사레를 쳤다. 충북 진천군 덕산면 용몽리 우물가에는 한복을 입은 여성들이 설거지를 하느라 정신이 없었다.
아낙네들이 짚으로 된 수세미로 닦은 그릇을 옆 큰 다라이(대야)에 놓으면 조정숙은 물로 헹구는 일을 했다. 대여섯 살 꼬맹이들은 입에 주전부리를 물고 엄마들의 일하는 모습을 물끄러미 바라보았다. 동네 아낙네들은 손으로는 설거지를 하면서 입으로는 남편과 아이들 신변잡기로 이야기꽃을 피웠다. 늦가을 차가운 날씨에 손 시려운 줄도 몰랐다.
정진동은 1961년 충북 청원군 옥산면 호죽교회에서 진천군 덕산면 덕산교회로 선교 보금자리를 옮겼다. 그가 덕산에서 제일 먼저 한 일은 학교를 세우는 일이었다. 가난으로 배움의 기회를 상실한 아이들을 위해 염광고등공민학교를 세운 것이다.
조정숙은 학교 터 기초공사 때부터 완공할 때까지 매일 보리밥을 해 날

1960년대 행사 후 설거지하는 조정숙과 덕산교회 여성들.

랐다. 인부는 꼬맹이 학생들부터 교인들이 대다수였다. 목수와 미장이 같은 전문가만 일당을 줬다. 그러다 보니 웬만한 일은 정진동과 학생·학부모가 다했다.

    조정숙도 마찬가지였다. 일꾼들 밥을 도맡아 했고, 마을 대소사에도 빠지지 않았다. 목사 사모라고 해서 목에 힘을 주지 않았다. 아니 남들보다 솔선해서 몸이 부서져라 일을 했다. 흔히 목사라고 하면 지역에서 유지 행세를 했다. 면장이나 지서 주임, 농협 조합장들과 어깨를 나란히 하던 시절이었다. 목사 사모 역시 남편 계급(사회적 지위) 따라갔다. 기관장 부인끼리 어울려 어깨에 힘을 준 것이다. 하지만 정진동과 조정숙은 1961년 덕산교회 부임부터 1972년 청주로 나올 때까지 목사와 사모로서가 아닌 일반 교인들과 똑같은 입장으로 생활을 했다.(정진동,『저 평등의 땅에』, 1992)

"청주로 나가야겠소."

"예?"

청주에 갔다 온 정진동의 뜬금없는 말에 조정숙은 얼떨떨해했다. 조지송 특강을 듣고 온 정진동이 도시산업선교를 하겠다고 결심한 것이다. 조정숙은 청주로 나간다는 말에 화색이 돌았다. 그가 도시로 나가면 고생이 덜할 것으로 크게 기대하지는 않았다. 그보다는 아이들 교육을 생각해서 도시로 나가는 것이 무척 기뻤다.

하늘이 무너지는 슬픔

"아니? 법영아, 여보 법영이 아버지!"

남편 정진동을 부르는 조정숙의 숨이 넘어갈 듯 급박했다. 법영이 주먹을 휘두르다 유리창에 손을 다친 것이었다. 1978년 청주고 옆의 청주산선 사무실에서 단식농성하던 때였다. 착실한 학생이자 효심 깊었던 법영이 어느 순간부터 자주 술을 먹고 횡설수설하는 상황에서 청주산선 유리창을 깨는 우발적 사건이 발생한 것이다.

그 사건이 벌어진 지 얼마 안 되어 성가병원에서 한 통의 전화가 걸려왔다. 위독하다는 소리에 정진동과 조정숙은 택시를 붙잡았다. 사경을 헤매는 법영이 횡설수설했다. 법영의 힘든 사투는 30분이 넘게 계속됐다. 정진동도 조정숙도 더이상 아들을 붙잡고 있을 수가 없었다.

"내 아들 법영아, 이제 그만 편하게 쉬거라. 하나님! 당신의 아들을 그만 거두어 주십시오."

간절한 아버지의 기도를 들으며 법영은 큰 숨을 한 번 들이마셨다. 그리고는 그만 숨을 놓고 말았다.(민주화운동기념사업회, 『정법영 김두황』, 2004)

정법영이 의문의 죽임을 당한 것은 1978년 7월 8일 오후 6시였다. 다음 날인 청주의료원 시신보관소 근처에서 장례예배가 진행됐다. 장례식이 끝난 후 조문객들이 하나둘 돌아갔을 때였다. 어깨가 축 처진 정진동은 초점을 잃은 채 땅을 응시했다.

그런 그에게 누군가 다가왔다. 성냥으로 담뱃불을 붙인 그는 정진동에게 담배를 건넸다. 담배를 받고서야 장인 조춘흥인 줄 알았다. 조춘흥은 슬그머니 자리를 피해줬다. 순간 정진동은 어쩔 줄 몰랐다. 장인이 '자식 잡아먹은 놈'이라며 혼쭐을 내더라도 할 말이 없었는데, 위로의 담배를 건넸으니 말이다.

정진동에게 마냥 순종적이기만 했던 아내 조정숙은 달랐다.

"이제 그 일(민중선교) 그만 하세요."

법영의 죽음을 본 조정숙은 정진동을 보고 울부짖었다. 아내의 울음에 정진동은 가슴이 시렸다. 하지만 아들 법영의 목숨을 민주화의 제단에 바친 그는 일을 멈출 수가 없었다. 이 과정에서 정진동과 조정숙 사이에 냉기류가 흐르기도 했다. 조정숙은 누구보다 자식을 아끼는 평범한 엄마였기 때문이다.

설득되지 않는 남편 때문에 조정숙은 옥산면 호죽리 사는 시어머니 임순례를 찾았다.

"애(법영) 죽고 못 살겠습니다. (어머님이) 말려 주세요!"

"나는 못 한다. 이건 하나님이 시켜서 하는 일이다."

며느리의 간절한 호소에 시어머니가 내놓은 답변이었다.

장남 법영의 죽음 이후 조정숙은 하늘이 무너지는 슬픔을 겪었지만 이후 지역 민주화운동의 어머니로 거듭났다. 여기에는 친정아버지와 시어머니의 정진동·조정숙 활동에 대한 믿음과 격려가 크게 작용했기 때문이었다.

사르밧회

"법영이 엄마, 윗마을에 사는 영자(가명)네가 쌀이 떨어졌다네. 그래서 보리쌀을 모아 주기로 했어. 참여할 거지?"

"아무렴요."

옆집 사는 아낙네가 조정숙을 찾아와 전쟁 과부 영자 집안 이야기를 했다. 모두 살기 어려운 시절이었지만 전쟁 때 남편을 잃은 집에서는 극단적인 궁핍한 생활을 해야 했다. 보리쌀 한 되를 건네주고 조정숙은 '겨우 쌀 한 되씩 모아줘서 해결될 수 있을까'를 고민했다.

청주시 내덕동 안덕벌은 소위 과부촌이라 불렸다. 한국전쟁기에 국민보도연맹 사건으로 53명이 학살당하면서 졸지에 붙여진 이름이다. 하루아침에 가장을 잃은 집안에서는 아내들이 생계 전선에 나서야만 했다. 하지만 그들이 할 수 있는 일은 그리 많지 않았다. 그래서 시작한 일이 집에서 콩나물을 재배하고 두부를 만들어 서문시장에 내다 파는 일을 시작했다.

안덕벌이 대표적이긴 하지만 청주 시내 곳곳에 보도연맹 사건 피해자가 없는 마을은 없었다. 거기에다 전쟁 때 국군으로 참전해 귀한 목숨을 잃은 이도 많았다. 당시 조정숙이 살던 사직동도 마찬가지였다. 보리쌀 사건 이후 조정숙은 전쟁 과부들과 함께 비슷한 처지에 있는 여성들이 서로 돕는 방안에 대해 머리를 맞댔다. 조정숙이 제안했다.

"상호부조 모임을 만들죠!"

조정숙은 자신도 모르는 사이에 남편 정진동으로부터 문제 해결 방법을 터득한 것이다. 이해 당사자들이 모여(조직화) 스스로 노력했을 때에야 문제가 해결될 수 있다는 것을 말이다.

그렇게 해서 사르밧회는 만들어졌다. 사르밧은 구약성서의 '시돈 땅 사르밧 과부 이야기'에 나오는 지명(地名)이다. 사르밧회 2차 회의가 1974년 5월 3일 청주산선에서 열렸다. 회원 100여 명이 참여한 이날 모임에서 정

사르밧회 회원들을 대상으로 강연하는 정진동.

진동은 "기독교는 가난한 자와 눈먼 자와 포로된 자에 복음을 전파하는 종교"라며 "여자는 약하나 어머니는 강하다"며 격려의 말을 했다. 이 자리에는 린다 여사와 나순희 여사가 참여해 '세계 여성운동의 동향'에 대해 강연했다.(《연합신문》 1974.5.19.)

사르밧회는 6월 3일 3차 모임을 갖고 주택조합 결성

청주도시산업선교회에서 열린 사르밧회 강연을 보도한 기사. 연합신문 1974. 5. 19.

아들의 의문사 후에 달라진 엄마 403

과 직업 구하기 운동을 벌이기로 했다. 회원들의 주거 문제와 직업 문제 해결을 위해 발 벗고 나선 것이다. 또한 선교사들의 후원을 받아 회원 자녀들에게 장학금을 주기도 했다.

사르밧 회원들은 청주뿐만 아니라 진천지역을 포함한 다른 지역에서도 참여했으며 회원이 130여 명에 이르렀다. 그러자 청주경찰서는 정진동의 장인 조춘흥을 찾아갔다.

"당신 사위가 과부들하고 바람(?)이 났어요."

"……."

조춘흥은 형사 말에 콧방귀를 뀌었다. 사위 정진동이 그럴 리가 없다라고 확신했기 때문이다. 장인과 사위 사이의 이간질 작전이 실패하자 청주경찰서 형사들은 사르밧회 임원들에게 협박을 했다.

"당신들 보도연맹이 어떻게 죽었는 줄 알아? 당신들도 그렇게 죽고 싶

사르밧회 모임. 맨 오른쪽이 조정숙.

어!"

회원 중 상당수가 보도연맹 사건으로 남편을 잃었기에 경찰의 협박은 공포 그 자체였다. 그 협박으로 인해 사르밧회는 해산됐다. 하지만 조정숙이 초창기 논의와 조직에 참여한 사르밧회는 전쟁 과부들의 자조 모임으로 1970년대 전반기 여성운동의 일환으로 볼 수 있다.

시대의 어머니

1984년 백기완 초청강연회가 있던 날이었다. 2차 뒤풀이는 사직동 정진동 목사 자택에서 열렸다. 충북EYC 상임총무 박종희와 이주형, 추승엽, 이순옥, 박희분, 신진수, 한만주 등이 뒤풀이 장소로 향했다. 그곳에는 이미 백기완과 함께 충북대 철학과 유초하 교수가 자리 잡고 있었다. 민주화운동계의 내로라하는 입담꾼 백기완이 대화를 주도하고 있었다.

백기완의 18번지 '장산곶매 이야기'를 시작으로 노래 〈사노라면〉을 모두가 불렀다. 연이어지는 건배와 노래로 밤이 지새는 줄도 몰랐다. 조정숙은 술과 안주를 나르느라 여념이 없었다. 새벽까지 이어진 뒤풀이 자리에 눈살을 찌푸릴 법도 하건만 조정숙은 웃음을 잃지 않았다. 가식이 아니라 진심이었다. 남편 정진동이 하는 일에 대해 늘 존경심을 갖고 있었고, 충북EYC 청년들을 친자식처럼 느꼈기 때문이다.

사실 박종희는 1970년대 말부터 1980년대 중반까지 정진동 자택을 밥 먹듯이 드나들었다. 배고플 때면 언제나 그곳에 갔고, 그럴 때마다 조정숙은 오봉(쟁반)에 따순 밥과 반찬을 내왔다. 육거리에 있던 충북EYC 사무실에서 일주일째 새우잠을 잔 이주형이 정진동 자택을 갔을 때이다. 밥을 허겁지겁 먹고 깜박 잠들었다. 깨어나니 방안에 있던 빨래줄에 자신의 옷이 걸려 있었다. 사모님(조정숙)으로부터 엄마의 애틋한 사랑이 느껴졌다.

당시 충북EYC 회원들은 집회나 강연 뒤풀이 때마다 정진동 자택을 찾았다. 그럴 때마다 조정숙은 자식 대하듯 청년들을 대했다. 아마도 민주화의 제단에 바친 장남 법영이가 생각나서인 듯했다.

조정숙이 단순히 집에 찾아오는 청년들 뒷바라지만 한 것은 아니었다. 민가협(민주화실천가족운동협의회) 회원으로서 모든 집회에 참석하고 구속된 이들의 보살핌에 앞장섰다. 민가협 회원들은 대부분 학생운동으로 구속된 이들의 어머니였다. 그러다 보니 노동자가 구속되면 민가협의 도움을 크게 받지는 못했다.

하지만 정진동과 조정숙은 셋째아들 세영이 구속되었을 때뿐만 아니라 1980년대 내내 민가협 활동을 했다. 구속된 학생들뿐만 아니라 노동자·농민들에게도 면회를 하고 영치금을 넣어줬다. 조정숙은 1978년 큰아들 법영의 죽음 이후 마음의 상처를 딛고 지역 민주화운동의 어머니로 거듭났다. 시대의 어머니 역할을 한 것이다.

또한 시대의 어머니 역할은 조정숙에 그치지 않았다. 조정숙의 여동생 조순옥도 마찬가지였다. 조순옥은 형부 정진동의 민중선교에 대한 절대적 믿음으로 투사 역할을 자임했다. 모든 집회 때 맨 앞에서 싸웠다. 청주산선은 정진동 혼자만의 노력과 땀방울의 결실이 아니라 조정숙을 비롯한 가족 전체의 심혈을 기울인 공동창작품의 성과물이었다.

'자발적 고난' 선택…그 아버지에 그 **아들딸**

남양만 공동체 운동과 충북 민정당사 점거 농성

KNCC(한국기독교회협의회) 사회선교협의회 주최로 4.19 기념행사가 서울기독교회관에서 열렸다. 유신체제가 극에 달했던 1977년은 4.19라는 말을 입에 올리기도 어려운 시절이었다. 그렇기에 기념식을 이틀 앞당겨 4월 17일에 치르게 됐다.

"선언문 낭독은 정진동 목사님이 하겠습니다."

정진동의 선언문 낭독으로 기념식은 폐회했다.

경찰서장과 담판

"목사님, 빨리 피하세요!"

정보과 형사로부터 정진동을 체포하려 한다는 정보를 입수한 소설가 이철용의 숨넘어가는 소리였다. 정진동은 집회에 참석한 노동자의 양복을 빌리고 검정 선글라스를 썼다. 공덕귀(윤보선 전 대통령의 부인)와 함석헌, 선교사들 틈에 끼어 기독교 회관을 빠져나왔다. 물 샐 틈 없이 경계하던 형사들은 '닭 쫓던 개 지붕 쳐다보는' 격이 됐다. 형사들이 기독교회관 1층부터 9층까지 샅샅이 뒤졌지만 허탕쳤다.

정진동은 청주 집에 전화를 걸었다.

"아무 소리 마세요. 쫙 깔렸어요."

조정숙이 모기만 한 목소리로 집안 상황을 이야기했다. 정진동이 집에 전화를 건 4월 18일, 경찰들은 집안 곳곳을 뒤졌다. 책과 일기장, 서류들을 압수했다.

정진동은 난처했다. 물론 그가 체포나 구속을 두려워서 그런 것은 아니다. 사흘 뒤 큰딸 결혼식이 있기 때문이었다. 자칫하면 큰딸 결혼식도 참석하지 못할 판이었다. 한참을 고민하던 정진동은 공중전화 수화기를 들었다.

"네 경찰서장입니다."

"나 정진동이요."

"네?"

정진동이라는 말에 상대방인 청주경찰서장은 화들짝 놀랐다. 자신들이 그렇게 잡으려는 이가 직접 전화를 했기 때문이다.

"나는 구속이 무섭지 않고 비겁한 사람도 아니다. 다만 내 큰딸 결혼이 4월 21일이니 결혼식 끝나고 연행하라. 만일 이를 약속하지 않으면 결혼식도 안 갈 것이고 집에도 가지 않을 것이다."

경찰서장은 흔쾌히 동의했다.

떡과 물김치가 전부인 피로연

"신랑 나경석군과 신부 정광옥양은 일가친척과 친지를 모신 이 자리에서 일생동안 고락을 함께할 부부가 되기를 굳게 맹세하였습니다."

주례 김진홍 목사의 성혼선언문 낭독이었다. 1971년 서울 청계천에 활빈교회를 세워 빈민선교를 하던 김진홍 목사는 이후 경기도 화성군 남양만에 두레마을을 세워 공동체 운동을 하고 있었다. 나경석과 정광옥이 두

정진동의 아내 조정숙과 나경석. 나경석은 정진동의 사위이자 정광옥의 남편이다. 오른쪽 동그라미 안이 정광옥.

레마을에서 활동을 했기에 김진홍 목사가 이들의 주례를 맡게 됐다.

  나경석은 원래 이북 출신으로 한국전쟁 전에 엄마 따라 월남했다. 엄마가 품에 숨겨 가지고 온 금붙이가 쌀로 바뀌는 데에는 그리 오랜 시간이 걸리지 않았다. 가만히 있다가는 엄마와 형, 여동생까지 네 식구가 모두 굶어 죽을 판이었다.

  나경석은 형에게 고아원으로 가자고 했다. 고아원에 가면 굶지 않고 공부할 수도 있겠다는 생각에서였다. 형이 싫다고 해서 나경석 혼자 고아원에 들어갔다. 그곳에서 어렵게 공부한 그는 성인이 되어 남양만의 두레마을에서 일하게 되었다. 정진동 큰딸 정광옥은 일신여고를 졸업하고 1975년도부터 두레마을에서 유치원 교사로 일하게 됐다.

  이런 이유로 신랑신부는 결혼식 자금을 모아둘 여력이 전혀 없었다. 신부 아버지 정진동의 형편도 마찬가지였다. 1973년부터 시작한 청주도시산업선교회 활동은 최소한의 생활비조차 집에 가져갈 수 없는 상황이었다.

조지송의 주선으로 영등포산업선교회에서 축의금을 보내왔다. 그나마 그 돈으로 신랑 패물(시계)을 마련한 것이 다행이었다. 예식은 사직사거리 청주산선에서 진행됐지만 별도의 피로연장은 없었다. 책상 위에 인절미와 물김치가 준비된 음식의 전부였다. 신부 엄마 조정숙은 하객들에게 미안해서 얼굴조차 제대로 들지 못했다. 당시 결혼식 피로연에 반드시 있었던 잔치국수도 없었다.

가슴이 아프기는 신부 아버지인 정진동도 마찬가지였다. 겉으로 드러낼 수는 없지만 큰딸 결혼식이 냉수 떠놓고 하는 것과 하등 다를 것이 없었기 때문이다. 속리산으로 신혼여행을 떠나는 딸 손에 1만 원을 쥐여 줬다. 아버지의 손을 잡은 정광옥은 눈물이 핑 돌았다.

결혼식 직후 정진동은 청주경찰서에 연행돼 유치장에 갇혔다. 청주경찰서와 중앙정보부에서 조사를 받았다. 조사 결과 4.19 기념 집회에서 선언문 낭독한 것이 전부였기에 4월 26일 석방됐다.

박카스병 혹은 화염병

평소에 한 번도 가보지 않았을 것 같은 학생들이 청주시 북문로에 있는 이탈리아 경양식식당에 앉았다. 웨이터에게 식사를 주문한 김희식(충북민주운동협의회 문화분과장)이 입을 열었다.

"민정당(민주정의당)을 점거해 운동의 활성화를 위한 기폭제가 되자."

김희식의 제안에 정세영(성균관대 83), 장원덕(충북대 82), 유수남(청주대 83), 김창유(청주대 81), 최승영(청주대 82)이 모두 고개를 끄덕였다. 거사 4일 전인 1985년 9월 5일 오전 11시였다.

9월 7일 오후 5시 내덕동 중국음식점 진풍루에서는 민정당 점거 농성의 구체적 요구를 정리했다. '학원안정법 제정 철회', '대통령 직선제 실시', '민중 생존권 보장'이었다. 이들은 자리를 옮겨 진풍루 인근에 있는 신라장여관 308호실에 투숙했다. 이들은 머리를 맞대고 밤을 새워 성명서를 작성했다.

〈우리는 왜 민정당사에 들어왔는가〉라는 제목의 성명서에는 학원안정법 철회와 민중생존권 보장 및 전두환 정권 퇴진을 주장하는 상세한 내용이 담겼다. 논의과정에 참여했던 김창유는 점거 농성에 빠지고 입대하기로 했다. 김창유의 입대일은 거사 다음 날인 9월 10일이었다.

밤을 새운 이들은 8일 오전 7시 30분경부터 남문로 1가에 있는 충북민주운동협의회 사무실에서 〈우리는 왜 민정당사에 들어왔는가〉라는 제목의 성명서 200매를 만들었다. 장원덕과 정세영은 우암동에 있는 북부시장에서 현수막에 이용할 광목, 붓, 페인트를 구입했다.

이들은 사창동 장원덕 집에서 현수막 3개를 작성했다. 그런 후에 정세영과 유수남은 북문로 2가에 있는 민주정의당 충북 제1지구당사를 사전답사했다. 오후 3시 30분에 모충동의 일신장여관 305호실에 투숙해 최종점검을 했다. 점거 농성 때 경찰의 진압에 대비해 박카스병에 시너를 넣어 화염병을 만들었다.(청주지방법원 〈김희식 등의 판결문〉, 1985)

핸드마이크

D-day(디데이), 9월 9일 월요일 낮 12시 30분 김희식 등은 민정당사를 향해 돌진했다. 사무실에 들어간 김희식은 안에 있던 사무원 2명을 내쫓고 핸드마이크로 유리창을 깨고 현수막을 내걸었다.

"학원안정법 철회하라!"
"민중생존권 보장하라!"

다른 이들은 책상과 사무실 집기로 출입문에 바리게이트를 설치했다. 그때부터 경찰에 의해 강제 진압되기 전까지 40분 동안 농성자들은 구호를 외치며 노래를 불렀다. 유인물이 뿌려지자 지나가는 시민들이 너도나도 유인물을 주웠다. 버스 안의 승객과 주변의 상인과 시민들의 이목이 민정당사에 집중됐다. 농성 시작한 지 5분도 채 안 돼 경찰이 출동했다.

농성장 밖에는 충북대·청주대학교 학생 약 30명이 경찰과 대치하고 있었다. 농성장 안에서 외치는 구호에 밖의 대학생들이 복창했다. 경찰들은 농성장을 진압하는 것이 시급했기에 농성장 밖의 대학생들을 상대할 여유가 없었다.

펑 하고 최루탄 터지는 소리를 신호로 경찰의 진압 작전이 시작되었다. 바리게이트가 무너지는 것은 순식간이었다. 경찰들은 농성자들을 몽둥이찜질부터 했다. 주먹과 발길질이 이어졌다. 정세영은 이때부터 청주경찰서 유치장에 구금될 때까지 정신이 없었다. 무자비한 구타에 코피가 쏟아졌기 때문이다.

청주경찰서에서는 본격적인 구타와 고문이 이어졌다. 눈알을 쑤시고 각목을 무릎 안쪽에 대고 구둣발로 짓밟았다. 그나마 정세영은 고문을 오래 당하지 않았다. 신원조회 결과 정진동 목사 아들임이 드러났기 때문이다. 하지만 다른 학생들에 대한 구타와 고문은 계속됐다. 이날 농성으로 김희식, 장원덕, 최승영, 정세영이 구속됐다. 유수남이 공동모의 혐의로 추가 구속됐다. 연행과정에서 경찰에 항의하던 청주대생 이용규는 연행돼 7일간 구류를 살았다.

피오줌

1985년 12월 2일 초겨울 바람은 매웠다. 충북 민정당사 점거 농성 사건 재판이 열리는 청주지방법원 앞에는 가족과 학생들이 운집했다. 그런데

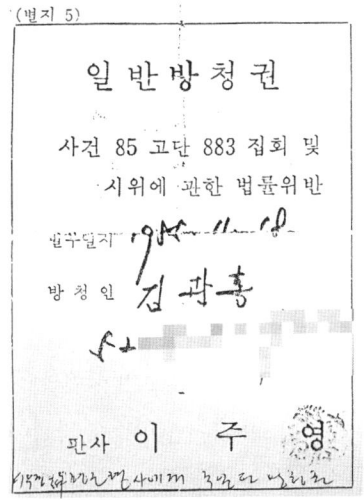 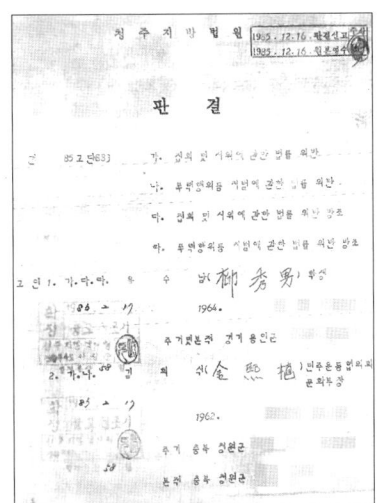

충북 민정당사 점거농성 사건 재판 방청권. 충북 민정당사 점거농성 사건 판결문.

이들보다 훨씬 많은 경찰 수백 명이 재판정 입구를 지켰다.

"방청권을 한 가족에 3개만 준다는 게 말이 돼요?"

"민주재판 실시하라!"

항의하는 가족들에게 경찰들이 달려들었다. 무자비한 폭행과 연행이 행해졌다.

"이 늙은이 죽여버리겠다."

경찰들은 정세영의 외할아버지 조춘흥(당시 76세)을 사정없이 구타했다. 목을 조르고, 머리채를 휘어잡고 머리를 짓이겼다. 정세영의 어머니 조정숙과 이모 조순옥·조순형, 외삼촌 조기형에게도 폭력이 가해졌다. 조순옥은 목이 졸리고 경찰의 주먹과 발길질에 입술이 터지고 이가 뿌리채 솟아났다. 방광을 주먹으로 맞아 피오줌이 나왔다.

최승영의 아내 전인희는 머리채를 잡히고 구타를 당해 전신에 타박상을 입었다. 몸을 제대로 가누지 못할 정도의 폭행을 당했다. 이외에도 최인숙

(최승영 동생), 강경숙(정세영 이종사촌), 정지성(충북민주운동협의회 상임위원)은 경찰에게 폭행을 당했고 서부경찰서에 도착할 때까지 경찰버스에서 숱한 폭행과 수모를 당했다.

재판정 밖의 웅성거리는 소리의 내용을 알고 김희식 등은 재판을 거부했다. 피고들이 퇴정한 재판정에서 검사는 피고들에게 징역 5년을 구형했다. 이후 진행된 선고 공판에서 김희식은 징역 1년 6개월, 장원덕, 최승영, 정세영, 유수남은 1년을 선고받았다.

김희식은 항소이유서에서 "민주화 투쟁 과정에서 발생한 이 사건은 정당행위이며 일종의 저항권이다."라고 밝혔다. 또한 그는 원심소송 과정이 공포 속에서 이뤄졌음을 제기했다.

자발적 고난

"아버님 어머님께. 밖에는 눈물처럼 비가 쏟아지고 저의 마음은 용서를 빌고 싶은 마음으로 한없이 젖어들고 있습니다."

이런 문장으로 시작되는 최승영의 편지에는 민정당사 점거농성 이유가 담겨있다. 그는 광주시민 홍기일이 '광주항쟁 5년이 되도록 살아있는 것이 부끄럽다'며 분신한 것에 충격을 받고 불의한 정권에 저항한 거라고 밝혔다.

정진동 아들 정세영도 형 정신영에게 보낸 편지에서 큰형 정법영의 민주화운동 정신을 이어받기 위해 참여한 것이라고 했다. 정진동의 큰딸 정광옥이 남양만에서 공동체 운동에 참여한 것이나 셋째 아들 정세영이 민정당사 점거 농성에 참여한 것 모두 아버지의 뒤를 이은 '자발적 고난'의 길이었다. 민정당사 점거 농성에 참여한 대학생들도 자발적 고난, 자발적 십자가의 길을 선택한 것이다.

제7장

허름한 점퍼

기억과 계승

충북 민주화운동의 큰 **별**, 역사에 잠들다

2007년 12월 10일 오후 5시, 운명하다

애지중지 키운 딸을 시집보내는 기분이었을까? 정진동은 30여 년간 활동해 온 청주도시산업선교회의 역사, 아니 충북지역 민주화운동의 역사를 시집(?) 보냈다. 민주화운동기념사업회에 청주산선 자료를 기증한 것이다.

역사를 기증하다

2001년 출범한 민주화운동기념사업회(초대 이사장 박형규 목사)는 전국 민주화운동 자료의 총본산이었다. 한국사회를 민주화시킨 각 지역의 사료, 사진과 영상, 증언 등이 모두 모인 곳이다. 자료 모음 사업은 민주화운동 참가자들이 고령화되고 지역과 단체가 소장한 자료들이 유실(遺失)되면서 국가기관이 전문적으로 관리할 필요성에 기인했다.

충북 지역에서는 자료수집의 1차 대상이 당연히 청주도시산업선교회였다. 1973년부터 활동하면서 청주시청 청소부 투쟁, 정진동의 넝마주이, 신흥제분 투쟁, 1978년 노동자·농민 단식농성, 정법영 의문사, 1988년 택시 파업 등 이루 헤아릴 수 없는 자료 등이 총망라됐다.

사실 엄혹했던 1970, 1980년대 민주화운동 자료를 제대로 기록하고 보관하고 있던 단체는 거의 없었다. 유신 시대와 전두환 시대에 단체의 '자료'는 그 자체로 탄압의 빌미가 됐다. 그렇기에 기록물과 자료는 태워지기 일쑤였으며, 특히 사진은 흔적조차 남아 있지 않을 정도였다. 학생운동이 가장 심했으며, 노동·농민운동 분야 또한 예외가 아니었다.

청주도시산업선교회 자료를 민주화운동기념사업회에 기증했다는 충청리뷰 기사.

이런 상황에서 거의 유일하게 예외적인 곳이 도시산업선교회였다. 각 지역의 도시산업선교회가 독일을 포함한 외국의 지원을 받은 종교단체였기에 정권과 정보기관이 함부로 압수수색을 하지 못한 이유가 컸다. 하지만 그보다는 도시산업선교회가 사건에 관한 기록과 관리를 활동 못지 않게 중요시했기 때문이다.

2004년 10월 11일 청주도시산업선교회에는 '민주화운동기념사업회'라고 인쇄된 종이박스 30여 개가 쌓여 있었다. 30여 년간 활동해 온 1천여 건의 사료를 담은 상자였다. 민주화운동기념사업회는 정진동에게 감사패를 전달했고, 강희남 목사는 정진동에게 위로의 말을 건넸다. 1960, 1970년대 WCC(세계교회협의회) 지원으로 전국의 대도시에 만들어진 도시산업선교회는 2004년 당시 영등포와 청주 두 곳만이 남아 있을 뿐이었다.(《충청리뷰》 2004.10.16.)

마지막 연설

매서운 칼바람이 부는 2004년 12월 29일 청주시 향정동 하이닉스·매그나칩 앞에는 청주지역 16개 시민사회단체가 모였다. 불과 나흘 전인 성탄절 새벽에 하이닉스·매그나칩이 사내 하청 노동자들이 노동조합을 만들었다는 이유로 직장을 폐쇄했기 때문이다.

외국인노동자인권복지회, 사회교육센터 일하는 사람들, 천주교청주교구정의평화위원회, 민주노동당 관계자들이 참석한 가운데 열린 기자회견에 정진동이 마이크를 들었다.

"10년 안팎으로 일한 노동자들을 하루아침에 해고한다는 것이 기업윤리입니까?"

정진동은 노동조합을 이유로 직장을 폐쇄한다는 것은 노동자의 생명을 빼앗는 것이나 다름없다고 했다. 이날 16개 시민사회단체는 비정규직 노동자의 정규직화와 노동조합 인정을 위해 연대하겠다고 밝혔다.(《청주기별》 2004.12.29.)

정진동의 생전 마지막 연설이 된 이 날의 발언은 기자회견에 참석한 200여 노동자들의 가슴에 큰 울림을 남겼다. 평소에는 툭하면 '노사가 한 가족처럼~'이라고 외치던 회사가 하루아침에 노동자들을 헌신짝 내버리듯이 했기 때문이었다. 그런 상황에서 일면식도 없는 정진동 목사가 '노동자가 우리 사회의 주역'임을 역설하자 기자회견에 참석한 조합원들이 울컥했다. 직장폐쇄 4일째, 세상에 자기들 편이 아무도 없다고 생각했던 차에 정진동의 말은 감동 그 자체였다. 이때부터 30개월 동안 지역의 최대 이슈로 등장한 하이닉스·매그나칩 사내 하청 싸움은 '고난'의 연속이었다.

하이닉스와 매그나칩에 비정규직으로 근무하던 노동자들은 2004년 10

하이닉스·매그나칩 사내 하청 노동조합 인정을 촉구하는 시민사회단체 기자회견에서 연설하는 정진동.(사진=청주기별 양진걸 기자)

월 22일 노동조합을 설립했다. 사측은 그해 성탄절 새벽에 직장폐쇄를 하며 12월 31일 240명 노동자를 전원 해고했다. 노동자들의 요구는 노동조합 인정, 단체교섭에 성실히 임할 것, 정규직화였다. 결코 무리하지 않은 노동자들의 요구는 30개월 동안 노동자의 피를 말렸다.

오열

하이닉스·매그나칩 앞에서 마이크를 잡았던 정진동에게 운명의 그림자가 다가온 것은 사흘 후인 2005년 1월 1일이었다. 그날은 셋째아들 정세영이 이사하는 날이었다. 정진동의 아내 조정숙은 아들 이사를 돕기 위해 집에 없었다.

아무도 없는 집에서 아침 8시에 정진동은 뇌졸중으로 쓰러졌다. 하지만 그를 부축해 병원으로 갈 사람이 없었다. 그렇다고 해서 정진동이 119 앰

뷸런스를 부를 상태가 아니었다. 쓰러진 정진동을 조정숙이 발견한 것은 세영의 이사를 마무리하고 돌아온 오후 3시께였다. 골든타임을 놓쳐버린 것이다. 뇌졸중으로 쓰러졌을 때 골든타임은 보통 30분이기 때문이다.

충북대병원으로 긴급히 후송됐지만 하필 그날이 국경일이라 바로 치료받을 수 없었다. 다음 날 중환자실로 옮겨졌다. 중환자실에 가장 먼저 찾아온 이는 김재수였다. 당시 김재수는 민주노총 충북본부 사무처장이자 우진교통 대표이사였다.

"목사님~"

김재수는 정진동의 팔을 잡고 오열했다. 말을 할 수 없었던 정진동은 눈물만 뚝뚝 흘릴 뿐이었다.

"수술 여부는 일주일간 상황을 지켜봐야 합니다."

담당 의사의 이야기에 가족들은 초긴장 상태로 일주일을 보냈다. 천만다행으로 수술을 하지 않아도 된다고 했다. 면회객들이 줄을 이었다. 백기완은 충북대 철학과 유초하 교수와 함께 병원을 찾았다.

"정 목사 힘내세요. 얼릉 일어나 씩씩하게 일해야지."

백기완의 격려에 정진동은 밝게 미소를 지었다.

보건복지부장관 김근태가 놀란 가슴을 부여잡고 병실 문을 열었다. "목사님!" 하며 그는 정진동의 손을 쥐었다. 1985년 9월 민청련(민주화운동청년연합) 사건으로 구속돼 경기도 경찰국 고문 기술자 이근안에게 22일간 지옥의 고문을 당한 그였다. 고문 후유증으로 지병을 앓던 김근태는 병마와의 싸움이 얼마나 큰 고통인 줄 누구보다 잘 알았다. 그렇기에 그는 정진동이 쓰러진 것에 누구보다 충격을 받았다.

입원한 지 3개월 만에 정진동은 청주성모병원으로 이송됐다. 잠시 상태가 호전됐을 때 정진동은 휠체어를 타고 산책을 하거나 외출을 하기도 했다.

한 무리의 노동자들이 캠코더를 들고 병실을 찾았다.

"목사님, 응원의 말씀 부탁드립니다!"

"하이닉스 노동자 힘내라!"

노동자들의 요청에 정진동은 어눌하지만 분명하게 응원의 메시지를 보냈다.

숱한 면회객 중에 정진동을 기쁘게 했던 이는 조병환과 그의 딸 조아라였다. 1988년 택시 파업 때 조병환이 딸 아라를 목마를 태워 시내 행진한 것을 인상 깊게 보았던 터였다.

"목사님, 회복되시면 이제는 편히 쉬세요."

"퇴원하면 장애인 인권운동을 할 거야."

조순형의 말에 정진동의 대꾸였다. 평생을 노동자·민중을 위해 살아온 정진동의 마지막 소망이었다. 자신이 병마와 싸우다 보니 장애인들의 고난이 무엇보다 크게 보였던 것이다.

정진동의 마지막 소망은 이뤄지지 않았다. 2007년 들어 병세가 급격히 안 좋아지면서 그해 12월 10일 오후 5시 가족들이 보는 앞에서 눈을 감았다.

사회장

정진동이 눈을 감은 다음 날 '고 정진동 목사 민주사회장 장례위원회'는 청주의료원 장례식장에서 애도식을 개최했다. 장례위원회는 "군사독재 정권 시절 때 탄압으로 감옥을 마다하지 않고 넝마주이를 하며 버려지고 소외된 이들을 밝은 세상으로 이끌었다"며 "병상에 누워서도 '나에게는 아직 통일을 위해 할 일이 남아 있다'며 당신의 할 일을 찾았던 분"이라고 추모했다.(《충청타임즈》 2007.12.11.)

후일 통일부장관과 경기도지사를 하게 되는 이재정이 참석한 가운데 발

인식(발인 예배)을 치렀다. 정진동의 시신은 청주시청에서 꽃상여에 태워졌다. 청주시청에서 상당공원까지 청주도시산업선교회 회원 박창우, 한천동, 최만수, 한구현과 우진교통 노동조합 간부들이 상여를 맸다. 조문객들이 영정과 만장을 앞세우고 뒤를 따랐다.

상여가 상당공원에 도착하자 장례식에 참여한 이들이 모두 비통한 마음을 부여안고 머리를 숙였다. 300여 명의 청주시민들이 참여한 가운데 '민중의 벗 정진동 민주사회장'이 열렸다. 첫 순서로 노무현 정부로부터 정진동에게 국민훈장 모란장이 수여됐다.

전통제례 의식의 첫 순서인 초헌(初獻)은 청주도시산업선교회 회원 박창우가 맡았다. 비통한 표정으로 의자에 앉아있던 백기완의 추모시 낭독 순서였다. 백발을 날리며 앞으로 나선 백기완은 짧지만 인상적인 추모시를 낭독했다.

> 아주 가시는 게 아니라면서요
> 앞장서 가실 뿐
> 못 올 길 가시는 게 아니라면서요
> 이 물로 앞서 가실 뿐
> 아, 캄캄한 한낮일수록
> 온몸 불꽃 위에 무너뜨리고
> 모두가 입을 다물 때
> 온몸으로 앞길을 가리키시던
> 영원한 스승, 우리의 벗이여!
>
> ― 백기완의 추모시 전문

'민들레의 노래' 팀이 추모가를 부르고 도종환 시인이 추모사를 했다.

도종환은 특유의 차분한 목소리로 정진동을 그리워하는 추모사를 했다.

"정 목사님과 함께 보낸 시간은 고난의 시간이었습니다. 정 목사님과 함께 견뎌온 시대는 저도, 우리 모두도 고통스럽던 시대였습니다. 정 목사님과 함께 계획하는 일은 늘 위험이 따르는 일이었습니다. 그래도 정 목사님은 멈추는 적이 없었습니다."

도종환은 1989년 전교조(전국교직원노동조합) 창립 때의 고난을 상기하는 듯했다. 도종환은 정진동이 쓰러진 후 나태해진 우리들의 삶을 질책했다.

"우리의 일은 지난 시대처럼 고통스럽지 않고, 우리가 진 짐도 지난 시절처럼 무거워 보이지 않습니다. 우리는 그때처럼 온몸을 다 던져 일하지 않고, 생애를 다 던져 싸우지 않고 있습니다."

추모식에서 눈물 흘리는 도종환.

도종환의 추모사는 정진동의 안식을 기원하며 마무리됐다. 추모사를 마친 도종환에게 조순형이 다가갔다. 누가 먼저랄 것도 없이 도종환과 조순형은 서로를 끌어안고 눈물을 흘렸다.

사랑도 명예도 이름도 남김없이

사회장의 마지막 순서는 '예술공장의 두레'의 진혼무였다. 망자(亡者)가 거듭 태어나서 좋은 곳으

청주시청에서 상당공원으로 운구하는 모습.(사진=충북인뉴스)

상당공원으로 들어서는 꽃상여.(사진=충북인뉴스)

로 가라는 길닦음 의식인 '베 가르기'와 쑥향을 피워 나쁜 기운을 몰아내고 좋은 기운을 모아서 평안한 곳으로 가라는 의미의 '쑥대 춤'을 췄다.

광주민주화운동 유공자인 정진동의 시신은 광주 망월동 묘지를 향했다. 망월동에 도착한 일행은 몸과 마음을 가다듬었다. 운구를 담당한 우진교통 노동조합 간부들이 첫발을 떼었을 때다.

"사랑도 명예도 이름도 남김없이~"

〈임을 위한 행진곡〉이 장중하게 울렸다. 이 노래를 뒤로하고 충북민주화운동의 큰 별 정진동은 역사에 영원히 잠들었다.

전태일·이소선과 **어깨를 나란히**

민중의 벗 정진동, 민주노총·우진교통과 함께한 사연

한주전자 노동조합은 1990년 임투(임금인상 투쟁)를 맞아 4월 10일부터 18일까지 전체 조합원 교육을 실시했다. 4월 17일부터는 잔업을 거부하고 사물놀이 연습과 교육을 병행했다. 19일에는 생산현장과 지원 부서를 순회하며 '90임투 승리'를 위한 구호와 노래를 불렀다.

돌아온 것은 직장폐쇄·구속

4월 25일 1차 교섭에 공장장이 위임장을 갖고 협상 대표로 임했다. 노조는 사장이 협상에 직접 참여할 것을 요구하며 27일 철야농성을 하고, 28일 쟁의 발생 신고를 결의했다. 5월 12일 조합원 개인별로 유인물을 작성해 현장 벽에 부착하는 등 전 조합원들의 투쟁 열기가 뜨거웠다.

노조는 5월 23~24일 텐트를 치고 철야농성을 했는데, 라인별 노가바(노래 가사 바꿔 부르기) 및 구호 제창·장기자랑·캠프화이어·촛불의식을 진행했다. 5월 29일 사장이 노조사무실을 방문해, 전 조합원 앞에서 회사 측 입장을 설명하고 노조의 대폭 양보를 요구했다.

이에 전 조합원이 철야농성을 선언하고 식당을 개방해 줄 것을 회사에

요청했지만 회사는 식당 문을 폐쇄했다. 회사 측은 일방적으로 협상 결렬을 선언했고, 8일 직장폐쇄신고를 냈다. 350여 조합원은 9일 오전부터 직장폐쇄 철회를 요구하며 농성을 벌였다.

회사 측은 농성 장소에 단전·단수를 하고, 농성자들의 화장실 출입도 금했다. 회사 측은 결국 "회사 측 안을 수용하지 않으면 폐업하겠다"라고 공언했다. 6월 16일 회사 측 안대로 합의했으나 회사는 조합원 신분보장을 약속하지 않았고, 18일 유진희 위원장·오영숙 사무국장·이인영 홍보부장이 연행되어 구속당했다.(민주화운동기념사업회, 『충북민주화운동사』, 2011)

꿈틀거리다

1990년 들어 청주공단의 민주노조운동이 꿈틀거리기 시작했다. 한주전자에서 시작된 민주노조운동은 인근의 공단 사업장으로 확대됐다. 1980년대 초반까지 타 사업장에 비해 노동조건이 좋았던 AMK는 1980년대 중반부터 동일업종의 타 사업장에 비해 임금 및 노동조건이 열악해졌다.

AMK조합원들은 1990년 임투 교섭내용을 공개할 것을 요구했다. 조합원들이 집회를 통해 재협상과 어용노조 퇴진을 주장하며 민주노조운동의 불씨를 지폈다. 회사 측은 집회를 주도한 박선복 대의원을 폭행하고, 여성조합원들을 조직적으로 폭행했다. 이로 인해 이미자가 안경이 깨지면서 눈이 찢어졌고, 홍선영은 전치 4주의 부상을 입었다. 박미경은 후유증으로 정신과 치료를 받았다.

조합원들은 5월 2일 AMK민노추(민주노조추진위원회)를 구성했다. 회사 측은 AMK민노추를 와해시키기 위해 조합원간 갈등을 부추겼다. 회사 측은 5월 23일 위원장 직무대행 박필순과 박선복, 김계애 대의원과 박미순을 업무방해로 해고했다. 5월 28일 회사 측은 관리자 30명을 동원해 출근투

민주노총 충북본부 창립 대회.(사진=민주노총 충북본부)

쟁하는 해고 노동자를 납치해 청주 명암약수터에 내려놨다. 이 과정에서 옷이 찢기고, 신발을 잃어버린 해고 노동자들은 맨발로 청주 시내까지 걸어왔다.

한주전자와 AMK 노동조합 운동의 사례처럼 1990년대 초반 민주노조운동은 폭행과 직장폐쇄, 구속을 각오해야 하는 일이었다. 회사 측의 폭행이 가장 심했던 AMK와 13명의 여성 노동자를 스크럼속에 가두고 한 시간 동안 집단폭행한 뉴맥스, 4명의 구속자를 낸 충북전자가 그런 경우였다. 1970~80년대 정진동이 겪었던 것과 비슷한 길이었다.

폭행과 해고 그리고 구속이 반복됐지만 쓰라린 상처속에서 민주노조운동은 싹텄다. 사실 충북지역에서의 민주노조운동이 꿈틀거린 것은 다른 지역과 마찬가지로 1987년 노동자 대투쟁이었다.

하지만 이러한 꿈틀거림은 자연발생적 투쟁으로 그쳤다. 그 결과 1990

노동법 개악 저지 투쟁하는 민주노총 충북본부.(사진=민주노총 충북본부)

년 전노협(전국노동조합협의회) 결성에 충북지역은 참여하지 못했다. 이런 상황에서 1990년대 초반 청주공단의 민주노조운동은 지역 노동운동에 새로운 바람을 일으켰다.

1988년 택시 파업을 지원했던 청주산선에 이어 노동운동을 지원하기 위한 단체가 만들어졌다. 1989년 청주노동문제상담소가, 1990~91년에 한시적인 노동운동 지원조직이었던 국민연합 임투대책반·임투공동대책위원회가, 1991년 해고자 모임인 '일터 되찾기 모임'이, 1991년 12월에 '청주노동자의 집'이 결성됐다.

정진동을 찾은 노동자들

현장에서 분출하는 민주노조운동과 이를 지원하는 노동운동단체의 화학적 결합은 민주노조운동의 새로운 흐름을 형성했다. 1990~1991년도에는 자본과 권력의 탄압에 공동대응하는 수준이었다면 그 이후에는 일상적인 연대 활동이 이뤄졌다.

청주공단 내 대규모사업장인 맥슨전자에서 민주 후보가 당선된 시기에 AMK, 한국야금, 맥슨전자 사업장 노동조합이 노동자 여름캠프, 공동간부교육, 연합 풍물패를 만들었다. 연합 풍물패인 해방굿패는 이후 참소리패로 이름을 바꾸고 지역 노동조합 행사에 분위기를 돋구는 역할을 독톡히 했다.

이러한 일상적인 민주노조 연대 활동은 비단 3개 사업장에만 국한되지 않았다. 중간노조의 조합원들도 적극 참여해 10여 개 사업장이 교류하게 됐다. 그런데 1992년부터 총액임금제라는 암초가 나타났다. 정권은 총액임금제, 노동조합 업무조사권 발동으로 민주노조의 목줄을 죄었다. 비슷한 시기에 전자와 섬유업종의 도산과 폐업, 산업구조조정이 잇따랐다. 그 결과 민주노조 진영의 조직력이 상당히 약화되었다. 충북지역에서는 청주의 AMK, 충주의 배이산업 만이 명맥을 유지할 뿐이었다.

이에 노동운동 진영은 위기 탈출 방안으로 적극적인 연대를 취했다. AMK, 배이산업, 참소리패, 한라중공업, 롯데햄, 럭키(현재의 LG)의 현장 활동가들이 청주노동자의 집을 중심으로 '충북민주노동자회'를 결성했다.

그 성과로 정식품, 럭키, 한국야금, 심텍, 한라중공업 등에서 노조민주화추진위원회 또는 노조결성팀이 결성되었다. 또한 청주노동자의 집과 함께 노민추 연대모임인 '좋은 친구들'이 조직돼 현장조직력을 복원했다.

이러한 흐름 속에서 청주지역 택시노조와 의보(현재의 사회보험), AMK, 배이산업 4개 노조가 '충북지역노동자문화제와 전국노동자대회 준비를 위한 노조대표자모임'을 구성했다. 그 결과 '충북지역노조대표자회의'가 7개 노조로 결성(1994.10.11.)돼 약 1년 6개월 동안 지역 최초의 공식적인 노조연대조직이 출범했다.(유영주, 「지역노동운동사」, 『충북지역 사회연구 제8집』, 1999)

이러한 민주노조운동을 향한 투쟁과 연대는 1996년 3월 23일 민주노총 충북본부 설립으로 그 결실을 맺었다. 이러한 결실에는 민주노총 충북본부 초대위원장을 맡게 되는 배창호(사회보험노조)와 이영섭(정식품), 정기영(배이산업), 오범진(한국야금), 오현식·최수희(LG) 등이 주춧돌 역할을 했다. 청주노동자의 집 대표 김재수와 상담소장 유영주는 민주노조 연대체 설립에 디딤돌의 역할을 했다. 민주노총을 만드는 과정에서 지역 노동자들은 정진동을 수시로 찾아 자문을 받았다.

우진교통 투쟁 막전막후

몇몇 우진교통 노동자들이 2004년 7월 청주산선 문을 두드렸다.
"월급은 밀리고 회사는 망할 지경인데 어떻게 하면 좋겠습니까?"

"한국노총에 가서 도움을 청하세요."

노동자들의 하소연을 들은 정진동의 답이었다. 노동자들은 우진교통 문제를 정진동이 직접 맡거나 민주노총을 소개할 줄 알았는데 의외의 답변이 돌아와 당황했다.

하지만 정진동 목사의 뒤이은 답변을 듣고서야 그의 본심을 이해했다.

"한국노총은 분명히 외면할 겁니다. 그러면 민주노총

시청 앞에서 우진교통 투쟁에 연대사하는 정진동.(사진=우진교통)

을 찾아가세요."

당시까지 우진교통의 상급노조는 한국노총이었다. 그렇기에 정진동은 노동자들의 분열을 막기 위해 일차로 한국노총에 찾아갈 것을 주문한 것이다.

2004년 충북지역 노동계의 핫이슈는 우진교통 투쟁이었다. 원래 우진교통은 2001년 1월 8일, 기존의 대화운수와 동원교통을 통합해 만든 청주 최대의 시내버스 업체였다. 하지만 그 직후부터 약 4년 동안 노동자들이 제날짜에 임금을 받은 것은 겨우 두 번밖에 되지 않았다. 2004년 7월 파업 전까지 매년 15억~20억 원씩 적자였고, 자본금을 포함해 60여억 원이 증발됐다.

그 와중에 회사가 차고지까지 매각하려 한다는 소문이 돌자 노동자들은 더이상 참지 못하고 일어섰다. 기존 경영진의 부실한 운영으로 회사는 결국 부도가 났고, 2004년 봄을 지나면서 두 달 동안 240명이 넘는 직원(노동자)들 임금 60여억 원이 체불됐다. 더 큰 문제는 직원들의 퇴직금조차 한 푼도 적립되지 않아 30여 년 근무한 직원의 경우 1~2억 원의 퇴직금을 날릴 상황이었다.(《오마이뉴스》 2017.8.4, 〈1년 안에 망할 뻔한 회사〉)

노동자들은 무책임하고 문제점 투성이인 회사와 싸움을 하면서 투쟁의 대상이 바뀌어야 함을 직감했다. 회사가 임금과 퇴직금 해결 그리고 버스 운영을 정상화할 수 없다는 판단에서였다. 싸움 주 타깃을 청주시로 향했다. 지방자치단체가 대중교통인 버스회사의 관리·감독권을 갖고 있기 때문이다.

우진교통 노동자들의 청주시를 향한 투쟁은 고난의 길이었다. 청주시는 우진교통의 '면허를 취소하겠다'고 으름장을 놓다. 청주시는 '면허 취소'라는 협박에 노동자들이 백기를 들 줄 알았다. 하지만 노동자들은 면허 취소가 되면 노동자들이 재입찰에 응하겠다는 배수진을 쳤다.

우진교통 창립 14주년 기념식.(사진=우진교통)

　171일간 투쟁의 백미는 청주시청 앞 농성이었다. 야간에 도로를 점거한 노동자들의 투쟁은 생존권을 보장을 향한 처절한 고투였다. 여기에 정진동이 마이크를 잡았다. 청주시의 외면과 경찰의 폭력적인 대응 속에서 노동자의 가슴을 울리는 정진동의 연설은 '울림' 그 자체였다.

　정진동이 또 한 번 우진교통 노동자들의 눈물샘을 자극한 것은 저상버스 시승식에서였다. 우진교통은 충북 도내에서 최초로 저상버스를 도입했다. 2005년 4월 19일 저상버스 시승식에는 충북 도내 언론이 총출동했다.

　당시 뇌졸중으로 쓰러져 성모병원에 입원해 있던 정진동은 저상버스 시승을 위해 휠체어를 타고 왔다. 우진교통 대표이사 김재수의 장애인과 노약자를 위한 저상버스 도입 취지에 대한 설명이 있었다. 이어서 정진동의 소감이 있었다.

　"회사 운영은 노동조합보다 운영이 어렵습니다. 앞으로 한마음으로 노

민주노총 충북본부 벽면에 걸린 전태일(가운데), 이소선 어머니(오른쪽), 그리고 정진동(왼쪽).(사진=민주노총 충북본부)

2025 충북민중대회.

동자 자주관리 기업을 잘 운영하세요. 저상버스 도입에 감사드립니다."
정진동의 어눌한 말투에 언론사의 사진기 플래시가 연신 터졌다.

전태일·이소선·정진동

2025년 현재 민주노총 충북본부 사무실에는 3명의 사진이 걸려있다. 사진의 주인공은 전태일 열사와 그의 어머니 이소선, 그리고 정진동이다. 정진동 목사를 존경하고 뜻을 잇고자 하는 민주노총 충북본부 조합원들의 마음이 단적으로 표현된 것이다.

정진동의 운명 후 2008년도에 '정진동 추모사업회'가 구성됐다. 추모사업회는 2021년부터 추모식을 '정진동 목사 정신 계승 충북 민중대회'로 변경했다. 추모사업회는 매년 호죽노동인권상과 장학금, 연대기금을 수여하고 있다. 2008년 2월 22일 호죽노동인권센터가 설립되었다. 2025년 현재 민주노총 충북본부 내 법률지원센터로 운영되고 있다.

'허름한 점퍼' 입은 **예수**, 그를 따른 제자들

포천 김달성, 대전 김규복, 오산 장창원 이야기

대학생이 되기까지 교회에 한 번 가지 않은 김달성이 CCC(한국대학생선교회)에 간 것은 순전히 친구 때문이었다. 자신에게 찰싹 달라붙은 친구가 열성적으로 전도를 했기에 "네 얼굴 봐서 한 번 가볼게"라고 한 것. 거기에서 그는 예수를 만났다. 이후 절실한 기독교인이 된 그는 충남대 의대를 그만두고 1976년도에 감리교신학대학(감신대) 2학년에 편입했다.

참민중 만나

그렇게 신앙생활을 하던 그에게 뭔가 허전함이 다가왔다. '이 길(신앙생활)이 참 예수의 삶인가'라는 것이었다. 그러다가 김달성 삶에 획기적 변화가 오는 사건이 발생했다. 감신대 4학년 때인 1978년도 주말에 부모님이 계신 청주에 왔다. '주일에 어느 교회를 갈까' 하고 고민하고 있던 그에게 한 친구가 귀띔했다.

"청주고등학교 옆에 있는 청주도시산업선교회에 가 봐."

일요일 오전 11시 자신의 모교인 청주고등학교 옆에 있던 청주산선 문을 열었다. 예배당 전면에는 참나무로 된 십자가가 걸려 있었다. 투박한 십

청주고 앞의 청주산선 시절의 김달성(뒷줄 왼쪽에서 3번째).

자가 다른 교회와는 무언가 다르겠구나라는 예감이 들게 했다.

　책상 앞에 선 목사의 모습이 충격적이었다. 동네 아저씨 같은 모습의 허름한 잠바를 입은 목사는 성경 구절을 낭독한 후에 노동자·농민 문제를 이야기했다. 당시 청주에서 문제가 됐던 조광피혁, 신흥제분 노동자들과 남일면 효촌리 땅 문제였다.

　그때까지는 미처 몰랐지만 그렇게 이야기를 듣고 보니 예배를 보는 이들 대부분이 노동자와 농민이었다. 그런데 더욱 놀라운 사실은 예배를 보는 이들이 당시 교회에서 무기한 단식농성을 하고 있었다는 사실이다.

　목사로부터 노동자·농민들이 무엇 때문에 단식을 하고 있는지를 들으면서 '초대교회가 이런 모습이겠구나'라고 생각했다. 김달성이 정진동을 참 목자(牧者)라고 생각한 것은 그해 7월 정진동 맏아들 법영의 의문사 사건이었다.

　형사를 만나 술에 취해 돌아온 법영은 의식을 잃고 성가병원에 입원했다. 김달성이 혼수상태인 법영의 석션(suction)을 도우면서 병간호를 한 것은 7월 7일이었다. 가족들의 기도와 병간호에도 불구하고 법영은 김달성의 병간호 다음 날인 7월 8일 눈을 감았다.

하늘이 무너지는 슬픔을 겪은 정진동은 그 일을 겪고 나서도 변함없이 활동했다. 아니 아들의 죽음 때문이었는지 익사한 유희주 사건을 포함해 노동자·농민 문제에 더욱 심혈을 기울였다. 이런 모습을 보고 김달성은 정진동이 참민중, 참 목자라고 생각했다. 참민중 정진동의 숨결을 느끼기 위해 김달성은 6개월간 주말마다 서울에서 청주로 내려와 청주산선에서 예배를 봤다.

달동네에서 포천으로

정진동을 만나면서 '예수의 제자'로 살기로 작정한 김달성은 1978년 구

1981년 서울 사당3동 산24번지에 도시빈민 선교를 위해 세운 희망교회 김달성 전도사가 어린이들과 함께하고 있다.(사진=김달성)

로공단 대한광학에 위장 취업했다. 민중의 삶을 체험하기 위해서였다. 안경과 군대 망원경을 생산하는 대한광학은 노동자 3000명이 일하는 대기업이었다. 당시까지 육체노동 한 번 해보지 않은 김달성은 3개월 만에 그곳을 나와야 했다. 각혈을 하고 평소 지병으로 앓고 있던 늑막염이 재발했기 때문이다.

병 치료 후에 4년 동안 빈민선교를 한 곳이 사당동과 봉천동이었다. 서울의 대표적인 달동네로 불린 이곳은 도시 빈민들이 밀집해서 사는 곳이었다. 김달성은 '희망교회'에서 공부방을 운영하고, 빈민들의 벗으로 살았지만 정권의 강제철거 정책에 떠밀려 그곳을 떠날 수밖에 없었다.

1985년부터 인천 주안공단에서 노동 선교를 하며 한국민중교회운동연합 총무일도 봤다. 그렇게 살던 그에게 정치적 환경의 변화에 따른 심정의 변화가 생겼다. 1987년 6월 항쟁으로 한국 사회가 민주화되면서 '노동 선

포천이주노동자센터가 진행하는 밥상코이노니아에 참여한 이주노동자와 선주민들, 그리고 김달성 목사.

교를 중심으로 전개한 민중교회운동의 역할과 소임은 끝났다'고 생각했다.

그런 이유로 일반 목회를 시작했다. 그러다가 1997년 IMF 때 교회운영의 위기가 닥쳐왔고, 엎친 데 덮친 격으로 아내가 세상을 떠났다. 실의에 빠진 그는 5년간 슬럼프에 빠졌다. 슬럼프에서 빠져나온 그는 초심으로 돌아가기로 했다. 2011년 경기도 포천으로 간 그의 눈에 비친 것은 이주노동자들이었다. 당시 포천시 인구 15만 명 중 이주노동자가 2만 명에 달했기 때문이다.

그런데 그들은 임금 체불과 산업재해의 위험에 상시 노출돼 있었다. 잠자리도 쪽방이나 농장기숙사였다. 심지어 자신들의 나라에 송금할 줄 모르는 이들이 태반이었다. 김달성은 2018년부터 여생을 이주노동자와 함께하겠다고 결심하고, 2025년 현재까지 왕성하게 활동하고 있다. 정진동 정신으로 사는 포천의 참 목자다.

오함마 들은 엄마

연세대학교 정치외교학과 71학번 김규복은 대학교 3학년 때 학생운동으로 서대문경찰서에 연행되어 혹독한 고문을 받았다. 1974년 민청학련(전국민주청년학생총연맹) 사건 때 교수, 선배, 동료들이 구속됐을 때 그는 다행히 고초를 겪지 않았다. 그때의 미안함 때문에 그는 더욱 치열하게 학생운동을 했다. 1975년 입대, 3년 만의 전역 후 그에게 견디기 힘든 시련이 온 것은 1980년 '서울의 봄'이었다.

서울의 봄 당시 서울역 집회와 관련해 전국에 현상 수배가 됐다. 전국 200명 수배자 중 연세대생은 1명이었는데 그가 바로 김규복이다. 정보기관은 '김규복이 윤한봉과 함께 미국으로 밀항했다'고 소문을 퍼뜨렸다. 김규복은 순천에서 목회하고 있던 외삼촌 집에 숨어 있다가 서울 자신의 집으로 돌아왔다. 자신을 숨겨준 외삼촌이 범인은닉죄로 피해를 볼까봐서다. 그의 어머니는 전전긍긍했다. 그러다가 오함마로 지하실 콘크리트 바닥을 깨기 시작했다. 그런 후에 삽으로 땅을 파 아들의 은신처를 마련했다.

잠시 집을 나왔던 김규복이 잠복하고 있던 형사에게 붙잡혔다. 그때부터 서대문경찰서에 60일간 불법 구금됐다. 유치장에는 소매치기부터 다양한 이들이 들어왔다. 그곳에서 민중들의 모습을 발견했다. 서대문교도소로 옮겨져 징역 3년에 집행유예 5년을 선고받았다. 그는 교도소에서 독서에 매달렸다. 그러다가 반나치 운동가이자 성서신학자인 본회퍼의 책을 접하면서 '혁명 예수'를 발견했다.

석방 후 대전으로 와서 병을 치료했다. 당시 대전에서 목회를 하고 있는 이모부의 권유로 대전신학교 3학년에 편입학했다. 졸업 후 서울 장신대(장로교신학대학) 신학대학원에서 '목회연구과정'을 전공했다. 장신대 '현대신학연구회'에 참가하면서 영등포도시산업선교회 조지송 목사로부터 배움의 기회를 가졌다. 이 과정에서 청주도시산업선교회 정진동 목사의 존재를 알게 되었다.

정진동의 닮은꼴

1984년 대전으로 내려온 김규복은 청주도시산업선교회에서 정진동 목사를 만났다. 그때는 청주시 내덕동·운천동·송정동 주민투쟁이 한창일 때였다. 김규복은 정진동으로부터 주민운동을 어떻게 해야 하는지를 배웠다. 주민들을 일방적으로 도와주는 것이 아니라 주민들에게 고기잡는 법을 말이다.

김규복이 대전에서 제일 먼저 한 일은 1987년 노동자 대투쟁 때 택시 노동운동을 지원한 것이다. 노동조합을 만들고 사물놀이를 가르치고, 노동상담 및 거리 시위를 지도(지원)했다. 그런 과정에 김규복은 오정동에서 빈

빈들교회 앞에서의 김규복 목사.(사진=김규복)

김규복 목사가 운영한 공부방 아이들.(사진=김규복)

들교회를 개척하면서 본격적인 주민운동에 나섰다. 오정동에서 대화동으로 보금자리를 옮긴 것은 1985년 9월이었다. 그는 빈들교회 부설기관인 '섬나의 집'을 만들었다.

섬나의 집은 '섬김과 나눔의 공동체'이다. 그는 미취학 아이들을 대상으로 9년간 어린이집을 운영하면서 헌옷바자회를 열었다. 1987년부터 20년 동안 의사들을 초빙해 무료 진료를 하기도 했다. 지금은 지역아동센터로 바뀐 공부방을 시작한 것도 1987년도이다. IMF 직후에는 '신나는 밥집'이라는 무료급식소를 운영했다. 1994년부터 2025년 현재까지 20년 넘게 이 주민센터를 운영하고 있다. 1980년대 중반부터 시작한 주민운동이 40년 가까이 진행되고 있는 것이다. 2025년 현재는 지역아동센터와 이주민센터를 중심으로 환경·통일·재개발 문제와 관련해 연대운동을 하고 있다.

주민·민중들이 원하는 곳에는 어디든 김규복 목사가 있다. 그는 고문 후유증으로 현재 파킨슨병을 앓고 있다. 그는 비록 질병으로 앉아 있는 것도 불편한 상황이지만 공동체 운동을 향한 마음은 철심(鐵心)처럼 꿋꿋하기만 하다. 정진동과 너무나 닮은 꼴이다.

긴 여운

장창원이 정진동이라는 인물을 처음 알게 된 것은 1978년도 《동아일보》에서다. 정진동의 장남 정법영이 의문사 당한 기사를 통해서다. 고려대학교 체육교육학과 1학년 때이다. 장창원은 대학 졸업 후 부천YMCA 아기스포츠단에서 일했다. 전 YH노동조합 위원장 최순영의 아이를 포함한 아기들과 만났다. 하지만 그 일이 장창원과는 맞지 않았다.

1987년에 대전으로 내려와서 지역 운동을 시작했다. 대전신학교 3학년에 편입한 그는 본격적인 목회자 수업을 받았다. 1991년 민중 선교를 하기 위한 필수코스로 지역 현장을 순회하는 첫 코스가 청주도시산업선교

2009년 쌍용자동차 노동조합 총파업 시 일하는 예수회 지지 기도회 후. 뒷줄 오른쪽에서 여섯 번째가 장창원 목사.(사진=장창원)

회였다.

장창원이 정진동을 처음 만났을 때 느낌은 더도 덜도 아닌 시골 아저씨였다. 아무런 꾸밈도 없고 수수한 모습, 그렇지만 진정성 넘치는 정진동을 본 장창원은 '이렇게 살아야 하겠다'는 결심을 했다. 그는 신학교를 졸업하고 영등포산선에서 노동자 중심의 통일운동을 하며 전도사 생활을 했다.

1992년부터 2년 동안은 소집(牛舍)을 개조한 곳에서 기거하며 공장을 다녔다. 그런 후에 1994년부터 2000년까지 영등포산선에서 노동목사로 일했다. 이 기간 동안 장창원은 노동자 상담과 교육, 투쟁과 국내·국제연대 활동을 했다. 전해투(전국해고자 복직 투쟁 특별위원회)의 투쟁을 지원한 것도 이 때이다. 해외에서 일하다 귀국해 아무런 대책 없이 일자리를 잃은 현대중기 200여 노동자 싸움 때는 집행위원장을 맡기도 했다.

1998년 실업문제를 어떻게 해결할 것인가의 문제를 두고 영등포도시산

2020년 환대의 집 쉼터 마당에서.(사진=장창원)

업선교회와 이견이 노정됐다. 정부와 함께하는 실업 대책을 주장하는 교회와 실업자를 조직해 자조(自助)운동이자 노동운동으로 발전해야 한다는 장창원 간의 다른 생각이었다.

경기도 오산 다솜교회에서 2003년 9월에 '오산이주민노동자센터'를 개설했다. 당시에는 일부 이주여성 노동자들이 아기들을 경로당에 맡겨놓고 공장에 출근했다. 아기들이 경로당에 방치됐다. 2004년부터 시작한 어린이집은 이런 배경에서 탄생한 것이다.

'민들레 쉼터'라는 이주여성들의 쉼터를 마련해 한글 교실·컴퓨터 교실을 열었다. 1990년대 들어 작은도서관, 공부방(현재의 지역아동센터)을 열었다.

포천의 김달성, 대전의 김규복, 오산의 장창원 목사는 일하는 지역이 다르지만 모두 정진동 목사의 정신을 이어받아 민중 선교를 하는 이들이다. 장창원 목사는 조지송·정진동과 여러 민중 선교 선배들의 정신을 기억하는 추모사업을 전국적으로 벌일 방안을 고민 중이다. 그의 고민은 더불어 사는 생활·신앙 공동체인 초대교회의 모습을 복원하는 작업이기도 하다.

정진동 목사 연보

- 1933년 12월 26일: 충북 청원군 옥산면 호죽리 498-3번지에서 아버지 정영모·어머니 임순례의 장남으로 출생
- 1941년: 가좌초등학교 2학년 입학. 4학년 중단
- 1944년~: 마을 글방에서 어깨너머로 한학 공부
- 1953년: 충북 청주시 탑동 고등성경학교 졸업
- 1957년: 충북 청원군 옥산면 대한예수교장로회 호죽교회 전도사 부임
- 1958년: 대한신학교 졸업
- 1958년: 단국대학교 역사학과 졸업
- 1958년: 호죽헌신고등공민학교 설립 초대교장
- 1961년 충북 진천군 덕산면 대한예수교장로회 덕산교회 전도사 부임
- 1961년: 장로회신학대학(원) 별과 졸업
- 1962년: 충북 진천군 덕산면 염광고등공민학교 설립 초대교장
- 1963년: 충북노회에서 목사안수 받음
- 1964년: 대한예수교장로회 덕산교회 당회장 위임
- 1972년 4월: 대한예수교장로회 충북노회 청주도시산업선교 목사 취임
- 1972년 6월~1973년 6월: 인형공장, 시내버스계수원 노동 체험, 실무훈련. 고려대학교 노동문제연구소 3개월 수료
- 1973년 6월 18일: 청주체육관 앞 2층 건물 임대 청주도시산업선교회 창립 예배
- 1973년 7월: 청주시청 청소부 170명 조직 임금인상 및 근로조건 개선 운동
- 1974년 4월 16일: 대한예수교장로회 충북노회 청주도시산업선교위원회 해체
- 1974년 5월 12일 청주시청 청소부 중심 청주도시산업선교위원회 결성
- 1974년 5월: 청주도시산업선교 노동자위원회 위원장 유재향, 부위원장 최명식 검찰 연행 고문 협박으로 위원회 해체시킴
- 1974년 7월 8일: 대한예수교장로회 충북임시노회 청주도시산업선교회 부활
- 1975년 4월 8일: 대한예수교장로회 충북노회 총회 청주도시산업선교회 예산 책정 부결
- 1975년 5월: 한국도시산업선교연합회 청주도시산업선교위원회 결성

- 1975년 8월: 정진동 목사 넝마주이하다 깡패들에게 납치당함
- 1975년: 신흥제분노동조합 결성 및 노동법 등 교육
- 1977년 4월 19일: 서울기독교회관 4.19기념 행사 성명서낭독 사건으로 24일 장녀 결혼식 직후 청주경찰서 연행 7일간 구금 조사받음
- 1977년 5월 14일: '교회가 장송곡만 부른다'는 성명서 발표. 청주시 기독교연합회에서 제명당함
- 1977년 8월: 신흥제분 불법하청노동자 체불임금 성명 발표 명예훼손으로 징역 8월, 집행유예 2년 선고
- 1978년 7월 8일: 민중생존권 단식 농성(조광피혁, 신흥제분, 농민)중 정진동목사 장남 법영 의문사
- 1979년 11월 27일 서울YWCA 위장 결혼식 사건 참석 포고령 위반으로 보안대 연행 후 대전교도소에 구속
- 1980년 2월: 군사재판에서 선고유예로 석방
- 1980년 5월: 공주사범대학교 4.19 강연 보안대 지하실 연행 7일간 고문 협박 조사받음
- 1982년 4월: 공군장교 3명의 협박편지 "너 같은 빨갱이 새끼들은 당장 총살시켜야한다." 청주공군 제17전투비행단 장교에 연행. 이후 계속 미행당함
- 1983년 7월~1987년: 청주 3개 지역(내덕동, 송정동, 운천동) 주민투쟁 지원
- 1985년 4월 30일: 충북민주화운동협의회 공동대표
- 1985년 9월 9일: 대학생 민정당 충북도당 점거 농성으로 차남 정세영(성균관대학) 구속
- 1986년: 고문·폭력·용공 저지 충북대책위원회 공동대표
- 1986년: 주민투쟁 지원 명예훼손 불구속 재판, 징역 16개월 구형 후 검사 소취하로 재판중단
- 1987년 5월 13일: 호헌 철폐 군부독재 퇴진 목회자 단식투쟁 참여
- 1987년 5월 27일: 민주헌법쟁취 국민운동 충북본부 공동대표
- 1988년 5월~: 청주법인택시 17개사 노동자 총파업 청주산선 장소 제공 및 지원

투쟁
- 1988년 7월 23일: 청주법인택시 17개사 관리자(부장, 과장) 수십 명에 의해 정진동 목사 자택 파괴당함
- 1988년 10월 19일: 정진동 목사 자택파괴 관련 국회 법사위원회 국정감사하다
- 1988년 10월: 청주법인택시 총파업 지원 제3자개입금지법 위반으로 불구속 재판 받음
- 1990년 1월: 제3자개입금지 위반 위헌신청 헌법소원 한정합헌 판결 받다
- 1990년 7월 8일: 충북 청원군 호죽리 선산 (장남)고 정법영 열사 묘비 제막식
- 1991년 충북민족민주운동연합 상임대표
- 1991년 5월: 경찰폭력 강경대 타살 집회시위 불구속 재판 벌금 70만 원 선고받다
- 1993년: 충북역사정의실천협의회 회장
- 1995년 2월 23일: 충북사회민주단체연대회의 상임의장
- 1995년 3월 2일: 충북사회민주단체연대회의 청주3.1공원 정춘수 동상 철거
- 1995년 6월 27일: 지방선거에 청주시장 출마
- 1996년 6월 6일: 정춘수 동상철거 징역 8월에 집행유예 2년 선고받다
- 1999년 민중기본권보장·양심수석방을 위한 충북공동대책위원회 상임대표
- 2000년 6월 30일 매향리 미군폭격장 폐쇄 범국민대책위원회 공동대표
- 2000년: 우리민족연방제통일 추진 준비위원회 공동대표
- 2000년: 남북 6.15공동선언실천연대 공동대표
- 2001년 6월 15일: 6.15공동선언 1돌 남북금강산 행사 참석
- 2001년: 충북민중연대 준비위원회 상임대표
- 2001년 4월: 뇌물수수 충북교육감 김영세 퇴진 충북도민행동 공동대표
- 2002년: 충북평화통일연대 공동대표
- 2003년: 조국통일범민족연합 남측본부 고문
- 2003년 10월 우리민족 연방제통일 추진준비원위회 이라크 파병 반대 목포에서 서울까지 도보행진 참여

- 2004년 11월 13일: 청주도시산업선교회 자료 민주화운동 기념사업회에 기증
- 2005년 1월 1일: 뇌졸중으로 충북대학교병원 입원
- 2007년 12월 10일: 오후 5시 30분 청주성모병원에서 소천
- 2007년 12월 15일: '민중의 벗' 호죽 정진동 목사 국립5.18민주묘지에 안장
- 2008년 2월 4일: 국민훈장 모란장 제2234호 대한민국 훈장 수여
- 2008년 2월 22일: 故 정진동 목사의 정신을 기려 충북민주노총 산하 30개 노동조합의 후원 아래 각종 법률지원 및 상담서비스를 제공하는 호죽노동인권센터 설립
- 2008년 12월 10일: 1주년 추모 행사. '민중의 벗' 호죽 정진동 추모사업회 결성. '민중의 벗' 호죽 정진동 노동인권상 및 장학금 결정
- 2014년 7월 8일: 고 정진동 목사 장남 정법영 열사 충북 청원군 옥산면 호죽리에서 이천 민주화운동 기념공원으로 묘지 이전
- 2021년 12월 10일 '민중의 벗' 호죽 정진동 목사 정신 계승 충북민중대회로 전환. '민중의 벗' 호죽 정진동 노동인권상, 장학금, 연대기금 매해 지급

- 자녀: 2녀 3남 중 장남 정법명 의문사당하다.
- 저서: 『노동현장에 보내는 편지』, 1991, 도서출판 한솔
  『저 평등의 땅에』, 1992, 도서출판 한솔
  『민중의 자유는 멀고 험하다』, 1994, 도서출판 한솔
  『민주화로 가는 길』, 1996, 도서출판 한솔
  『끌 수 없는 정의에 불꽃』, 1997, 도서출판 한솔
  『나는 이 길을 가야한다』, 1999, 도서출판 한솔
  『격동의 30년』, 2002, 도서출판 한솔

정진동, 공동체를 꿈꾸다

2025년 8월 30일 초판 1쇄 발행

기　획　정진동 목사 추모사업회
지은이　박만순
펴낸이　유정환
펴낸곳　도서출판 고두미
　　　　등록 2001년 5월 22일(제2001-000011호)
　　　　충북 청주시 상당구 꽃산서로8번길 90
　　　　Tel. 043-257-2224 / Fax. 070-7016-0823
　　　　E-mail. godumi@naver.com

ⓒ박만순, 2025
ISBN 979-11-91306-81-1 03900

※ 저자와의 협약에 따라 인지를 붙이지 않았습니다.
※ 잘못 된 책은 구입한 곳에서 바꾸어 드립니다.
※ 책값은 뒤표지에 표시하였습니다.